Kohlhammer

Die Autorin

Dipl.-Psych. Brit Wilczek ist psychologische Psychotherapeutin. Seit 1989 arbeitet sie mit Menschen im Autismus-Spektrum, seit 2009 in eigener Praxis. Dort bietet sie Psychotherapie für Erwachsene im Autismus-Spektrum an, berät Angehörige und Bezugspersonen. Seit 1997 teilt sie ihre Erfahrungen mit Fachkräften der Medizin, Psychologie und Pädagogik im Rahmen von Fortbildung und Supervision.

Brit Wilczek

Wer ist hier eigentlich autistisch?

Ein Perspektivwechsel

2., aktualisierte Auflage

Verlag W. Kohlhammer

Ich widme dieses Buch meinem Vater.

Dieses Werk einschließlich aller seiner Teile ist urheberrechtlich geschützt. Jede Verwendung außerhalb der engen Grenzen des Urheberrechts ist ohne Zustimmung des Verlags unzulässig und strafbar. Das gilt insbesondere für Vervielfältigungen, Übersetzungen, Mikroverfilmungen und für die Einspeicherung und Verarbeitung in elektronischen Systemen.

Pharmakologische Daten, d. h. u. a. Angaben von Medikamenten, ihren Dosierungen und Applikationen, verändern sich fortlaufend durch klinische Erfahrung, pharmakologische Forschung und Änderung von Produktionsverfahren. Verlag und Autoren haben große Sorgfalt darauf gelegt, dass alle in diesem Buch gemachten Angaben dem derzeitigen Wissensstand entsprechen. Da jedoch die Medizin als Wissenschaft ständig im Fluss ist, da menschliche Irrtümer und Druckfehler nie völlig auszuschließen sind, können Verlag und Autoren hierfür jedoch keine Gewähr und Haftung übernehmen. Jeder Benutzer ist daher dringend angehalten, die gemachten Angaben, insbesondere in Hinsicht auf Arzneimittelnamen, enthaltene Wirkstoffe, spezifische Anwendungsbereiche und Dosierungen anhand des Medikamentenbeipackzettels und der entsprechenden Fachinformationen zu überprüfen und in eigener Verantwortung im Bereich der Patientenversorgung zu handeln. Aufgrund der Auswahl häufig angewendeter Arzneimittel besteht kein Anspruch auf Vollständigkeit.

Die Wiedergabe von Warenbezeichnungen, Handelsnamen und sonstigen Kennzeichen in diesem Buch berechtigt nicht zu der Annahme, dass diese von jedermann frei benutzt werden dürfen. Vielmehr kann es sich auch dann um eingetragene Warenzeichen oder sonstige geschützte Kennzeichen handeln, wenn sie nicht eigens als solche gekennzeichnet sind.

Es konnten nicht alle Rechtsinhaber von Abbildungen ermittelt werden. Sollte dem Verlag gegenüber der Nachweis der Rechtsinhaberschaft geführt werden, wird das branchenübliche Honorar nachträglich gezahlt.

Dieses Werk enthält Hinweise/Links zu externen Websites Dritter, auf deren Inhalt der Verlag keinen Einfluss hat und die der Haftung der jeweiligen Seitenanbieter oder -betreiber unterliegen. Zum Zeitpunkt der Verlinkung wurden die externen Websites auf mögliche Rechtsverstöße überprüft und dabei keine Rechtsverletzung festgestellt. Ohne konkrete Hinweise auf eine solche Rechtsverletzung ist eine permanente inhaltliche Kontrolle der verlinkten Seiten nicht zumutbar. Sollten jedoch Rechtsverletzungen bekannt werden, werden die betroffenen externen Links soweit möglich unverzüglich entfernt.

Die 1. Auflage erschien 2019 im Verlag Mad Man's Magic, Bruderholz/Bottmingen, Schweiz.
Copyright © Brit Wilczek

1. Auflage 2023

Alle Rechte vorbehalten
© W. Kohlhammer GmbH, Stuttgart
Gesamtherstellung: W. Kohlhammer GmbH, Heßbrühlstr. 69, 70565 Stuttgart
produktsicherheit@kohlhammer.de

Print:
ISBN 978-3-17-044076-0

E-Book-Formate:
pdf: ISBN 978-3-17-044077-7
epub: ISBN 978-3-17-044078-4

Inhalt

Vorwort 7

I   Was heißt das eigentlich: »Autismus«?

1   Autismus – Ein Begriff und seine Geschichte 13

2   Autismus als klinisches Bild – einige Grundannahmen vorweg 19

3   Neurobiologische und entwicklungspsychologische Aspekte zum Verständnis autistischen Erlebens und Verhaltens 20

4   Wie autistische Kinder das Chaos bewältigen 27

5   Die Folgen autistischer Wahrnehmungsverarbeitung für die sozio-emotionale Entwicklung 29

6   Auswirkungen einer autistischen Entwicklung auf das soziale und psychische Erleben 38

7   Was es bedeutet, ein autistisches Kind zu haben – Auswirkungen auf Angehörige und das Familiensystem 51

II   Was bedeutet »autistisch sein«? Autistisches Erleben und Vielfalt der Seins-Weisen

8   Besonderheiten in der Wahrnehmungsverarbeitung 61

9   Besonderheiten bei der Selbstwahrnehmung und beim Körperbild – auf Motorik und Handlungssteuerung 73

10   Besonderheiten im Denken 83

11	Emotionen – Wahrnehmung, Deutung, Verarbeitung und Ausdruck	100
12	Ausdruck, Kommunikation und Sprache	120
13	Das Bedürfnis nach Kontakt – Aufbau und Gestaltung von Beziehungen	144
14	Identität	156
15	Krise und Trauma – Momente von Kontrollverlust und Haltlosigkeit	174
16	Besonderheiten im Bereich der Grundbedürfnisse – Schlaf, Ernährung, Sexualität	182

Zusammenfassung zu Teil II 189

III	Wer ist hier eigentlich autistisch? – Und was ist eigentlich menschlich?	
17	Gemeinsamkeiten der Menschen und warum wir uns bei aller Unterschiedlichkeit ineinander erkennen	193
18	Die Erkenntnis der Unterschiedlichkeit – Erleben und Umgang	204
19	Wer ist hier eigentlich autistisch(er)?	210
20	Bewusstheit und Präsenz – Chancen für alle	223

IV

Schlusswort 229

Literatur 231

Vorwort

Zu den Gründen und Hintergründen dieses Buches

Es ist nun zehn Jahre her, dass ich mich daran gemacht habe, dieses Buch zu schreiben. Dies geschah vor allem aus dem Wunsch heraus, Erfahrungen und Erkenntnisse mit allen denjenigen zu teilen, die sich aus unterschiedlichen Gründen und Situationen heraus mit dem Thema Autismus beschäftigen. Auch war von verschiedenen Seiten die Bitte an mich herangetragen worden, doch etwas zu verfassen, das wesentliche Grundlagen und Erkenntnisse nachvollziehbar darstellt, so dass sie nachgelesen und zur eigenen näheren Beschäftigung mit verschiedenen Aspekten der Thematik genutzt werden könnten.

In den letzten Jahren sind viele Bücher erschienen, die sich in unterschiedlichster Weise mit dem Thema »Autismus« oder speziell mit dem Asperger-Syndrom befassen. Fachärzte und Forscher, Betroffene und Angehörige legen ihre Sichtweisen und ihre Erfahrungen dar. Manche tun dies aufgrund sehr detaillierter wissenschaftlicher Studien und in entsprechend fachlicher Ausdrucksweise, manche aus ihrer eigenen menschlichen Erfahrung heraus und in einer Sprache, die oft leichter zugänglich ist. Manchen gelingt eine Kombination aus beidem.

Dieses Buch erhebt nicht den Anspruch, ein »wissenschaftliches Werk« zu sein, auch wenn es stets bemüht ist, für das Thema relevante wissenschaftliche Erkenntnisse oder Thesen zu berücksichtigen und Bezüge herzustellen. Vielmehr ist es ein Versuch, zumindest einen Teil der Erfahrungen zusammenzufassen, die Kinder, Jugendliche und Erwachsene aus dem gesamten Autismus-Spektrum mir während der vergangenen drei Jahrzehnte ermöglicht und mit mir geteilt haben. Im Laufe der Zeit habe ich daraus Erkenntnisse, Bilder und Erklärungsmodelle destilliert, die sich dann wiederum für sie, für ihre Angehörigen und für Menschen, die sie unterstützen, als hilfreich, klärend und weiterführend bewährt haben. Dahinter steht der Wunsch, dass dieses Buch allen Beteiligten dabei helfen möge, sich selbst und einander besser zu verstehen.

Auch möchte ich »neurotypische« (das heißt »nicht-autistische«) Leser einladen, sich mit mir auf eine Reise zu begeben. Dabei haben sie die Chance, einen Einblick in autistische Seins- und Erlebenswelten sowie eine Vorstellung davon zu gewinnen, was »Autismus« tatsächlich für diejenigen bedeutet, die davon betroffen sind. Sie stellen dann vielleicht fest, dass sich dabei für sie selbst neue Welten öffnen, und daraus können sich vielleicht auch neue Perspektiven auf die eigene Erlebens- und Erfahrungswelt ergeben.

Damit ist die Hoffnung verbunden, dass Menschen mit einer autistischen Wahrnehmungsverarbeitung und den daraus sich entwickelnden Denk-, Erlebens-

und Handlungsweisen *gewürdigt* werden: von anderen – aber auch von sich selbst. Ich möchte mit meinen Lesern die Erkenntnis teilen, welche Schätze sie in sich tragen. Und ich möchte ihnen allen die Erfahrung vermitteln, welch reiche Erkenntnisse auch sie gewinnen können, sobald sie beginnen, einander gegenseitig in ihrem jeweiligen Sein zu erkennen und zu verstehen.

In den vergangenen vier Jahren seit Erscheinen der ersten Ausgabe beim Verlag Mad Man's Magic habe ich viele Zuschriften erhalten sowie Rezensionen gelesen, die mich hinsichtlich dieser Wünsche und Hoffnungen bestätigt und sehr gefreut haben. Angesichts dieser erfreulichen Resonanz und der ungeahnt großen Nachfrage fühlte ich mich ermutigt, die nächste Auflage dieses Buches dem Kohlhammer Verlag anzuvertrauen. Dass ich es hier in guten, kundigen und unterstützenden Händen weiß, stimmt mich sehr froh.

Mein Dank gilt Herrn Poensgen und Frau Kastl für ihr Interesse sowie für die fruchtbare Zusammenarbeit bei der Vorbereitung der Neuauflage. Und ich danke allen, die mich dazu ermutigt haben, dieses Projekt anzupacken – insbesondere Pater Anselm Grün für den Initialanstoß: »Schreib *Dein* Buch!«. Harald Holeczek, Karen Ritterhoff und Dominik Sonders danke ich für das geduldige und wertschätzend-kritische Gegenlesen des Manuskripts, Manfred Prior für ermutigendes Feedback, Coaching und die Vermittlung konkreter Wege zur Erstveröffentlichung sowie natürlich Christian Schwegler für die Bereitschaft, mein Buch in seinem Verlag Mad Mans Magic herauszubringen – sowie für seinen »Segen« zur Neuauflage beim Kohlhammer Verlag.

Darüber hinaus gilt mein Dank Herrn Prof. Gerald Hüther für entscheidende Erkenntnisse und für die Erlaubnis, diese in mein neuro-biologisches Betrachtungsmodell einfließen zu lassen, wie auch Prof. Friedeman Schulz von Thun, von dem ich schon während meines Studiums viel Wertvolles lernen durfte und der mir erlaubte, sein Kommunikationsmodell in diesem Buch zu verwenden. Ich danke Tony Attwood für kollegialen Austausch, fachliche und moralische Unterstützung und die langjährige Freundschaft. Auch danke ich meinen Kollegen sowie allen Angehörigen, Fachkräften und Helfern, die ihre Erfahrungen und Perspektiven mit mir teilen.

Vor allem aber danke ich allen meinen Klientinnen und Klienten, die mich all die Jahre hindurch so Vieles gelehrt haben, so viel Geduld mit mir als Lernender hatten, mir so viel Vertrauen geschenkt, bei mir Tränen vergossen und mit mir gelacht haben. Ihr habt mir Welten eröffnet, habt mich hineinschauen lassen in die Euren und wart mir ein Spiegel, in dem ich mich und meine Welt und »die Welt der Anderen« immer wieder neu sehen lernen durfte.

Danke Euch allen! – Ohne Euch wäre die Welt ärmer. Ich hoffe, ich kann Euch hiermit ein wenig zurückgeben.

Einige Anmerkungen zur sprachlichen Gestaltung

Da mir die Lesbarkeit und der Sprachfluss sehr am Herzen liegen, habe ich darauf verzichtet, immer die weibliche und die männliche Form eines Wortes zu benutzen oder zu »gendern«. Dies hat nichts mit einer mangelnden Wertschätzung des weiblichen Geschlechts als vielmehr mit der Überzeugung zu tun, dass jedem Menschen der gleiche Wert zukommt, der unschätzbar und unabhängig von Geschlecht, Hautfarbe oder sonstigen Eigenschaften, Merkmalen ist. Und damit auch unabhängig von der sprachlichen Bezeichnung und Einordnung. Dasselbe trifft auch auf den Begriff »Klient« zu, den ich aufgrund meiner professionellen Rolle, jedoch stets mit vollem und tiefem Respekt der Person gegenüber benutze, die sich *ratsuchend* an mich wendet.

Was schließlich den Sprachgebrauch bezüglich des Autismus bzw. der davon betroffenen Menschen betrifft, werden sich im Text verschiedene Begrifflichkeiten finden. Die im Moment von Befürwortern eines politisch korrekten Sprechens bevorzugte Bezeichnung »Mensch(en) auf dem/im Autismus-Spektrum« wird an bestimmten Stellen gebraucht, vor allem dort, wo mir eine solch verallgemeinernde Zusammenfassung nicht allzu problematisch erscheint. Der Ausdruck wird jedoch nicht durchgängig benutzt, da er zum einen schlicht zu sperrig ist, zum anderen eine mögliche Verallgemeinerung und Vereinheitlichung impliziert, die in den seltensten Fällen haltbar ist. Im Hinblick auf spezifische Aspekte der *kindlichen* Entwicklung wird auch an entsprechenden Stellen vom »autistischen Kind« die Rede sein – wiederum nur dort, wo ich eine solche Verallgemeinerung als zulässig erachte.

An dieser Stelle möchte ich darauf hinweisen, dass ich zwar viele Einblicke in autistisches Erleben den Schilderungen von Menschen mit *hochfunktionalem Autismus* entnehme und viele der hier dargelegten Erkenntnisse daraus ableiten konnte oder durch sie bestätigt bekam. Ich habe jedoch Grund zur Annahme, dass sehr vieles von dem, was sprach- und ausdrucksgewandte Betroffene berichten, durchaus auch für Menschen gilt, die in ihrer verbalen Sprachfähigkeit und generell in ihrem Ausdrucksvermögen stark beeinträchtigt sind. Dies geht nicht nur aus vorliegenden schriftlichen Darlegungen solchermaßen Betroffener (wie beispielsweise Dietmar Zöller) hervor, sondern auch aus Beobachtungen, die ich in meiner langjährigen Tätigkeit mit Menschen auf dem gesamten Autismus-Spektrum sammeln und in der gemeinsamen Arbeit oftmals auch verifizieren konnte.

Die Begriffe »Autist« bzw. »Autisten« sind nie Teil meines Sprachgebrauchs geworden, da eine solche Begriffsverwendung einige Risiken mit sich bringt: Sie lädt – wie sich leider immer wieder zeigt – zu Klischeebildung und Stigmatisierung ein. Anstelle dieses Begriffs spreche ich in diesem Buch zumeist von »Betroffenen« oder auch, gegebenenfalls, von »meinen Klienten« im Vertrauen darauf, dass meine Hochachtung und Würdigung ihnen allen gegenüber aus dem Inhalt abzuleiten sind.

Brit Wilczek, Kiel im Sommer 2023

I Was heißt das eigentlich: »Autismus«?

Grundlagen zum Verständnis des (klinischen) Begriffs

Der Begriff »Autismus« und vor allem auch seine Ableitungen wie »autistisch« und »Autist« sind inzwischen in den allgemeinen Sprachgebrauch übergegangen. Dabei wird das Wort, wie viele andere auch, von seiner ursprünglichen Bedeutung weggeführt und es schwingen darin eher negative Assoziationen und Bewertungen mit.

Als »autistisch« gilt, im aktuellen Sprachgebrauch, wer sich nicht um seine Mitmenschen schert, nur seine eigenen Interessen im Blick hat, keinerlei Gefühlsregungen zeigt und erst recht keine Empathie, kein Mitgefühl für andere aufbringt.

Da das Wort aus dem medizinisch-psychiatrischen Kontext stammt, wird es zugleich als Begriff für eine Störung oder gar eine Krankheit verstanden. Mangels grundlegender Informationen und Wissensvermittlung zur Entstehung und zum Wesen autistischer Strukturen an den meisten psychologischen und medizinisch-psychiatrischen Fakultäten ist auch das Bild, das Fachkräfte mit den Begrifflichkeiten verbinden, stark geprägt durch das, was von den Medien und im allgemeinen Sprachgebrauch vermittelt wird. Allenfalls sind ganz bestimmte Formen und Erscheinungsbilder des Frühkindlichen Autismus in Erinnerung. Diese treffen jedoch nur auf einen Teil der Menschen auf dem Autismus-Spektrum zu und schließen vor allem in keiner Weise ein Wissen um die Hintergründe dieser *Erscheinungsformen* ein.

Wer allerdings hinter die äußere Erscheinung schaut, wird schnell gewahr, dass das Klischee vom egozentrischen, gefühlskalten Menschen, der gemeinhin unter einem »Autisten« verstanden wird, nichts mit dem tatsächlichen Wesen und Erleben von Menschen auf dem Autismus-Spektrum zu tun. Das falsche Bild, mit allen Urteilen und Vorurteilen, die daraus erwachsen, hat jedoch einen erheblichen Einfluss sowohl auf das Leben der Betroffenen als auch auf den klinischen Bereich der Diagnostik und Therapie.

Dieser erste Teil des Buches dient daher erst einmal dem Verständnis des Begriffs »Autismus«. Es soll der ursprünglichen Bedeutung nachgespürt und die Entwicklung des klinischen Begriffs »Autismus« dargestellt werden.

Des Weiteren wird die Ätiologie (Entstehung) autistischer Strukturen mit Hilfe von neurobiologischen und entwicklungspsychologischen Erklärungsansätzen dargestellt. Damit werden auch erste Einblicke ins Erleben und in die Bewältigungsstrategien betroffener Menschen gegeben, die ein Verständnis von nach außen hin auffälligen Verhaltensweisen ermöglichen.

Schließlich wird ein Perspektivwechsel hin zum Erleben der Angehörigen – insbesondere Eltern und Geschwister – gegeben, der das grundlegende Dilemma der Unterschiedlichkeit zwischen innerem Erleben betroffener Kinder und den Wirkungen nach außen hin deutlich macht sowie erste Ansätze zum Umgang mit einem autistischen Kind andeutet.

1 Autismus – Ein Begriff und seine Geschichte

Um einen Begriff zu verstehen, ist es meistens sinnvoll, an seinen Ursprung zurück zu gehen und dann zu schauen, wie er sich im Laufe der Zeit weiterentwickelt hat. In diesem Falle führt die Suche nach dem Ursprung in die Medizingeschichte. Dabei zeigt sich, wie die Auseinandersetzung mit einem Phänomen zur Entwicklung und Wandlung von Begriffen und deren Bedeutungen führt.

1.1 Entstehung und Bedeutung des Begriffs »Autismus«

Ursprünglich wurde der Begriff »Autismus« geprägt, um einen Zustand zu beschreiben. Eugen Bleuler, Psychiater und von 1889 bis 1927 Direktor der Klinik am Burghölzli in Zürich, war bemüht, seine Patienten als menschliche Individuen zu betrachten und sie so zu beschreiben, wie er sie in ihren jeweiligen Seins-Weisen und in unterschiedlichen Zuständen wahrnahm. Einer der Zustände, die er beobachtete, wurde zur Grundlage des von ihm geprägten Begriffs »Autismus«: Die jeweilige Person wirkt von außen betrachtet so, als sei sie ganz bei sich. Sie schaut vor sich hin oder scheint versunken in irgendeine Betrachtung; der außenstehende Betrachter ist sich nicht sicher, ob er überhaupt wahrgenommen wird, ob die Person Kontakt möchte. Sie wirkt wie unter einer Glasglocke, nur auf sich selbst und auf ihre eigene Welt bezogen. Kurz gesagt: Von außen gesehen könnte man diesen Zustand als extreme *Selbstbezogenheit* wahrnehmen bzw. deuten.

Aus dem Wort »autos« (griechisch für »selbst«) leitete Bleuler daher den Begriff »Autismus« ab im Sinne einer – zumindest von außen so wahrgenommenen – *Selbst*bezogenheit. Man kann aus diesem Begriff »Autismus« jedoch auch die Idee eines »Ganz-bei-sich-Seins« herauslesen.

1.2 »Autismus« als klinisch-diagnostischer Begriff

Erst Jahre später, Ende der 1930er Jahre, wurde dieser Begriff des Autismus von zwei Kinder- und Jugendpsychiatern aufgegriffen, um ein Phänomen zu beschreiben, das ihnen bei Kindern in ihrem jeweiligen Arbeitsfeld auffiel.

Leo Kanner – gebürtiger Österreicher – arbeitete damals an der Johns Hopkins University in Baltimore. Ihm fielen Kinder auf, die von Anfang an so wirkten, als seien sie »ganz bei sich«, als nähmen sie ihre soziale Umwelt kaum wahr und seien aus sich heraus gar nicht an zwischenmenschlichem Kontakt interessiert. Sie konzentrierten ihre Aufmerksamkeit auf bestimmte, meist gegenständliche Objekte und Themen. Viele von ihnen kommunizierten aus sich heraus nicht und konnten umgekehrt mit Kontakt und Kommunikationsangeboten ihrer Mitmenschen offenbar nichts anfangen. Auch ihre Sprachentwicklung war deutlich verzögert und in spezifischer Weise beeinträchtigt. Wenn Sprache erlernt wurde, dann wurde sie häufig nur echolalisch angewendet, das heißt dass einzelne Wörter oder Sätze wohl korrekt nachgesprochen bzw. wiederholt wurden; die Sprache konnte jedoch nicht sinnvoll und situationsangemessen oder gar zum spontanen Selbstausdruck eingesetzt werden. Manche Kinder entwickelten ihre ganz eigene Phantasiesprache, die nur von ihnen selbst – oder manchmal von einem Zwilling oder Geschwisterkind – verstanden und eingesetzt wurde. Rund 50 Prozent der betroffenen Kinder entwickelten jedoch gar keine Sprache, weder verbal noch ersatzweise irgendeine Zeichensprache. Dass dies auch zu Schwierigkeiten beim Lernen und in der – messbaren – kognitiven Entwicklung führte, ist leicht nachzuvollziehen.

Leo Kanner konzentrierte sich in seiner Arbeit zunehmend auf diese Gruppe von Kindern und prägte für das von ihm beforschte und beschriebene Phänomen den Begriff »Frühkindlicher Autismus« – wohl um es vom ursprünglich im Kontext der Schizophrenie beschriebenen Autismus als reiner Zustandsbeschreibung abzusetzen. Bei diesen Kindern war *von Anfang an* etwas anders. Es konnte hier also nicht von einer psychischen Erkrankung wie der Schizophrenie als Grundproblematik ausgegangen werden – wenngleich damals zeitweise auch der Begriff »kindliche Schizophrenie« kursierte.

Etwa zeitgleich mit Leo Kanner, jedoch völlig unabhängig von dessen Forschung, griff Hans Asperger den Begriff des »Autismus« ebenfalls auf, um eine Gruppe von Kindern zu beschreiben, die ihm in seiner Arbeit besonders aufgefallen waren. Er war als Kinderarzt und Heilpädagoge an der heilpädagogischen Abteilung der Universitätsklinik in Wien tätig. Bereits 1938 hielt er dort einen Vortrag, in dem er einige dieser jungen Patienten eingehend beschrieb.

Sie alle fielen zunächst durch eine hohe Empfindsamkeit auf, die zugleich dazu führte, dass sie leicht störanfällig waren, Ängste entwickelten und in Situationen die Fassung verloren, die von anderen Kindern als neutral oder sogar besonders attraktiv erlebt wurden. Sie alle waren mindestens durchschnittlich, manche von ihnen auch deutlich überdurchschnittlich begabt. In ihrer Sprachentwicklung waren sie ihren Altersgenossen eher voraus und drückten sich sprachlich sehr gut aus. Dennoch – und das erschien vor diesem Hintergrund besonders auffällig – kamen sie mit anderen Menschen, insbesondere mit Gleichaltrigen, nicht zurecht. Sie schafften es nicht, Freundschaften aufzubauen und zu gestalten, hatten Schwierigkeiten sich in Gruppen zu integrieren und blieben so oft Außenseiter.

Hans Asperger sprach bereits in diesem ersten Vortrag in sehr wertschätzender, ja sogar anerkennender Weise von diesen Patienten, die ihm ganz offenbar besonders am Herzen lagen. Er war überzeugt: Diese Menschen können und müssen wir erreichen – weil sie wertvolle und wichtige Mitglieder unserer Gesellschaft sind. Ohne sie, ohne ihre Originalität, ihre ganz eigene Wahrnehmung und Sicht der Dinge, hätte sich die Menschheit nie so weit entwickeln können.

Jahre später kam er dann gar zu dem Schluss:

»Es scheint uns als wäre für gewisse wissenschaftliche oder künstlerische Höchstleistungen ein Schuss ›Autismus‹ geradezu notwendig.« Hans Asperger

Eine solche Sichtweise öffentlich zu vertreten, war zu seiner Zeit in Wien allerdings nicht ganz unproblematisch. Die Nationalsozialisten hatten schließlich ganz eigene Vorstellungen davon, was mit Kindern zu passieren hatte, die »anders«, »nicht leicht erziehbar« und nicht problemlos in Gruppen zu integrieren und zu führen waren.

Dass die überaus hohe Wertschätzung, die Hans Asperger gerade diesen Patienten, die er als »autistisch« bezeichnete, auch eine Schattenseite hat, stellt sich jetzt, fast achtzig Jahre später heraus bzw. ist inzwischen historisch belegt (siehe Sheffer 2018, Czech 2018). Denn während er die autistischen Kinder, mit denen er arbeitete, sehr hoch schätzte und nicht müde wurde, ihren »Wert« und ihre Bedeutung für die menschliche Gesellschaft zu betonen, schätzte er andere Kinder, die im damaligen Sprachgebrauch als »schwachsinnig« galten, offenbar so gering, dass er ihr Leben nicht unbedingt als schützenswert ansah. So ließ er zu, dass einige von ihnen, wie viele andere Kinder, die den damals unter Nationalsozialisten vorherrschenden Vorstellungen von Gesundheit und »Brauchbarkeit« nicht entsprachen, u. a. in der Klinik am Spiegelgrund in Wien zu Tode kamen.

Vor diesem historischen Hintergrund wird erklärbar, warum die Beobachtungen und Sichtweisen Hans Aspergers sich zunächst nicht verbreiteten, während Leo Kanners Beschreibungen zum »frühkindlichen Autismus«, die in den USA frei beforscht und in englischer Sprache veröffentlicht wurden, bald auch international Verbreitung fanden. So setzte sich also erst einmal ein Bild vom Autismus durch, das dem klinischen Bild des von Kanner beschriebenen Frühkindlichen Autismus oder »Kanner-Syndrom« entsprach.

Erst Mitte der 1980er Jahre entdeckte die britische Psychologin Lorna Wing, die mit autistischen Kindern und Jugendlichen arbeitete, die Arbeiten von Hans Asperger wieder und sorgte dafür, dass sie ins Englische übersetzt und als Beschreibung einer »anderen Form des Autismus« anerkannt wurden. Mitte der 1990er Jahre wurde dann das nach ihm benannte »Asperger-Syndrom« bzw. die »Asperger-Störung« als eigenständige Diagnose in die offiziellen diagnostischen Handbücher (International Statistical Classification of Diseases and Related Health Problems [ICD] und Diagnostic and Statistical Manual of Mental Disorders [DSM]) aufgenommen.

Hinzu kam noch die diagnostische Kategorie des »atypischen Autismus«, da es immer wieder Fälle gab, bei denen das Gesamtbild zwar durchaus dem einer autistischen Ausprägung entsprach, die jedoch nach den gegebenen Kriterien keiner der beiden Kategorien zugeordnet werden konnten.

Die Autismus-Forschung versuchte indessen, herauszufinden und zu definieren, was genau nun das Asperger-Syndrom vom Bild des Frühkindlichen Autismus unterscheidet. Ist es ein eigenständiges Syndrom mit einer eigenen Ätiologie (Entstehungsgeschichte) und womöglich eigenen biologischen Markenzeichen? Ist es eine »Variante« des Frühkindlichen Autismus? Und wenn das so wäre, was rechtfertigt dann die Formulierung einer eigenen Diagnosekategorie?

1.3 Der Begriff des »Autismus-Spektrums«

Nach 20 Jahren Forschung wurde letztlich erklärt: Es lassen sich keine eindeutigen grundlegenden Unterschiede zwischen den Syndromen feststellen, die sie klar voneinander abgrenzen würden. Es gibt fließende Übergänge. Zudem kommt es durchaus vor, dass Menschen, die als Kind die Diagnose »Frühkindlicher Autismus« erhalten haben, später einen solchen Entwicklungssprung machen, dass sie in ihrem Erscheinungsbild nicht mehr von einem Asperger-Betroffenen zu unterscheiden sind. Damit wird die klare Unterscheidung diagnostischer Kategorien hinfällig.

So einigte man sich in der Fachwelt darauf, fortan vom »Autismus-Spektrum« zu sprechen und dies auch in den diagnostischen Handbüchern entsprechend anzupassen. Für den Diagnostiker heißt das, dass fortan festgestellt werden muss,

1. ob sich eine Person nach den gegebenen Kriterien auf dem Autismus-Spektrum befindet oder nicht und
2. wie genau sich der Autismus bei dieser Person zeigt und auswirkt.

Auf diese Weise soll die Diagnostik dazu dienen, möglichst individuell herauszufinden, wo genau Schwierigkeiten oder Besonderheiten bestehen, so dass daraus abgeleitet werden kann, welche spezifischen Maßnahmen zur Entlastung und Unterstützung erforderlich sind.

Diese Herangehensweise könnte an sich durchaus sinnvoll und zielführend sein. Allerdings widerspricht sie so sehr der bisher vorherrschenden, kategorisierenden Denkweise der medizinischen Diagnostik, dass sie sich nur zögerlich durchsetzt und aufgrund ihrer scheinbaren Ungenauigkeit auch einige Kritik hervorruft.

Menschen mit Asperger-Syndrom, die sich mit der Thematik eingehend auseinandersetzen, sehen hingegen einen anderen Aspekt als besonders kritisch: Die Linearität des Spektrums kann schnell zu der Annahme führen, es gäbe »schwere Formen« und »leichte Formen« des Autismus. So wird die Variante des Asperger-Syndroms – ein Begriff, der aufgrund seiner Prägnanz weiter gebräuchlich bleiben wird – bereits jetzt oft als »leichte« oder »milde Form des Autismus« bezeichnet. Dies entspricht jedoch durchaus nicht dem Erleben eines jeden Betroffenen. Es wird also eine *lineare Zunahme von Beeinträchtigungen* angedeutet, anstatt – wie wohl eigentlich beabsichtigt – die Vielfalt individueller Ausprägungen zu berücksichtigen.

Von einer wirklich differenzierten Sicht auf das jeweils betroffene Individuum ist das Konzept des Spektrums – trotz bester Absichten – also leider noch weit entfernt. Eine solche zu ermöglichen, ist das Anliegen dieses Buches.

1.4 »Autismus« als Sammelbegriff für die Beschreibung eines Phänomens

Nachdem wir die Entwicklung des Begriffs »Autismus« mit seinen unterschiedlichen Bedeutungen in der klinischen Welt in aller Kürze nachvollzogen haben, stellen sich nun verschiedene Fragen. Wie kann dieser Begriff in seinem Kern verstanden werden? Wie kann er in einer Weise eingesetzt werden, die eben nicht zu einer Kategorisierung führt – und damit leider auch schnell zu Wertungen und Stigmatisierungen –, sondern so, dass er zu einem Verständnis des damit bezeichneten Phänomens und auch des dahinterliegenden Erlebens beiträgt?

Immerhin wird das Wort »Autismus« mittlerweile geradezu inflationär und dann meist in eher abwertender Weise gebraucht: Als »autistisch« gilt, wer egozentrisch nur seine eigenen Ziele verfolgt und sich nicht um das Befinden seiner Mitmenschen schert. – Aber ist das tatsächlich ein Charakteristikum von Menschen auf dem Autismus-Spektrum? Oder ist dies nur der Schein, der bei einer Betrachtung von außen entsteht – so wie ursprünglich ja Egon Bleuler herangegangen war: von außen betrachtend?

Die in diesem Buch dargelegten Betrachtungen und Erfahrungen werden, so hoffe ich, eine differenziertere Sicht ermöglichen und den Blick frei machen für die außerordentliche Vielfalt menschlicher Perspektiven, Erlebens- und Seins-Weisen, die wir gerade auch bei Menschen auf dem Autismus-Spektrum finden. An dieser Stelle sei auch darauf hingewiesen, dass sich die allermeisten Menschen im einen oder anderen Aspekt des Autismus wiederfinden werden. Das ist insofern nicht verwunderlich als alle autistischen Auffälligkeiten zunächst einfach menschliche Bewältigungsstrategien darstellen und dahinter zutiefst menschliche Bedürfnisse und Funktionsweisen liegen.

Die eine oder andere scheinbare »Besonderheit« kennt daher also jeder Mensch, sei es aus seiner Kindheit, sei es zeitlebens. Tony Attwood, ein sehr geschätzter Kollege, der selbst seit Jahrzehnten mit Asperger-Betroffenen arbeitet und darüber in Büchern und Vorträgen berichtet, gibt dafür folgendes Bild zur Erklärung:

> »Autismus ist ein 100-Teile-Puzzle. Mit 20 bis 30 Puzzleteilen laufen wir alle herum. Interessant (im diagnostischen Sinne) wird es bei 60 bis 80 Teilen von 100.« Tony Attwood

Umgekehrt habe er in all den Jahren seiner Tätigkeit nicht einen einzigen Menschen erlebt, der alle 100 Puzzleteile aufgewiesen hätte.

I Was heißt das eigentlich: »Autismus«?

Für die Entscheidung, ob die Diagnose »Autismus-Spektrum-Störung« vergeben werden kann, spielt aus meiner Sicht daher auch folgendes Kriterium eine wichtige Rolle.

Im Diagnostischen Manual DSM-IV heißt es unter dem Kriterium C. für die »Asperger-Störung«:

> »Die Störung verursacht in klinisch bedeutsamer Weise Beeinträchtigungen in sozialen, beruflichen und anderen wichtigen Funktionsbereichen.« DSM-IV

Das bedeutet zum einen: Wenn es im Leben einer Person ernsthafte Schwierigkeiten bei der sozialen oder beruflichen Integration gibt, dann müssen diese auf eine autistische Grundstruktur zurückzuführen sein, um die Diagnose zu rechtfertigen.

Und zum anderen: Ein Mensch kann alle Kriterien erfüllen – wenn sich daraus keine ernsthaften Probleme ergeben, ist eine Diagnose unzulässig.

Ähnlich sieht es das Kriterium D im Nachfolgemanual DSM-5:

> »Die Symptome/Auffälligkeiten bedingen klinisch bedeutsame Beeinträchtigungen in sozialen, beruflichen oder sonstigen wichtigen Funktionsbereichen.« DSM-5

Dieses Kriterium wird als notwendig, und damit als Bedingung für eine Diagnosestellung erachtet. Es erscheint insofern sinnvoll, als wir heute davon ausgehen können, dass circa ein Prozent aller Menschen irgendwo »auf dem Autismus-Spektrum« liegen und dass es – wie oben dargelegt – unterschiedlichste Ausprägungen und fließende Übergänge gibt. Zudem hängt es von sehr vielen Faktoren ab, wie problematisch sich das Leben durch eine autistische Wahrnehmungsweise tatsächlich gestalten wird.

Immerhin kommt es durchaus vor, dass eine Person mit autistischer Grundstruktur sich sozial wie beruflich integrieren kann oder dass sie eine Lebensweise findet, die ihrer Seins-Weise entspricht und in der sie sich wohlfühlt.

Autismus als Sammelbegriff für ein Phänomen mit vielen Gesichtern

So können wir hier davon ausgehen, dass Autismus als eine Art Sammelbegriff dienen kann für ein Phänomen, das bei einem Teil der Menschheit auftritt. Zum Teil wird dies dann nach außen hin deutlich sichtbar. In seiner wirklichen Bedeutung und seinen Auswirkungen jedoch wird es vor allem vom Individuum selbst erlebt.

Wir können postulieren, dass es sich um eine mehr oder weniger stark ausgeprägte »andere« Seins-Weise handelt, die an sich zunächst das Erleben des Betroffenen bestimmt. Die Unterschiedlichkeit zur Seins- und Erlebensweise der anderen Menschen ist es, die dann allerdings meistens spezifische Probleme mit sich bringt. Denn sie ist es auch, die zu äußerlich sichtbaren Besonderheiten in den Verhaltensweisen der Betroffenen führt.

Was die eigentliche Unterschiedlichkeit ausmacht und wie sie sich auf die Entwicklung, das Verhalten und das Zusammenleben mit anderen Menschen auswirkt, wollen wir im Folgenden eingehend betrachten.

2 Autismus als klinisches Bild – einige Grundannahmen vorweg

Alle bisherige Forschung, alle Erfahrungen im Autismus-Bereich und alle Beschreibungen Betroffener deuten aus meiner Sicht auf folgende Prämissen hin:

Autismus ist diagnostisch eingeordnet unter die »Tiefgreifenden Entwicklungsstörungen«. Dieser Begriff mag zwar im ersten Moment für Betroffene wie für Angehörige erschreckend klingen. Mit der Einordnung in diese Kategorie konnten jedoch zumindest die nicht minder erschreckenden Theorien der sogenannten »Psychogenese« ad acta gelegt werden: Alle Vermutungen, dass Autismus aufgrund traumatischer Erlebnisse oder unzureichender emotionaler Angebote in den Primärbeziehungen (sprich: »fehlender Liebe in der Kindheit« oder einer »schlechten Mutter-Kind-Beziehung«) »entsteht«, sind widerlegt. Sie wurden ersetzt durch die Erkenntnis, dass Autismus auf *Besonderheiten in der neuronalen Entwicklung* zurückzuführen ist, die von Anfang an wirksam sind. Mit anderen Worten: Das Gehirn entwickelt sich nicht besser oder schlechter, sondern *anders* als bei den meisten Menschen.

Der leider recht defizitorientierte Begriff »tiefgreifende Entwicklungsstörung« steht also – wertfrei gesprochen – für frühe *Besonderheiten* in der Entwicklung. Diese betreffen *primär das zentrale Nervensystem* und damit die *Wahrnehmungsverarbeitung*. Was ursprünglich auslösend für eine solche »besondere« Entwicklung des Nervensystems ist, konnte bislang nicht eindeutig geklärt werden.

Man geht jedoch in der Autismus-Forschung von einer *multifaktoriellen Genese* aus. Das bedeutet, dass verschiedene Faktoren wirksam werden, die dann eine *autistische Entwicklung* bedingen. Der genetische Faktor spielt dabei zwar eine große Rolle (aktuelle Studien sprechen von 80 Prozent), er ist jedoch nicht alleinbestimmend. Auch bei bestehender genetischer Vorveranlagung müssen also zusätzliche Faktoren wirksam werden, um die Entwicklung in einer solchen Weise zu beeinflussen, dass es zum Phänomen des »Autismus« kommt. Die Vielfalt der Ausprägungen autistischer Persönlichkeiten, die sehr häufig auftretenden *Probleme im sozioemotionalen Bereich* und diverse psychische Beeinträchtigungen im Kontext mit Autismus sind als *sekundäre Entwicklungen auf diesem Hintergrund der neuronalen Besonderheiten* zu betrachten und werden so auch nachvollziehbar.

3 Neurobiologische und entwicklungspsychologische Aspekte zum Verständnis autistischen Erlebens und Verhaltens

In den vergangenen Jahren hat die Neurobiologie immer mehr an Bedeutung und Popularität gewonnen. Insbesondere in psychologischen, therapeutischen und pädagogischen Fachkreisen werden zunehmend neurobiologische Erkenntnisse eingesetzt, um Beobachtungen zu erklären oder Sachverhalte darzustellen. Dabei wird manches Mal vielleicht über das Ziel hinausgeschossen und erwartet, die Neurobiologie solle jegliches menschliche Verhalten, jedes Phänomen erklären und möglichst gar in bildgebenden Verfahren (wie etwa in Computertomographien) sichtbar machen. Andererseits werden in vielen Bereichen zwar neurobiologische Erkenntnisse diskutiert, jedoch kaum Schlüsse für die Praxis gezogen.

Lange Zeit haben die Bereiche der Neurobiologie und der Autismus-Forschung einander kaum wahrgenommen. Dabei könnten sie sich meines Erachtens gegenseitig sehr befruchten und weiterbringen.

Als ich vor mehr als zehn Jahren erstmals einen Vortrag von Professor Gerald Hüther hörte und seine neurobiologischen Darstellungen und Bilder betrachtete, wurden mir schlagartig einige Zusammenhänge klar, die ich zuvor wohl erahnen konnte, die zu erklären und darzustellen mir jedoch schwergefallen wären. Erst mithilfe der von Professor Hüther sehr anschaulich dargelegten Grundkenntnisse der Reizverarbeitung (vgl. auch »Hebb'sche Lernregel« nach Donald Olding Hebb) und deren Auswirkungen auf die Entwicklung hatte ich Erklärungsansätze an der Hand, die ich unmittelbar in meiner Arbeit einsetzen konnte.

Sowohl im Rahmen der Diagnostik als auch in der Psychotherapie und darüber hinaus in meiner Fortbildungstätigkeit wende ich seither ein Erklärungsmodell an, das ich mithilfe der Darstellungen Hüthers entwickelt habe und das sich erfahrungsgemäß sehr zur Vermittlung eines eingehenden Verständnisses autistischer Besonderheiten eignet. Dieses möchte ich in der Folge darstellen, um eine Basis für die weitere Erkundung des Phänomens Autismus zu legen.

3.1 Die Entwicklung des zentralen Nervensystems – Grundlagen

Um Autismus-spezifische Besonderheiten auszumachen und zu verstehen, ist es sinnvoll und notwendig, sich erst einmal die Grundzüge der Entwicklung und Funktion des zentralen Nervensystems anzusehen. Hierzu möchte ich einige schematische Zeichnungen anbieten, um – sehr vereinfacht – die Entwicklung der Wahrnehmungsverarbeitung nachzuvollziehen und ihre Funktion zu veranschaulichen.

Jedes Kind entwickelt schon im Mutterleib sein ganz individuelles Nervensystem. Die Nervenzellen (Neuronen), die im ganzen Körper und in allen Organen und Gliedmaßen angelegt werden, und auch das zentrale Nervensystem, das Gehirn, arbeiten von Beginn an zusammen, um vielfältige Reize zu verarbeiten. Basierend auf den Ergebnissen dieser Verarbeitung werden der Organismus und das Verhalten gesteuert.

Die Aufnahme und Weiterleitung von Außenreizen ins Gehirn geschieht über die nach und nach sich herausbildenden *Sinneskanäle:* Das Kind spürt Bewegung und Druck, seine eigenen Körpergrenzen, die eigene Lage und Muskelaktivität; es kostet das Fruchtwasser und lernt zu unterscheiden, ob dies gerade mehr oder weniger süß schmeckt (was sich daran erkennen lässt, dass Kinder im Mutterleib oft etwas mehr Fruchtwasser trinken, wenn die Mutter gerade etwas Süßes gegessen hat ...). Es nimmt Geräusche und Klänge wahr, speichert diese Eindrücke und erkennt sie wieder – und wird dementsprechend unterschiedlich reagieren, je nachdem, was es hört.

Für all dies wird bereits eine große Menge an Neuronen im Gehirn angelegt (in ▶ Abb. 1 als Punktewolke dargestellt). Die Natur neigt hier zum Überfluss und hält ein ungeheuer großes Potential an Verarbeitungs- und Speicherkapazität vor.

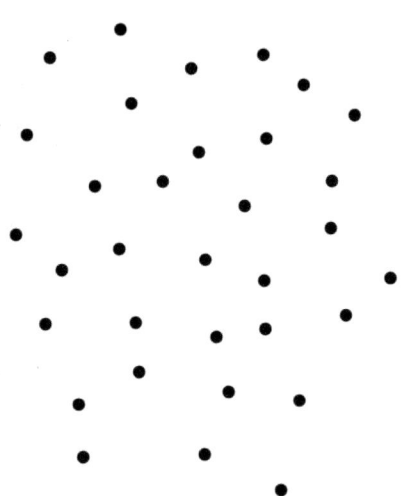

Abb. 1: Nervenzellen entwickeln sich

Dabei ist im Mutterleib die Zufuhr an Außenreizen noch sehr dosiert. Mit dem Augenblick der Geburt ist das Kind allerdings schlagartig einer ungekannten Fülle von Reizen ausgesetzt. Diese plötzliche starke Reizzufuhr regt wiederum die geradezu explosionsartige Bildung neuer Nervenzellen an – eine Entwicklung, die während der ersten Lebensmonate, ja sogar bis zum dritten Lebensjahr weitergeht, dann stagniert und allmählich rückläufig ist. Es werden also zeitlebens jeden Tag viele Nervenzellen abgebaut.

> Hinsichtlich der neuronalen Entwicklung halten wir an dieser Stelle fest: Plötzliche starke Reizzufuhr regt in diesem Entwicklungsstadium die Bildung neuer Nervenzellen an.

Die Funktion der Nervenzellen

Was genau »tun« Nervenzellen? Wie funktionieren sie? Und warum sind sie in ihrer Funktion so entscheidend?

Das Grundprinzip der Funktion und Entwicklung sieht (laut der Hebb'schen Regel) stark vereinfacht und schematisiert etwa folgendermaßen aus:

- Wahrgenommene Reize werden ins Gehirn weitergeleitet und aktivieren dort Neuronen (▶ Abb. 2).
- Treffen mehrere Reize gleichzeitig ein und werden daher mehrere Neuronen gleichzeitig aktiviert, könnte diese Gleichzeitigkeit von Bedeutung sein. Die zugleich aktivierten Neuronen nehmen daher Verbindung untereinander auf – sie bilden Verknüpfungen (▶ Abb. 3).
- Bleibt die gleichzeitige Aktivierung ein einmaliger Zufall, bilden sich diese Verknüpfungen wieder zurück. Kommt das gleichzeitige Eintreffen dieser Reizkonstellation und damit die Aktivierung der betreffenden Neuronen häufiger vor, verstärken sie ihre Verbindungen untereinander und es entstehen klare, wiedererkennbare Verarbeitungsmuster im Gehirn. So sieht – stark vereinfacht und schematisiert – Lernen aus (▶ Abb. 4).
- Wofür werden diese Verarbeitungsmuster im Gehirn angelegt? – Wahrgenommene Reizkonstellationen oder auch »Reizmuster«, zum Beispiel Bilder, Klänge und Klangfolgen, Gerüche usw., werden zeitlebens »verglichen« mit den bereits angelegten bzw. geprägten Verarbeitungsmustern (▶ Abb. 5).
- Wann immer ein wahrgenommenes Reizmuster mit einem bereits vorhandenen Muster übereinstimmt (also »kongruent« ist), erleben wir den sogenannten *Kongruenzeffekt*. Dabei geschieht im Gehirn etwas äußerst Spannendes: Es werden Hormone ausgeschüttet, die uns ein gutes Gefühl geben. Wir kennen dies auch als den *Wiedererkennungseffekt:* »Ah, das hab ich schon einmal gesehen!«, »Das hab ich schon gehört«, »Dieser Geruch ist mir vertraut«.
- Wir kennen diesen Effekt aber auch als Aha- oder Lösungsmoment, wenn eine solche Kongruenz eine Lösung bedeutet (ein Puzzleteil passt, eine Gleichung geht auf, »eines passt zum anderen»...). Zugleich begünstigen die ausgeschütteten Hormone die Bildung neuer Verknüpfungen und somit das Lernen.

Damit haben wir nun einige allgemeine Grundlagen der Entwicklung und Funktion des Gehirns und der Wahrnehmungsverarbeitung betrachtet, die uns beim weiteren Verständnis autistischer Besonderheiten dienen können.

3 Neurobiologische und entwicklungspsychologische Aspekte

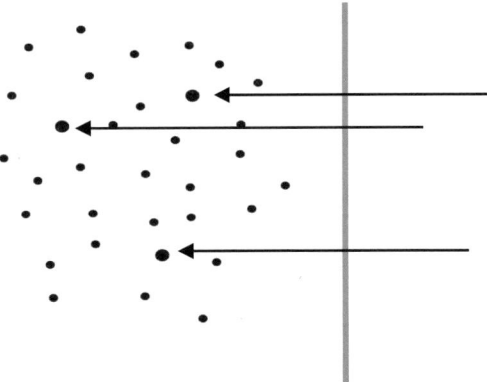

Abb. 2: Eintreffende Reize aktivieren Nervenzellen

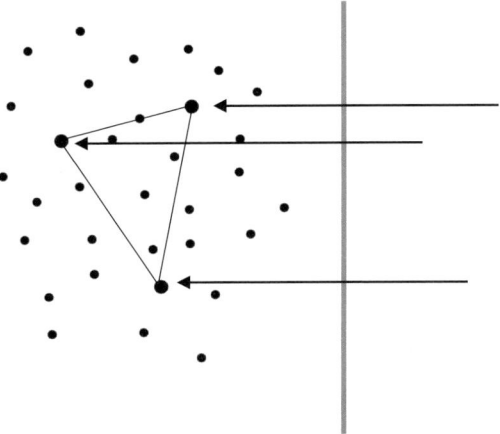

Abb. 3: Gleichzeitig aktivierte Nervenzellen verknüpfen sich miteinander

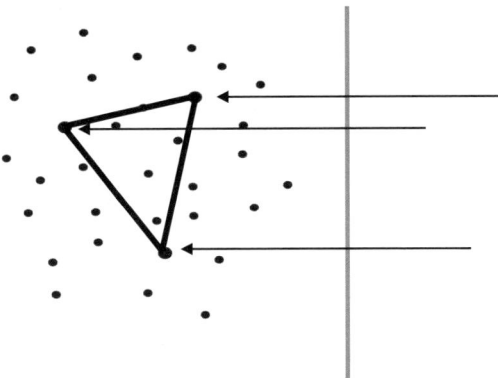

Abb. 4: Durch Wiederholung entstehen klare Verarbeitungsmuster

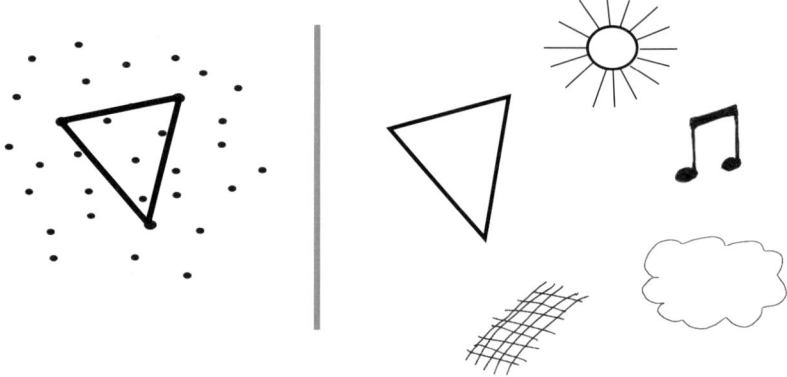

Abb. 5: Reizmuster von außen verglichen mit gespeicherten Verarbeitungsmustern

3.2 Was ist »anders« bei der neuronalen Entwicklung des autistischen Kindes?

Um zu verstehen, was die autistische Wahrnehmungsverarbeitung und neuronale Entwicklung von einer sogenannten »normalen« bzw. »neurotypischen« Entwicklung unterscheidet, müssen wir zunächst einmal feststellen, dass Menschen generell nur einen Bruchteil dessen aufnehmen, was an Reizen tatsächlich und permanent zur Verfügung steht. Es muss also eine Art automatischer (das heißt auch unwillkürlicher) *Reizfilterung* stattfinden, die auf den verschiedenen Sinneskanälen von vornherein nur jeweils einen bestimmten Teil von Reizen »hindurchlässt«.

Diese Filterfunktionen scheinen individuell unterschiedlich ausgeprägt zu sein. Manche Menschen sind auf einem Sinneskanal empfindlicher, andere auf einem anderen, manche sind generell empfindsamer, andere robuster auch gegenüber einer großen Fülle von Reizen.

Die Frage, wie und wodurch genau die Ausprägung einer mehr oder weniger starken Reizfilterung oder Empfindsamkeit zustande kommt, ist – soweit ich es übersehen kann – bislang noch nicht befriedigend beantwortet worden.

Was den Autismus betrifft, darf jedoch davon ausgegangen werden, dass es sich dabei – wie oben erwähnt – um eine Besonderheit in der Wahrnehmungsverarbeitung handelt, wobei die Filterfunktionen primär nur wenig ausgeprägt sind.

Allerdings können unterschiedliche Sinneskanäle sehr unterschiedlich reizoffen sein. Betroffene berichten über Hypersensibilitäten, also außerordentlich hohe Empfindsamkeiten, beispielsweise im visuellen, im auditiven oder in anderen Sinnesbereichen. Umgekehrt kann jedoch auch ein Sinneskanal sehr wenig sensibel ausgebildet sein und kaum auf Reize reagieren. So mag ein Betroffener auf dem visuellen Kanal extrem empfindlich, auf dem sensorischen hingegen auffallend unempfindlich sein – bis hin zur sensorischen »Taubheit«.

Generell kann jedoch offenbar eher von einer *mangelnden* Reizfilterung und damit von einer Neigung zu einer hohen Empfindsamkeit ausgegangen werden. Diese kann mehr oder weniger gravierend sein und in manchen Fällen auch wiederum reaktiv zu einer Überselektion in bestimmten Sinnesbereichen führen.

Autistische Reizverarbeitung und ihr Einfluss auf die frühe Entwicklung

Wollen wir nun die »autistische Entwicklung« verstehen, sollten wir erst einmal – unter Berücksichtigung der oben dargestellten Vorannahmen – überlegen, was wohl im Gehirn eines Neugeborenen abläuft, das bis zu zehnmal mehr Reize wahrnimmt als ein anderes Kind.

Erst einmal strömen noch mehr Reize auf das Neugeborene ein als normalerweise, was die Bildung von noch mehr neuen Nervenzellen anregen dürfte. (Tatsächlich gibt es Studien, die darauf hinweisen, dass autistische Menschen eher zu einer höheren Dichte an Neuronen neigen.) – Man kann hier also wahrlich nicht von einem Defizit sprechen. Wenn überhaupt, dann haben wir es hier mit einem Überschuss an Potential zu tun.

- Da stets viele Reize *gleichzeitig* einströmen, werden viele Nervenzellen *gleichzeitig* aktiviert (▶ Abb. 6).
- Nervenzellen, die gleichzeitig aktiviert werden, verknüpfen sich miteinander. Das ist ihre »Aufgabe«. Was bei der Überfülle an *gleichzeitig* einströmenden Reizen herauskommt, gibt ▶ Abb. 7 wieder.
- Aufgrund der kaum zu bewältigenden Fülle von einströmenden Reizen und der daraus erwachsenden hohen Dichte an Nervenzellen und Erstverknüpfungen erlebt das Kind die Welt als ein Chaos, das kaum zu bewältigen ist (▶ Abb. 8).

Darin wird es ihm erschwert, klare, wiedererkennbare Verarbeitungsmuster herauszubilden. Wenn solche ausreichend deutlichen Verarbeitungsmuster fehlen, wird es zudem auch viel schwieriger, Reizkonstellationen aus der Außenwelt wiederzuerkennen. Es sei denn, sie sind *exakt gleich* oder *konstant, also gleichbleibend.*

Bei kleinsten Abweichungen jedoch wird die Wiedererkennung bereits stark erschwert bis unmöglich. Es findet kein Kongruenzeffekt statt. So erlebt das betroffene Kind die Welt also als ein Chaos, das es zu überwältigen droht und in dem es kaum klare Strukturen erkennen kann. Dies ist die Situation, die das Kind zu bewältigen lernen muss – und die es zeitlebens als Grundproblematik begleiten wird.

I Was heißt das eigentlich: »Autismus«?

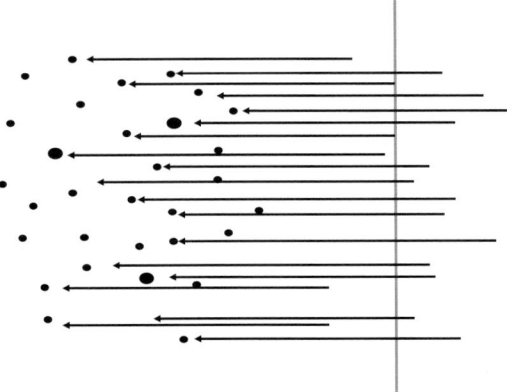

Abb. 6: Durchlässige Filter – Reizfülle

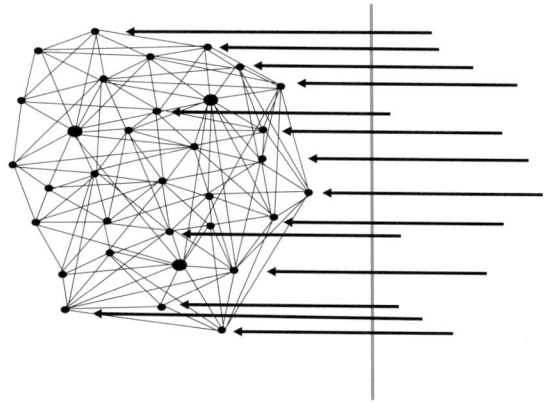

Abb. 7: Mehr gleichzeitig eintreffende Reize – mehr Erstverknüpfungen

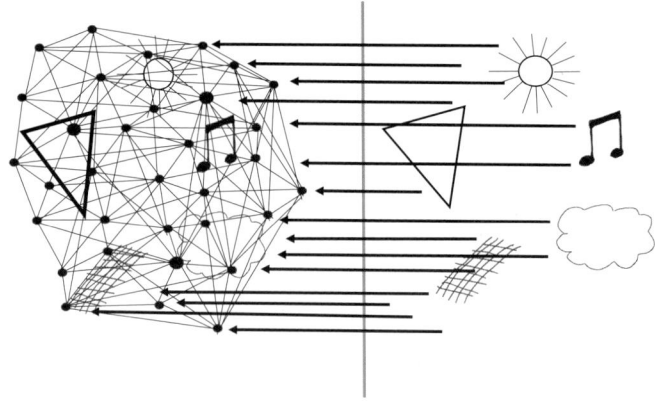

Abb. 8: Mehr Erstverknüpfungen

4 Wie autistische Kinder das Chaos bewältigen

Die betroffenen Kinder reagieren auf diese Situation der Überforderung sehr unterschiedlich. Einige sind so sehr gestresst, dass sie ununterbrochen schreien. Sie stehen derart unter Spannung, dass sie kaum zur Ruhe finden – was letztlich ihre Situation freilich noch verschlimmert. Denn Stress kann wiederum die Reizempfindlichkeit noch erhöhen.

Andere betroffene Kinder finden bald heraus, dass sie im Schlaf ihre Ruhe haben – und sie schlafen so viel wie möglich, sind oft kaum wach zu bekommen und müssen tatsächlich geweckt werden, um sie mit Nahrung versorgen zu können. Freilich gibt es hier in der Reaktion sämtliche Zwischenstufen und Ausprägungen. Eines steht jedoch fest: Früher oder später wird jedes betroffene Kind Strategien entwickeln müssen, wie es diese seine Situation im *Wachzustand* bewältigen kann. Auch hier gibt es so viele individuelle Strategien, wie es Betroffene gibt (was sicherlich einer der Gründe für das sehr große Spektrum und die große Unterschiedlichkeit zwischen den einzelnen Menschen mit Autismus ist).

Die allermeisten jedoch entdecken für sich eine ganz natürliche, menschliche Strategie, mit Reizüberflutung umzugehen – und das ist die *Trance, das heißt die Fokussierung der Aufmerksamkeit* auf klare, konstante, wiedererkennbare Reizmuster.

Das kann die Lampe an der Decke sein, ein Muster an der Wand, das Gitterbett, es kann ein konstantes oder ein sich wiederholendes Geräusch sein oder ein Kissenzipfel, der auf immer gleiche Weise zwischen den Fingern gezwirbelt werden kann. Durch die Fokussierung auf solche konstanten Reizmuster können alle anderen Reize »ausgeblendet« werden. Und so kann das Kind für sich Klarheit, Sicherheit und Ruhe finden.

> Diese Art der Aufmerksamkeitsfokussierung ist eine Strategie, die tatsächlich als allgemeinmenschliche, natürliche Form der Trance zu beobachten ist. Sie ermöglicht es den Menschen auch bei hoher Reizzufuhr, entspannt und konzentriert zu sein. Sonst könnte beispielsweise niemand im Zug sitzen und die Zeitung lesen.

Das Streben nach Weiterentwicklung und die Herausbildung von besonderen Interessen und Fähigkeiten

Bei allem Bedürfnis nach leicht wiedererkennbaren – weil klaren und gleichbleibenden – Strukturen, hat freilich auch ein Kind mit autistischer Reizverarbeitung das grundlegende Bedürfnis, sich weiterzuentwickeln. Es wird nicht immer auf dasselbe Muster starren, nicht immer nur dasselbe Geräusch hören wollen und darin gleichsam gefangen sein. Vielmehr wird es Muster, Strukturen und Objekte entdecken, die wohl verlässlich und gleichbleibend sind – da sie ihre Gestalt beibehalten und meist am selben Ort wiederzufinden sind –, und die dennoch interessant sind, weil sie sich in erkennbaren Teilaspekten verändern.

So wird beispielsweise eine Lampe an sich schon interessant sein, weil sie nicht nur *einen* Modus hat, sondern zwei, nämlich »an« und »aus«. Aber richtig interessant wird es für das Kind, wenn es zunächst durch Beobachtung, dann auch durch eigene Versuche herausfindet, dass es einen Zusammenhang gibt zwischen der Betätigung eines bestimmten Schalters und dem Wechsel des Modus von »an« zu »aus« und umgekehrt.

Kommt es schließlich selbst an diesen Schalter heran, wird es feststellen, dass es selbst mittels des Schalters *bestimmen* kann, welcher Modus eingestellt wird – und macht eine beglückende Erfahrung von Selbstwirksamkeit und Vorhersehbarkeit.

Später mag es Geräte mit noch mehr Schaltern und Funktionen entdecken, die sich durch Experimente explorieren und dann *verlässlich kontrollieren* lassen.

Im Laufe seiner Entwicklung wird das Kind zudem herausfinden, wie es selbst konstante, immer gleiche Reizmuster hervorrufen, wie es selbst Strukturen schaffen und wie es kontrolliert und gezielt auf seine Umwelt einwirken kann. Es kann sich selbst durch stereotype Bewegungen einen Rhythmus geben, es wird Gesetzmäßigkeiten der Physik sowie andere Naturgesetze und Regelmäßigkeiten entdecken. Und es wird lernen diese – selbstwirksam – für sich nutzen. Dabei wird es vielleicht durch die ihm eigene fokussierte und konzentrierte Beschäftigung allmählich auf dem einen oder anderen Gebiet zum Experten werden.

All das gilt sicherlich in gewissem Maße für alle Kinder. Der Unterschied liegt jedoch in der *Intensität und Exklusivität*, mit der sich ein autistisches Kind der gegenständlichen Welt zuwendet. Denn:

> Die Welt der Gegenstände ist verlässlich und kontrollierbar. Menschen sind es nicht.

5 Die Folgen autistischer Wahrnehmungsverarbeitung für die sozio-emotionale Entwicklung

Um die Herausforderungen zu verstehen, die eine autistische Wahrnehmungsverarbeitung für die gesamte Entwicklung eines Menschen bedeutet, wollen wir uns nun einem zweiten großen Bereich zuwenden. Es ist wohl der Bereich, der den klinischen Autismus für alle Beteiligten so häufig und offensichtlich zu einem Problem macht – und der letztlich ja auch zur Namensgebung führte. Es ist der Bereich der sozio-emotionalen Entwicklung, das heißt des zwischenmenschlichen Miteinanders und des emotionalen Erlebens.

Auch hierzu ist es sinnvoll, uns zunächst zu vergegenwärtigen, wie die sozio-emotionale Entwicklung »normalerweise«, das heißt bei neurotypischen Kindern, verläuft. Auf dieser Basis – und vor dem Hintergrund der bereits beschriebenen Besonderheiten bei der Reizverarbeitung – werden wir Unterschiede in der sozialen und emotionalen Entwicklung leichter nachvollziehen können.

5.1 Die Bedeutung des »ersten Augenblicks«

Wir sind als Menschen Säugetiere, Nesthocker, das heißt: Wir sind nach der Geburt hilflose Wesen, die darauf angewiesen sind, dass jemand da ist, der sich um sie kümmert. Ein Kind braucht jemanden, der es schützt, der es nährt und der ihm zeigt, wie es durchs Leben kommt. Wenn da nach der Geburt niemand ist, der das gewährleistet, ist es verloren.

Dabei ist es durchaus nicht selbstverständlich, dass die Mutter oder eine andere Bezugsperson nach der Geburt tatsächlich zur Verfügung steht. Immerhin ist sie bei der Geburt allerlei Gefahren ausgesetzt, und nicht jedes Kind kommt unter behüteten und medizinisch gut versorgten Verhältnissen zur Welt.

Da es so existentiell wichtig ist, nicht allein zu sein, ist es uns mitgegeben, nach der Geburt selbst erst einmal mit sicherzustellen, dass da tatsächlich jemand ist. Daher wird ein Neugeborenes, das nach der Geburt die Augen aufschlägt, als allererstes nach einem Gesicht suchen. Ist kein Gesicht zu sehen, könnte es sein, dass es allein ist. Die Mutter könnte bei der Geburt gestorben sein oder es könnte verloren gegangen und allein zurückgeblieben sein. Dann muss es schreien, um vielleicht doch noch gefunden und angenommen zu werden. Das Prinzip »Findelkind« ist unter sehr vielen Spezies verbreitet und hat sich offenbar vielfach zur Sicherung der Existenz bewährt, auch bei uns Primaten.

Sieht das Neugeborene jedoch ein Gesicht, dann bedeutet dieses eine Schema »Gesicht« erst einmal: »Ich bin sicher, ich bin geborgen, ich werde genährt, geschützt, angenommen – alles ist in Ordnung.«

Findet das Kind also ein Gesicht, wird es ruhigwerden und »sich festgucken« – denn es gibt nicht nur nichts Wichtigeres, sondern auch nichts Spannenderes als ein Gesicht. Ein Gesicht verändert sich, es bewegt sich – das ist interessant zu beobachten. Aber vor allem: Ein Gesicht reagiert auf »mich«. Wenn das Kind die Zunge herausstreckt oder das Gesicht verzieht, geschieht sicherlich auch im Gesicht des Gegenübers etwas. Das ist faszinierend. Das Kind erlebt erstmals so etwas wie *Selbstwirksamkeit*. Und es macht bei der entsprechenden Reaktion des Gegenübers die Erfahrung der Spiegelung in einem »Du«.

5.2 Soziales Wechselspiel und die Entwicklung des »Sozialen Autopiloten«[1]

Auf die oben beschriebene Weise beginnt buchstäblich mit dem ersten Augenblick ein Wechselspiel, das sich grundlegend auf die gesamte weitere Entwicklung des Individuums auswirkt. Denn hier werden vorbewusst und vorsprachlich Erfahrungen gemacht mit einem »Du«, aber damit auch mit dem »Ich«, das sich in diesem Wechselspiel selbst erfährt und immer weiter herausbildet.

Das Kind sammelt Eindrücke von der Mimik, der Körperhaltung, den Gesten und generell von der Bewegungsweise seines Gegenübers sowie auch von Stimmklang, Tonfall und Gerüchen. Dabei verknüpfen sich die Beobachtungen am anderen mit eigenen Empfindungen von Spannung und Entspannung in der jeweiligen Situation.

Im Wechselspiel mit den Bezugspersonen, aber auch mit immer neuen Personen, mit denen es zu tun hat, lernt ein Kind so nicht nur den emotionalen Ausdruck der Menschen unbewusst zu deuten und sich – ebenso unbewusst – darauf einzustellen. Es differenziert gleichsam im Spiegel des »Du« und in dessen Deutung auch die eigenen Gefühle immer weiter aus. (Ich werde darauf später noch genauer eingehen.)

Aus all den gesammelten Eindrücken menschlicher Ausdrucksweisen in unterschiedlichsten Situationen sowie aus den gesammelten Erfahrungen mit den »Effekten«, die mit eigenen Verhaltensweisen hervorgerufen werden, entwickeln Menschen gerade im Laufe der ersten Monate und Jahre des Lebens das, was wir hier als »Sozialen Autopiloten« bezeichnen wollen.

---

[1] Der Begriff des Sozialen Autopiloten hat sich in meiner Arbeit und im Austausch mit Menschen im Autismus-Spektrum herausgebildet und entwickelt. Parallel dazu brachte Prof. Manfred Spitzer den Begriff des Autopiloten i. S. unbewusster neuronaler Steuerungen unseres Verhaltens auf. Trotz einiger Parallelen ist der Begriff des Sozialen Autopiloten davon unabhängig entstanden.

Dieser Soziale Autopilot ist erst einmal freilich als ein Konstrukt zu verstehen. Auch wenn es durchaus neurobiologische Hinweise darauf gibt, in welchen Hirnregionen sich in sozialen Situationen bestimmte Aktivitäten feststellen lassen. Als gesamtes System lässt ein »Autopilot« sich, in dem Sinne wie ich ihn hier beschreibe, nicht so ohne Weiteres lokalisieren (wie etwa als ein Organ oder eine einzelne Hirnregion).

Als Konstrukt und als Modell ist dieses Bild vom Autopiloten jedoch hilfreich, um vieles im menschlichen Verhalten und Erleben zu erklären – insbesondere auch in der Unterschiedlichkeit von Menschen mit und ohne Autismus. Wir nehmen also zunächst einmal an, es gäbe ein – sicherlich komplexes –
System, das die Funktion eines Sozialen Autopiloten entwickelt und einnimmt.

Dieser Autopilot übernimmt zeitlebens wichtige Funktionen, ohne dass sich der Mensch darum kümmern müsste. Da er im Laufe der individuellen Entwicklung entsteht, sind sich die meisten Menschen nicht einmal dessen bewusst, dass sie einen solchen Autopiloten haben und was er alles, ganz von selbst, für sie regelt:

Die Funktionen des »Sozialen Autopiloten«

- In jeder sozialen Situation, also in Anwesenheit anderer Menschen, »scannt« er das Verhalten der anderen fortlaufend ab.
- Er erkennt Verhaltensweisen, die für das Individuum bedeutsam sein könnten (da sie etwa auf Stress und damit auf eventuelle Bedrohungen, oder auch auf Sympathien und Kontaktangebote hinweisen). Umgekehrt werden alle – nach seinen Kriterien – unbedeutenden Verhaltensweisen »aussortiert«.
- Zugleich interpretiert er – aufgrund aller bislang gesammelten Eindrücke und Erfahrungen – die Bedeutung der wahrgenommenen Verhaltensweisen. Er wird daraus also Deutungen zu Stimmungen und Gefühlen, Intentionen, aber auch zu sozialen Erwartungen der Mitmenschen ableiten.
- Und: Er wird aufgrund der wahrgenommenen und als relevant eingestuften Verhaltensweisen der Mitmenschen sowie aufgrund seiner bisherigen Erfahrungen (das heißt seiner »Programmierung«) das eigene Verhalten des Individuums steuern.
- All dies geschieht jeweils innerhalb von Bruchteilen von Sekunden, Augenblick für Augenblick: scannen, nach Relevanz sortieren, deuten und das Verhalten entsprechend steuern.
- Und es geschieht unwillkürlich, spontan, das heißt »automatisch« – und damit unbewusst.

5.3 Die frühe Entwicklung beim autistischen Kind – wie Besonderheiten bei der Reizverarbeitung die Ausbildung eines Autopiloten verhindern

Wenn wir uns nun noch einmal die Situation und das unmittelbare Erleben des autistischen Neugeborenen vorstellen, wird schnell klar, dass es fast zwangsläufig hinsichtlich seiner sozio-emotionalen Entwicklung zu Besonderheiten und damit leider meist auch zu Problemen kommen wird.

Wir erinnern uns: Das Kind ist aufgrund mangelnder Filterfunktionen bzw. erhöhter Empfänglichkeit für vielfältige Außenreize einer kaum zu bewältigenden Reizfülle ausgesetzt. Es wird sich, sobald es diese Möglichkeit für sich entdeckt hat, auf klare, konstante oder wiederkehrende Reizmuster konzentrieren, um im Chaos irgendeine Struktur, eine Verlässlichkeit, einen Ruhepol zu finden und darüber vielleicht auch in eine schützende Trance zu gehen. Oberstes Ziel ist es, die Reizzufuhr, so gut es geht, zu reduzieren oder Außenreize ganz auszublenden.

Ein Mensch, jedoch, ist eine Reizquelle: Er bewegt sich und sieht auch immer wieder anders aus; er gibt Geräusche von sich, spricht das Kind an, berührt das Kind, nimmt das Kind hoch, bewegt das Kind, riecht nach Mensch – und dann soll das Kind auch noch etwas trinken … Kurz gesagt: Bereits von einer Person geht eine Fülle von Reizen aus – spontan, unvorhersehbar, unberechenbar.

So wird verständlich, dass die meisten – nicht alle – Säuglinge mit autistischer Reizverarbeitung sich von dieser Reizquelle Mensch wenn möglich abwenden, dass sie versuchen werden, sich zu entziehen – oder sich mittels der Aufmerksamkeitsfokussierung in sich selbst zurückzuziehen. Dabei geht es vornehmlich darum, alle Reize so gut wie möglich über sich ergehen oder an sich abperlen zu lassen.

Der so wichtige »Erste Augenblick« – und das spontan entstehende Wechselspiel mit einem »Du« – kommt so nicht zustande. Das Kind verpasst die Gelegenheit, im Rahmen dieser Interaktion *vorsprachlich, vorbewusst* und *unwillkürlich* Erfahrungen mit einem »Du« zu sammeln. Das heißt, es kann nicht einfach Eindrücke sammeln vom Ausdrucksverhalten einer Person in unterschiedlichen Situationen – etwa wenn sie entspannt ist oder wenn sie angespannt ist. Erst recht wird es solch vielfältige Erfahrungen nicht mit vielen unterschiedlichen Personen sammeln können. Ein Sozialer Autopilot kann sich so nicht ausbilden.

Es gibt einige betroffene Kinder, die ein oder zwei Gesichter bzw. Personen als gleichbleibend und damit verlässlich genug erleben, um sie anzusehen und in diesem Gegenüber ausreichend Sicherheit empfinden, um sich nicht abzuwenden, sondern »dran zu bleiben«. Diese Kinder werden dann von Beginn an sehr stark auf diese eine oder zwei Bezugspersonen fixiert sein. Jede weitere Person (sei es die Großmutter, der Onkel oder eine Nachbarin) ist eine Person zu viel. Dennoch haben diese Kinder zumindest die Chance, die Bedeutung und »Bereicherung« des Blickkontaktes und der nonverbalen Kommunikation zu erleben. Die Übertragung der so gemachten Erfahrungen auf unterschiedliche und komplexere soziale Konstellationen und Situationen wird allerdings auch ihnen schwerfallen. Denn der für sie zugängliche Pool an vielfältigen Eindrücken und damit der für sie erreichbare Erfahrungsschatz wird im Vergleich zu Kindern mit »normaler«, ausreichend gefilterter Reizverarbeitung deutlich geringer sein.

5.4 Kontakt ist Nahrung

All diese Besonderheiten in der frühen Entwicklung bedeuten jedoch nicht, dass autistische Kinder kein Bedürfnis nach Kontakt hätten. Wir müssen uns vergegenwärtigen, dass Kontakt eine Nahrung ist. Ohne sie geht ein Mensch zugrunde. Insbesondere ein Kind ist existentiell darauf angewiesen. Dies wurde in einem Experiment deutlich, das Kaiser Friedrich II. (1194–1250) eigentlich mit ganz anderen Fragestellungen unternahm.

Wie berichtet wird, wollte der Kaiser mit Hilfe eines »wissenschaftlichen Experiments« herausfinden, was die Ursprache des Menschen sei, wenn man ihnen gar nicht erst eine andere Sprache anbietet: Ob dies wohl Latein sei, oder Hebräisch oder…? Die Versuchsanordnung hatte dementsprechend so zu sein, dass mehrere Kinder von Geburt an einzeln isoliert wurden. Sie wurden mit allem wohl versorgt, es fehlte ihnen nicht an Nahrung oder Wärme – nur wurde ihnen eben konsequent weitestgehend der soziale Kontakt und die Ansprache versagt: Die Ammen hatten den Auftrag, die Kinder regelmäßig zu versorgen, jedoch nicht mit ihnen zu sprechen, und überhaupt nur so viel Kontakt zuzulassen, wie es zur Versorgung unbedingt notwendig erschien. Dies wurde offenbar gründlich und gewissenhaft befolgt. Das Ergebnis war sehr aufschlussreich, allerdings tragischerweise in ganz anderer Richtung als die ursprüngliche Fragestellung gewesen war: Alle Kinder wurden bald krank und verstarben. Man kann sagen, sie starben – trotz physisch guter Versorgung – an einem Mangel: Kontaktmangel.

Nun ist ja auch ein Kind mit Autismus ein Menschenkind und hat an sich durchaus »Kontakthunger« wie jedes andere Kind auch. Das Problem ist jedoch, dass die natürlicherweise angebotene »Kontaktnahrung« für dieses Kind so nicht verträglich, weil zu reichhaltig und überdosiert ist.

Um dies zu veranschaulichen, möchte ich folgendes Bild anbieten:

> Man kann einen Säugling nicht mit Schnitzel füttern. Er wird sich davon nicht ernähren können, auch wenn er noch so großen Hunger hat. Selbst wenn man das Schnitzel fein passieren, verflüssigen und es dem Kind über ein Fläschchen geben würde – das Kind würde die enthaltenen Nährstoffe nicht aufschließen und aufnehmen können. Die Nahrung ist zu komplex für seinen Organismus. Vielmehr wird es von dieser Nahrung sogar krank werden, da sie für das Kind noch unverdaulich und unverträglich ist.

So wie es unterschiedlich komplexe und leicht verdauliche Nahrungsmittel gibt, so verhält es sich auch mit der »Kontaktnahrung«. Es gibt Formen des Kontaktes, die

leicht annehmbar und nährend sind (entsprechende Erfahrungen werden in
▶ Kap. 5.5 noch genauer beschrieben werden). Andere, ja tatsächlich sehr viele
Angebote sind komplexer und können daher nicht angenommen, nicht »verwertet«
und schon gar nicht in erhoffter Weise beantwortet werden.

Im Gegenteil führen sie zu Stress und wirken für das betroffene Individuum eher
belastend oder gar schädlich, was sich dann in psychischen und auch nicht selten in
psychosomatischen Beschwerden äußert.

Vor einem solchen Hintergrund wird nachvollziehbar, dass und warum so viele
auch liebevolle Kontaktangebote an einem autistischen Kind vorbeigehen. Oder
warum sie das Kind überfordern, so dass es sich davor zurückziehen muss. Obwohl
es eigentlich dringend der »Kontaktnahrung« bedarf.

Bewältigungsstrategien im Umgang mit Menschen

Da ein Kind mit Autismus, wie jedes andere Kind auch, durchaus »Kontakthunger«
hat und sich zugleich ja unweigerlich mit seiner sozialen Umwelt auseinandersetzen
muss, wird es versuchen, eigene Strategien zu entwickeln, wie es an Kontaktnahrung
kommt. Auch hat es ja ständig mit Menschen zu tun und muss Wege finden, wie es
mit diesen »menschlichen Objekten« umgehen kann.

Es wird, sobald es kann, *bewusst* beobachten, wie Menschen »funktionieren«, wird
versuchen, bewusst *logische Schlüsse* zu ziehen und *Gesetzmäßigkeiten abzuleiten* – wie
es das auch bei technischen Geräten, in der Physik oder auf anderen Beobachtungsfeldern tut. Dabei wird es zu ganz eigenen Schlüssen kommen. Und einer
davon ist bei sehr vielen Betroffenen, dass sich die Menschen aus ihrer Sicht unlogisch, unvorhersehbar und daher generell unberechenbar verhalten.

Allerdings führen bewusste Beobachtung, wiederholte Erfahrungen und gezielte
»Experimente« manchmal zu der Erkenntnis, wie man zumindest *bestimmte* Menschen zu vorhersehbaren Reaktionen veranlassen kann, also letztlich auch welcher
Mensch wodurch so zu provozieren ist, dass er eine *klare, eindeutige, verlässliche
Reaktion zeigt* und dem Kind *ungeteilten Kontakt* anbietet.

So kommt es, dass das Verhalten vieler betroffener Kinder (oder auch noch Erwachsener) als provokant erlebt wird – wobei die dahinterstehende Not allerdings
nicht erkannt wird. Das wird an Formulierungen deutlich wie: »Der will ja *nur*
Aufmerksamkeit!« Dass Aufmerksamkeit, Gesehenwerden, ein Wechselspiel mit
einem Gegenüber und ein darin entstehender Kontakt lebensnotwendig sind, jedoch nicht von jedem Menschen »einfach so nebenbei« in komplexen Situationen
wahrgenommen, aufgenommen und verarbeitet werden können, bleibt bei einer
solchen Sichtweise unberücksichtigt.

Bei neurotypischen Menschen regelt ja der Soziale Autopilot die Gestaltung des
sozialen Miteinanders. Aber welcher neurotypische Mensch ist sich dessen bewusst,
dass es so etwas wie einen Sozialen Autopiloten gibt, der für ihn so vieles an sozialer
Wahrnehmung und dann auch Steuerung übernimmt? Und wer weiß schon, dass
dieser Autopilot nicht selbstverständlich bei jedem Menschen vorausgesetzt werden
kann? Und selbst wenn man all dies weiß: Was es bedeutet, ohne Sozialen Autopiloten unterwegs zu sein, ist in allen seinen Auswirkungen nicht wirklich vorstellbar.

Auch nach all den Jahren, die ich nun mit autistischen Menschen arbeite, möchte ich mir nicht anmaßen, »zu wissen, wie das ist«, ohne Autopiloten zu leben. Ich weiß *um* diese besondere Herausforderung und kann versuchen, sie mir vorzustellen. Ich kann aus dieser Erkenntnis Erklärungen für bestehende Probleme ableiten und zur Reflexion anbieten. Vor allem aber hilft mir das Wissen um diese besondere Herausforderung dabei, Menschen mit Autismus offen und weitgehend erwartungsfrei zu begegnen.

5.5 Einfache und komplexe Kontaktformen – Eins-zu-eins-Kontakt vs. Gruppensituation

Der ungeteilte *Eins-zu-eins-Kontakt ohne Erwartungen* stellt *die* Form von Kontaktnahrung dar, die für die meisten betroffenen Kinder die einzig »verträgliche« und damit auch die einzig nährende ist – und dies gilt für viele Betroffene auch noch bis ins Erwachsenenalter. Sich auf *einen* Menschen einzustellen ist ihnen gerade noch möglich – insbesondere, wenn der Kontakt nicht mit Erwartungen verbunden ist. Jede weitere Person wird jedoch bereits als Überforderung empfunden.

So können komplexere soziale Situationen zu starker Verunsicherung und Unruhe, und letztlich sogar zur krisenhaften Eskalation führen. Dies ist für Nicht-Betroffene meist kaum nachvollziehbar – zumal wenn sie es mit einem Menschen mit Asperger-Syndrom zu tun haben, der eloquent, offensichtlich intelligent und äußerlich weitgehend unauffällig ist.

Wenn jemand nach außen hin »normal« wirkt, wird von ihm ein »normales«, das heißt der Situation angepasstes Verhalten erwartet. Als »normal« wird jedoch erachtet, sich spontan und problemlos in jeder neuen sozialen Situation und in jeder auch unbekannten Gruppe sehr schnell zurechtzufinden, sich darin angepasst zu verhalten, seine passende Rolle und seinen Platz im Gruppengefüge zu finden.

Gerade eine Gruppe bedeutet jedoch für einen Menschen mit Autismus eine Fülle von Herausforderungen, für die er kaum gerüstet ist:

- Viele Menschen bringen viele Reize auf unterschiedlichen Sinneskanälen mit sich, beispielsweise Farben und Muster, Bewegungen, Geräusche, Gerüche und manchmal sogar Berührungen.
- Auch bringt jeder ein gewisses Maß an Spannung oder Entspannung, bestimmte »Schwingungen« mit, die spürbar werden, aber vom Betroffenen nicht zugeordnet werden können. (Hierzu später mehr.)
- Zudem sind Menschen untereinander ständig im Austausch, was ebenfalls wahrgenommen wird, in seiner jeweiligen Bedeutung jedoch nicht unmittelbar eingeschätzt und zugeordnet werden kann.

So bedeutet eine Gruppe von Menschen stets vor allem eins: eine Vielzahl von Eindrücken, die für sich genommen nur schwer verarbeitet werden können und deren Bedeutung bestenfalls erahnt werden kann, vielfach aber ein komplexes Rätsel bleibt.

Eine Gruppensituation bedeutet also eine hohe Anforderung und einen erheblichen Aufwand an Energie, ohne dass auf der anderen Seite jedoch ein Zugewinn an »Kontaktnahrung« und damit an Energie gewonnen werden könnte. Denn zu fruchtbaren und nährenden Begegnungen kommt es – zumindest aus Sicht eines Betroffenen – in einer solchen Situation kaum. Die meisten von ihnen haben mangels »Autopilot« nur wenige positive, verlässliche Erfahrungen sammeln können, wie sie *auf konstruktive Weise* – und dann auch erfolgreich – Kontakt aufnehmen und gestalten können. So bleiben sie in ihrer Unsicherheit eher befangen und zurückhaltend – oder sie gehen gleichsam »blind« aber mutig voran und zeigen Verhaltensweisen, die von anderen als merkwürdig bis grenzüberschreitend empfunden werden. Die Folgen eines solchen Verhaltens, das wohl in durchaus konstruktiver Absicht, jedoch ohne Unterstützung und Steuerung durch einen Sozialen Autopiloten erfolgt, sind in den meisten Fällen fatal.

Neurotypische Menschen reagieren auf ein Verhalten, das ihre (unbewussten) Erwartungen nicht erfüllt, auf vielfältige Weise: Sie fühlen sich irritiert, verunsichert, enttäuscht, brüskiert, ja häufig sogar angegriffen. Dementsprechend reagieren sie auf einen Menschen, der nicht wie erwartet »funktioniert« oder sich auffällig verhält, zumindest mit Missachtung, oft aber auch mit Rückzug oder Kontaktabbruch. Gar nicht selten kommt es zu Verachtung, Vorwürfen oder auch zu Angriffen aller Art, sei es verbal oder gar tätlich.

Auf diese Weise kommen zum Erleben einer grundlegenden Unsicherheit durch das wahrgenommene »Anders-Sein« bei den meisten Betroffenen auch noch wiederholt Erfahrungen hinzu, die zumindest enttäuschend und verunsichernd, in vielen Fällen jedoch sogar traumatisch wirken. (Wir werden im Teil II des Buches noch intensiver auf die Auswirkungen eingehen). Die Betroffenen können sich die Reaktionen der Mitmenschen nicht erklären. Schließlich wissen sie ja meistens selbst nicht um die *tatsächlichen* Unterschiede zwischen sich selbst und den Mitmenschen und kennen somit die wahren Gründe für die entstehenden Probleme nicht. (Dies gilt insbesondere dann, wenn sie selbst nicht über ihre autistische Grundstruktur Bescheid wissen.)

So richten sie schließlich Vorwürfe gegen sich selbst. Denn da sich ja »die anderen« immer so einig zu sein scheinen, gehen sie davon aus, dass tatsächlich sie selbst das Problem sein müssten. Sie fühlen sich falsch oder dumm, schuldig oder schlecht. Oder sie empören sich und beginnen, die Menschen generell abzulehnen.

Wie auch immer sie die Erfahrungen verarbeiten – viele Betroffene ziehen für sich den Schluss, dass sie andere Menschen, insbesondere Gruppen, besser meiden sollten, um Probleme oder gar bedrohliche Angriffe zu vermeiden.

Noch einmal: Kontakt ist eine Nahrung. Keiner kann ohne ihn überleben. Insgesamt lässt sich aber eines mit Sicherheit feststellen: Jeder Mensch, auch jeder Mensch auf dem Autismus-Spektrum – egal welcher Ausprägung – hat ein Bedürfnis nach Kontakt. Bei meiner Arbeit habe ich keinen einzigen getroffen, der ohne Kontaktnahrung ausgekommen wäre. Nur unterscheiden sich eben die Formen von

Kontakt, die bewältigt werden können und als nährend erlebt werden, vielfach von denen, die neurotypische Menschen für sich nutzen und genießen können.

Wohl kenne ich einige Betroffene, die von sich sagen, sie wollten keinen Kontakt, bräuchten keine Freunde und wollten überhaupt mit den Menschen nichts mehr zu tun haben. Dies ist als Ausdruck ihrer Frustration, Verletzung und Wut zu verstehen und auch zunächst einmal so anzunehmen. Es wäre jedoch fatal, sie umgekehrt darauf festzulegen, sie darin allein zu lassen und zu sagen: »Die wollen ja nicht, also lassen wir sie.« Denn letztlich ist eine solche Absage gegenüber jeglichem sozialen Miteinander oder ein tatsächlicher Rückzug in die soziale Isolation stets als ein Ausdruck des Schmerzes und der Resignation über gescheiterte Kontaktversuche zu verstehen. Dabei ließe sich auch bei jenen, die sich solchermaßen frustriert und verletzt zurückziehen, ihr eigentlicher Wunsch nach vertrauensvollem und fruchtbarem Kontakt erkennen.

6 Auswirkungen einer autistischen Entwicklung auf das soziale und psychische Erleben

Vor dem Hintergrund der oben beschriebenen Besonderheiten einer autistischen Entwicklung wird nachvollziehbar, in welcher Situation sich Menschen mit Autismus zeitlebens befinden: Die meisten von ihnen erleben sich schon in der Kindheit als »anders«, ohne zu wissen warum.

Gerade diejenigen mit einer sogenannten »hochfunktionalen« Ausprägung des Autismus versuchen verzweifelt herauszufinden, was von ihnen erwartet wird, »wie die Menschen funktionieren« und wie sie selbst »normal« sein könnten. Dennoch wird das Erleben des gegenseitigen Befremdens sich durch das Leben ziehen. Und ein solches Erleben wirkt sich gravierend auf das psychische Befinden aus.

Ich möchte im Folgenden ein Modell vorstellen, das es nicht nur ermöglicht, die Problematik anschaulich zu machen, so dass sie sowohl für Betroffene als auch für ihr Umfeld verständlich wird, sondern aus dem sich auch ein grundlegender Lösungsansatz ableiten lässt.

6.1 Das »Zwei-Welten-Modell« – das Dilemma verstehen und Chancen zur Lösung erkennen

Wir haben gesehen, in welcher Weise Besonderheiten bei der Reizverarbeitung die sozio-emotionale Entwicklung eines Menschen mit Autismus beeinflussen und welche Herausforderungen im sozialen Miteinander sich daraus ergeben.

Um das entstehende Spannungsfeld noch besser nachvollziehen zu können, hat sich ein Modell bewährt, das in der Arbeit mit meinen Klienten entstanden ist und darin weiterhin täglich Anwendung findet: das von mir so benannte »Zwei-Welten-Modell«.

Zunächst ist dies ein ganz allgemeines Modell, das bestimmte Aspekte menschlicher Entwicklung und menschlichen Erlebens abbildet. So werden sich viele Menschen an der einen oder anderen Stelle darin wiederfinden – was letztendlich dabei hilft, sowohl Unterschiede im individuellen Erleben als auch grundlegende menschliche Gemeinsamkeiten zu erkennen und daraus neue persönliche wie auch allgemein sozial relevante Lösungswege abzuleiten. Dann jedoch zeigt es in aller Deutlichkeit auch den entscheidenden Unterschied im Erleben von Menschen mit Autismus – und eröffnet ihnen Perspektiven und Wege zu individuellen Lösungen.

Die Unterscheidung zwischen den Welten und die Abgrenzung zwischen »Ich« und »Du«

Jeder Mensch erlebt von klein auf, dass es einen Unterschied gibt zwischen der eigenen Welt mit der eigenen Wahrnehmung, den eigenen Bedürfnissen, Interessen und Wahrheiten einerseits und der Welt der Anderen, deren Wahrnehmungen, Bedürfnissen und Interessen andererseits.

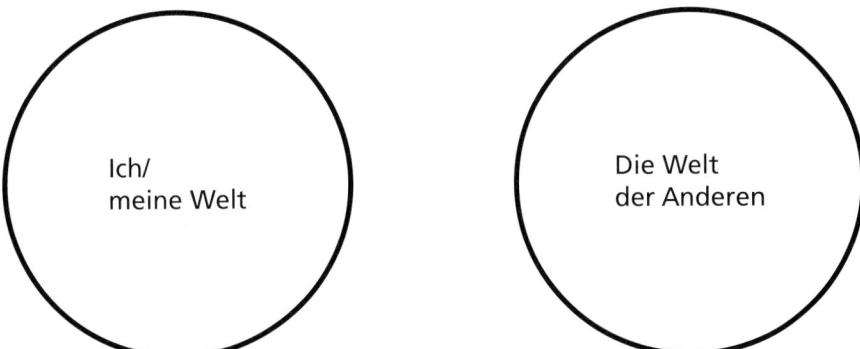

Abb. 9: Unterschiedlichkeit – Die eigene Welt unterscheidet sich von der Welt der Anderen

Bereits der Säugling wird feststellen, dass seine Bedürfnisse und die der Mutter nicht in jedem Fall übereinstimmen.

Er mag beispielsweise gerade (um 5 Uhr morgens) wach und munter sein und möchte dementsprechend gern die Welt entdecken, spielen und mit der Mutter im Kontakt sein. Die Mutter jedoch ist müde und bräuchte eigentlich Schlaf...

Die Feststellung solcher Unterschiede bei den Bedürfnissen und Interessen stellt einen wichtigen ersten Schritt in der Identitätsentwicklung dar. Sie wird phasenweise geradezu provoziert, um eine Idee vom »Ich« und der eigenen Welt im Unterschied und in Abgrenzung zu den Mitmenschen und deren Welt(en) zu entwickeln. Dies geschieht vor allem in der sogenannten »Trotzphase« und später nochmals in der Pubertät. Eine deutliche Abgrenzung und Betonung von Unterschiedlichkeit kann aber auch zu jedem anderen Zeitpunkt geschehen oder als notwendig erachtet werden, um sich und andere der eigenen Identität und Einzigartigkeit zu versichern.

Die anfängliche Entdeckung der Unterschiedlichkeit an sich kann also als wichtiger und notwendiger Entwicklungsschritt eines jeden Menschen angenommen werden und stellt die Basis für die weitere Entwicklung der Persönlichkeit dar.

Die spontane Entstehung von Schnittmengen

Die meisten Menschenkinder machen jedoch ebenfalls von Anfang an die Erfahrung, dass es doch eine recht große Schnittmenge zwischen den Welten gibt: Die eigenen Wahrnehmungen entsprechen den Wahrnehmungen der anderen. Zum Beispiel: »Ich finde es draußen kalt. Die anderen finden es auch kalt«.

Abb. 10: Schnittmenge der Gemeinsamkeit

Schnittmenge der Gemeinsamkeiten

Damit werden zum einen die eigenen Wahrnehmungen und Empfindungen bestätigt. Dies führt zu einem Gefühl von Richtigkeit und Stimmigkeit und stärkt auch das Vertrauen in die eigenen Sinne: »Wenn die anderen das auch so empfinden, kann ich nicht ganz falsch liegen.« Somit wird durch das Erleben der gleichen Wahrnehmungen auch das *Selbstvertrauen* gestärkt.

Zum anderen entsteht spontan ein Gefühl von *Gemeinsamkeit*, das die Basis für Kontakt darstellt und immer wieder neu beziehungsstärkend wirkt: »*Wir* finden es draußen kalt.« Dieses Gefühl von Verbundenheit ist besonders dann wirksam, wenn neben der reinen (Sinnes-)Wahrnehmung auch die Bewertung dessen übereinstimmt, was wahrgenommen wird – »*Wir* finden es unangenehm kalt« – und die sich daraus ergebenden Bedürfnisse auch: »*Wir* wollen schnell ins Warme«, »Etwas Wärmendes zu trinken wäre jetzt gut…«

Momente der Unterschiedlichkeit und der Notwendigkeit zur Entscheidung zwischen den Welten

Dennoch wird jeder Mensch zeitlebens immer wieder auch Situationen erleben, in denen sich die eigenen Bedürfnisse und Interessen von denen der anderen unterscheiden.

> **Ein Beispiel**
>
> Jemand ist mit ein paar Freunden auf einer Veranstaltung. im Anschluss daran wollen die anderen alle noch gemeinsam italienisch essen gehen. Er selbst hat aber weder Hunger, noch hat er Appetit auf italienisches Essen. Vielmehr ist er sehr müde. Er würde gerne nach Hause gehen und sich schlafen legen. Nun gibt

es für ihn zwei Möglichkeiten: Entweder er entscheidet sich, bei sich und seinen eigenen Bedürfnissen zu bleiben – und dafür in dieser Situation auf Kontakt und Zugehörigkeit zur Gruppe zu verzichten. Er wird sich dann von den anderen verabschieden, nach Hause gehen und schlafen.

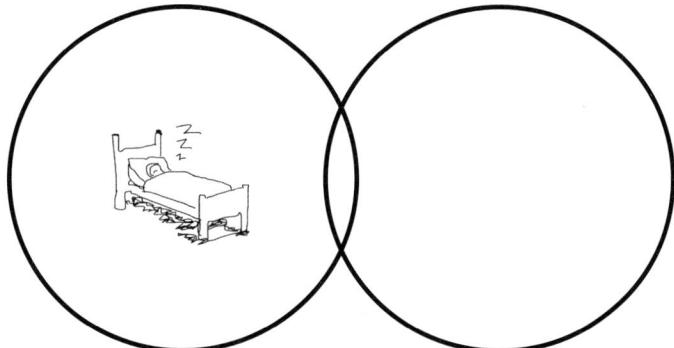

Abb. 11: Zwei Welten – Entscheidung für die eigene Welt und eigene Bedürfnisse

Oder ihm ist der Kontakt zu diesen Menschen bzw. die Zugehörigkeit zu dieser Gruppe so wichtig, dass er seine eigenen Bedürfnisse zurückstellt und mit der Gruppe zum Italiener geht. Hauptsache, er ist dabei.

Abb. 12: Entscheidung für Kontakt und Zugehörigkeit zur Welt der Anderen.

Der Einfluss des Sozialen Autopiloten und sein evolutions-biologischer Hintergrund

Wenn wir menschliches Verhalten beobachten, besteht Grund zur Annahme, dass unser Sozialer Autopilot in einer solchen Situation höchstwahrscheinlich dazu neigt, sich »automatisch« (das heißt unwillkürlich) für die zweite Variante zu entscheiden. Wir entscheiden uns also (oder: der »Autopilot« lenkt uns) im Zweifelsfall eher zum Erhalt von Kontakt und Zugehörigkeit – oft sogar ohne dass wir überhaupt bewusst zwischen beiden Optionen abgewogen haben.

Kontakt und Zugehörigkeit haben offenbar Priorität – was sich evolutionsbiologisch durchaus begründen lässt: Ein Mensch alleine überlebt in der Wildnis nicht lange. Wir konnten als Menschen und auch als Spezies nur überleben, weil wir Möglichkeiten entwickelt haben, uns in Gruppen zu organisieren und zusammenzuleben. Leben in der Gruppe bedeutet besseren Schutz vor Gefahren (beispielsweise vor Raubtieren) – denn mehr Augen sehen mehr, mehr Ohren hören mehr und als Gruppe kann man Angreifer besser abwehren.

Zugleich kommen in einer Gruppe mehr Kompetenzen und Erfahrungen zusammen. Die Wahrscheinlichkeit, Nahrung zu finden, ist ungleich größer, wenn mehrere Menschen gemeinsam losziehen. Auch bietet das gemeinsame Agieren in der Gruppe mehr und vielfältigere Möglichkeiten, an Nahrungsquellen heranzukommen.

> **Vorstellungsbild: Urmenschen in der Wildnis**
>
> Stellen wir uns nur einmal eine Gruppe von Urmenschen vor, die durch die Wildnis ziehen. Einer von ihnen ist müde und beschließt daher, sich einfach eine Weile auszuruhen und die anderen weiterziehen zu lassen. Damit geht er nicht nur das momentane Risiko ein, eine leichtere Beute für Raubtiere zu werden. Die Gefahr, ganz den Anschluss an die Gruppe zu verlieren und für längere Zeit oder gar ganz alleine zu bleiben, ist groß. Er wird also gut daran tun, in einer solchen Situation seine Bedürfnisse, soweit und solange es geht, zurückzustellen und weiter mit der Gruppe mitzuziehen.
>
>
>
> **Abb. 13:** Urmenschen in der Wildnis

Die Bedeutung von Beziehungen innerhalb einer Gruppe

Um den (lebens-)notwendigen Schutz einer Gruppe zu sichern, genügt jedoch nicht nur die reine Anwesenheit darin oder das »Mitziehen« mit ihr. Den eigentlichen Schutz genießen wir nur als *Mitglied* einer Gruppe, wenn wir also als Teil von ihr akzeptiert sind.

Es besteht also nicht nur die Gefahr, dass man als vorübergehend einzelnes Individuum mehr Gefahren ausgesetzt ist. Wir können mit dem Anschluss an die Gruppe auch unseren Status als Gruppenmitglied verlieren. Was dann bedeuten würde, anhaltend ganz alleine und ohne Schutz zu sein.

Erhalt der Gruppenzugehörigkeit

Wir müssen also auch dafür sorgen, dass wir unseren Platz als *zugehörigen Teil* einer Gruppe erhalten. Dabei ist ein Sozialer Autopilot sehr hilfreich. Er sorgt – aufgrund seiner jeweils gesammelten Eindrücke und Erfahrungen und einer ständigen situationsangepassten »Feinabstimmung« – dafür, dass wir uns anderen Gruppenmitgliedern gegenüber so verhalten, wie es genau in dieser Gruppe erwartet wird. So sorgt er durch seine Steuerung dafür, dass wir als Mitglieder (an-)erkannt werden. Dabei spielen auch die Kontakte innerhalb der Gruppe, also zu einzelnen Gruppenmitgliedern, durchaus eine bedeutende Rolle.

All dies bedeutet aber auch: Jegliches Zeichen, das auf Ablehnung, auf die Gefahr eines drohenden Kontaktabbruches oder gar auf den Verlust einer bedeutsamen Gruppenzugehörigkeit hinweist, verursacht bei uns Stress, ja sogar Schmerz. (Es gibt Forschungsergebnisse, die neurologische Ähnlichkeiten zwischen physischem und psychischem Schmerz, verursacht durch Ablehnung und Ausgrenzung, belegen; hierzu mehr in Teil II, ▶ Kap. 13.1.)

Auf entsprechende psychische Schmerzsignale – die ja eine Alarmfunktion haben – reagieren wir natürlicherweise spontan mit Verhaltensweisen, die diese Gefahr abwenden und letztlich die Gruppenzugehörigkeit sichern sollen.

So kennt jeder Mensch zwar durchaus das Spannungsfeld, das aus der Unterschiedlichkeit der »eigenen Welt« und »der Welt der anderen« entstehen kann. Die meisten Menschen haben jedoch aufgrund ähnlicher Voraussetzungen bei der Wahrnehmungsverarbeitung sowie der Entwicklung eines Autopiloten immer wieder die Möglichkeit »Schnittmengen-Erfahrungen« zu machen und ausreichend Kontaktnahrung aufzunehmen.

Wenn spontan keine Schnittmengen zustande kommen

Damit kommen wir zu einer wichtigen Unterscheidung zwischen der Situation von Menschen mit Autismus und neurotypischen Menschen.

Wenn sich bereits die Wahrnehmungsverarbeitung und damit das Empfinden und Erleben in vielem grundlegend unterscheidet – »Alle finden es (unangenehm) kalt, ich empfinde gar keine Kälte oder finde diese gerade angenehm«, »Ich finde die Musik zu laut, die anderen finden sie genau richtig«, »Ich rieche Dinge, die andere

I Was heißt das eigentlich: »Autismus«?

gar nicht wahrnehmen« – dann ist die spontane Erfahrung von Schnittmengen und damit von Selbstbestätigung, Rückversicherung und vor allem von Gemeinsamkeit mit anderen kaum möglich.

Dies führt zu dem Eindruck, dass sich die eigene Welt von der Welt der anderen *grundsätzlich* unterscheidet.

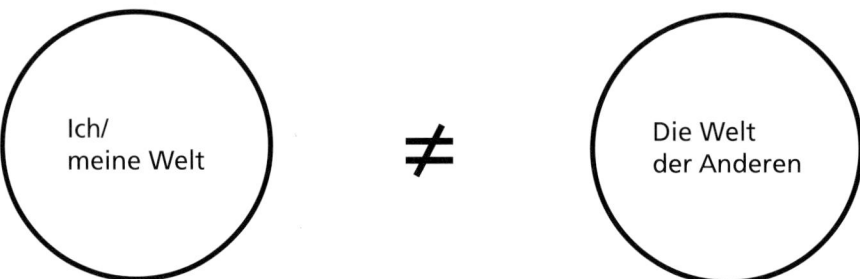

Abb. 14: Die eigene Welt wird als mit der Welt der Anderen unvereinbar erlebt

Damit ist der Betroffene aber in der Situation, sich nicht nur ab und zu, sondern scheinbar ständig und gar grundsätzlich entscheiden zu müssen:

Abb. 15: Bei Entscheidung für die eigene Welt droht Isolation

»Bleibe ich bei mir, bei meiner Wahrnehmung, meinen Bedürfnissen und Interessen, bei meiner Wahrheit, und verzichte dafür auf Kontakt und Zugehörigkeit?« – Diese Entscheidung führt zum Rückzug, letztlich in die Isolation – und damit in die Depression, denn – wie oben bereits angemerkt – kein Mensch kann ohne Kontakt und Zugehörigkeit leben.

»Oder stelle ich meine eigene Wahrnehmung, meine Bedürfnisse und Interessen, meine Wahrheit zurück, um dazugehören zu dürfen – bis hin zur Selbstverleugnung und gar zum Selbstverlust?« Auch dieser Weg führt unweigerlich in die Depression. Denn wenn eine Person sich selbst verloren hat, hat sie gleichsam alles verloren. Auch ein wirklicher Kontakt zu anderen ist nicht möglich, wenn bei einem selbst eigentlich »niemand zu Hause«, sondern nur noch eine leere Hülle vorhanden ist.

Abb. 16: Bei Entscheidung zur Anpassung droht Selbstverlust

Pest oder Cholera? Oder ewig dazwischen?

Aus einem allgemeinmenschlichen Spannungsfeld – das normalerweise durch die Erfahrung spontan entstehender oder unter Steuerung des Autopiloten hergestellter Schnittmengen »entschärft« ist – wird für die Betroffenen ein Dilemma, das kaum zu ertragen ist. Denn letztlich stehen sie wie vor der »Wahl zwischen Pest und Cholera«.

Die meisten Betroffenen haben sich daher weder für das eine noch für das andere Extrem entschieden. Sie stehen ständig dazwischen, zerrissen zwischen den Welten und den jeweils damit verbundenen Bedürfnissen und Schrecken. Ja, letztlich erleben sie es so, dass sie genau in der Mitte gefangen sind. Denn:

Wendet sich einer auch nur der einen Seite *zu*, die heißt: »Ich brauche Ruhe und Sicherheit. Die find ich nur im Rückzug, in meiner eigenen Welt« oder auch nur: »Ich kümmere mich jetzt um mich, damit ich mich stabilisieren kann«, dann geht bereits der oben beschriebene Alarm los: »Was willst Du machen?! Du wirst den Anschluss verlieren, wirst in der Isolation landen! Alleinsein bedeutet Tod!«

Wendet sich der Betroffene jedoch in die andere Richtung und sagt: »Ich will es nochmal versuchen. Ich möchte und brauche Kontakt. Ich will dazugehören. Ich will ›normal‹ sein! Ich muss mich nur anpassen, dann wird das gelingen!«, dann wird ein anderer Alarm losgehen, der sagt: »*Was* willst Du machen? Willst Dich wieder selbst verleugnen? Du wirst Dich verlieren! Und dann ist alles verloren!«

Das so entstehende Spannungsfeld geht weit über das allgemeinmenschliche Spannungsfeld hinaus, wird als wesentlich existentieller erlebt und führt natürlicherweise zu erheblichem Stress – mit allen erdenklichen Folgen für die psychische und auch die physische Gesundheit.

I Was heißt das eigentlich: »Autismus«?

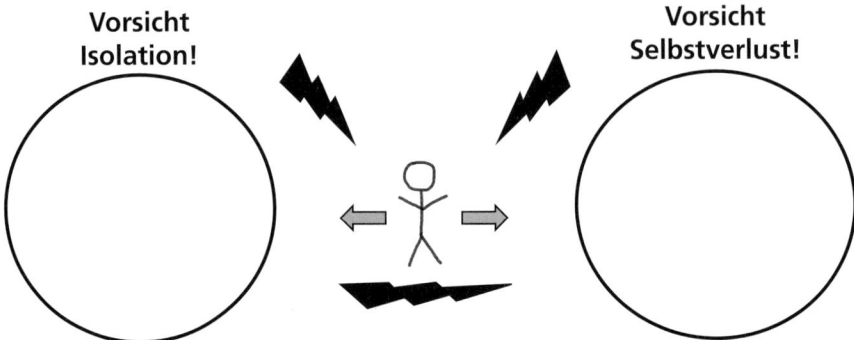

Abb. 17: Der Doppelkonflikt zwischen den zwei Welten

6.2 Die Erkenntnis der Unterschiedlichkeit: Chancen und Wege aus dem Dilemma

Erfahrungen in der Praxis haben gezeigt, dass schon allein die Erkenntnis der *tatsächlichen* Unterschiede zwischen autistischen und nicht-autistischen Menschen bei den Betroffenen zu einer großen Erleichterung führen kann.

Auf einmal sind sie mit dem Erleben ihres »Anders-Seins« nicht mehr allein. Es wird greifbar, dass diese Unterschiedlichkeit nicht »eingebildet« war, oder, wie es Betroffenen oft vorgeworfen wird, »ausgedacht als Alibi«, sondern dass sie tatsächlich besteht und konkrete und nachvollziehbare Gründe hat.

Gerade Informationen zu Besonderheiten der autistischen Wahrnehmungsverarbeitung und den Herausforderungen, die diese mit sich bringen, geben einen entscheidenden Impuls zur Entwicklung eines neuen Verständnisses der eigenen Person – aber auch der Mitmenschen. Dies hat in aller Regel gerade bei Betroffenen mit hochfunktionalem Autismus einen doppelten und in den meisten Fällen durchaus ambivalenten Effekt:

Zum einen kann diese Erkenntnis der Hintergründe des zeitlebens erfahrenen »Anders-Seins« Erleichterung bringen, ja geradezu eine Erlösung sein von negativen Selbstbildern und dem Grundgefühl »irgendwie immer fremd und falsch« zu sein, ohne zu wissen warum. Dies führt meist zu einer »Revision«, einer neuen Betrachtung des eigenen Lebens und der vergangenen Ereignisse wie auch der aktuellen Situation und der Lebensperspektiven.

Zugleich bedeutet diese Bestätigung aber auch einen Abschied von der Hoffnung, dass sich diese Grundproblematik irgendwann ganz auflösen lassen wird – wenn man sich nur genug anstrengt oder irgendjemand das Problem »heilt«. So wird – selbst bei denjenigen Betroffenen und auch ihren Angehörigen, die Erleichterung empfinden – meist auch ein Trauerprozess beginnen, der berücksichtigt und mitgetragen werden muss.

Dennoch liegt in dieser Grunderkenntnis die Chance zu einem neuen Selbstverständnis, ja zur Entwicklung eines neuen Selbstbildes und zur Würdigung der eigenen Geschichte. Darüber hinaus wird deutlich, welche Chancen zu einer tatsächlichen Verbesserung der eigenen Situation es gibt.

Die drei Grundaspekte zur Lösung des Dilemmas

Die Lösung liegt zunächst in der Berücksichtigung dreier grundlegender Aspekte:

1. **Aspekt: Anerkennung der Gleichwertigkeit in der Unterschiedlichkeit**
   Von grundlegender Bedeutung ist zunächst die Erkenntnis und Anerkennung der *Gleichwertigkeit* der Welten auch und gerade in ihrer *Unterschiedlichkeit*.

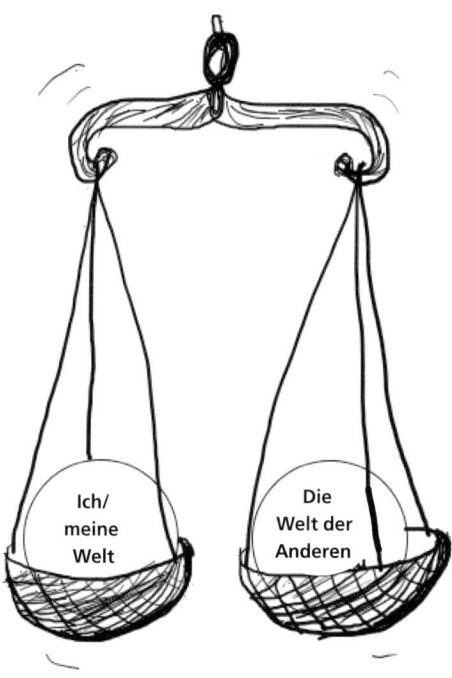

Abb. 18: Die zwei Welten sind gleichwertig.

2. **Aspekt: Wiederentdeckung, Würdigung und Pflege der eigenen Welt**
   Der zweite Aspekt, der sich aus dem ersten ableitet, ist die (häufig notwendige) *Wiederentdeckung, Würdigung und Pflege der »eigenen Welt«*, mit all ihren eigenen Wahrnehmungen, Bedürfnissen, Interessen und Wahrheiten, so dass daraus eine sichere und stimmige Basis entsteht.

I Was heißt das eigentlich: »Autismus«?

Abb. 19: Die eigene Welt wird entdeckt, gestaltet und gepflegt.

3. **Aspekt: Expeditionen in die Welt der Anderen**

Von dieser Basis aus können sodann »*Expeditionen« in die Welt der Anderen* vorbereitet und unternommen werden. Sie dient als Ausgangspunkt für diese Expeditionen und auch als Ort der Rückkehr, der Ruhe und der bewussten Auswertung dessen, was in der »Welt der anderen« erlebt und beobachtet wurde.

Abb. 20: Expedition in die Welt der Anderen.

> **Ein Vorstellungbild zur Illustration: Expeditionen zu den Inuit**
>
> Wenn ich eine Expedition machen will, zum Beispiel zu den Inuit, dann werde ich nicht einfach so losfahren. Ich werde mich zu Hause, das heißt in meiner Welt, erst einmal vorbereiten. Ich werde versuchen, so viel wie möglich herauszufinden über das Lebensumfeld der Inuit, die Lebensweise, die Sprache, die Sitten und Gebräuche herauszufinden. (Letzteres schon alleine deshalb, weil ich nicht gleich von Anfang an die Menschen dort brüskieren möchte.)
>
> Was ich allerdings nicht tun werde, ist mich als Inuit zu verkleiden, dort hinzureisen und so zu tun, als sei ich selbst ein Inuit. Ich würde mich lächerlich machen oder die Menschen sogar verärgern. Sie würden es ohnehin sofort merken und sich womöglich sogar veralbert fühlen.
>
> Stattdessen werde ich mich dort, in dieser anderen Welt, vorstellen als jemand, der aus Mitteleuropa kommt und sich für sie und ihre Welt interessiert. Die Menschen dort werden mich als Gast betrachten und mir vieles erklären, was sie sich untereinander niemals erklären würden, weil es für sie selbstverständlich ist. Und womöglich werden sie dadurch selbst einiges bewusster wahrnehmen. Sie werden vermutlich auch neugierig werden, wie die Dinge wohl in meiner Welt aussehen, wie ich die Welt und das Leben sehe. So kann es zu einem interessanten Austausch auf Augenhöhe kommen.
>
> Jede Expedition hat jedoch ein Ende – was gut ist, denn das bedeutet, dass ich mich nicht ganz und für immer für ihre Welt entscheiden muss, sondern wieder nach Hause zurückkehren kann. Dort angekommen werde ich mich erst einmal ausruhen, werde meine Welt – vielleicht mehr denn je – genießen, es schätzen, dass alles so ist, wie es mir vertraut und angenehm ist. Und dann werde ich sortieren und auswerten, was ich in der Welt der anderen erlebt und was ich an neuen Eindrücken und Erkenntnissen gesammelt habe. Hilfreich kann dabei sein, wenn ich jemanden kenne, der sich in der Welt der Inuit gut auskennt. Er wird mir bei der Deutung von Beobachtungen helfen und mir weitere Hintergrundinformationen geben können.
>
> Wenn ich mich ausgeruht und meine Eindrücke sortiert habe, kann ich erneut auf Expedition gehen. Diesmal kann ich auf einem anderen Niveau ansetzen, an bereits gemachte Erfahrungen anknüpfen und neue Erfahrungen sammeln.
>
> Indem ich zwischen den Welten hin und her pendle, beide immer besser kennen und schätzen lerne, wird sich früher oder später eine wunderbare Erkenntnis einstellen: Ja, die Welten unterscheiden sich in vielem. Die Lebensbedingungen, die Strategien, die Sichtweisen und Bewertungen mögen unterschiedlich sein – jedoch wächst mit der Zeit das Erleben einer Schnittmenge, die auf echten, authentischen Gemeinsamkeiten beruht.

Bei aller Verschiedenheit sind doch die Grundbedürfnisse, die Grundfragen und auch einige grundlegende Lösungsansätze bei uns allen gleich – weil wir alle Menschen sind.

Die Chance zum Erleben authentischer Gemeinsamkeiten

Übertragen auf die Erfahrung autistischer Menschen ergibt sich aus diesem Bild eine ausgesprochen vielversprechende, ungeahnte Perspektive: die Möglichkeit, eine echte, als authentisch empfundene Schnittmenge mit anderen Menschen zu erleben.

Im »Pendeln« zwischen unterschiedlichen, aber gleichwertigen Welten liegt eine große Chance für alle Beteiligten, Neues voneinander zu erfahren, sich besser kennenzulernen – und die *tatsächlich vorhandenen Gemeinsamkeiten* zwischen den beiden Welten zu finden. Beide Seiten werden feststellen, dass es nicht nur ein paar wenige solcher Gemeinsamkeiten gibt, sondern dass die Grundbedürfnisse und viele zentrale Erfahrungen eigentlich dieselben sind.

Denn autistische Menschen mögen zwar in vielem tatsächlich »anders sein« und sich unter ihren Mitmenschen oft fremd fühlen. Wenn sie die Chance und angemessene Unterstützung – insbesondere in Form gezielter Information und ehrlicher Rückmeldung – erhalten, werden sie jedoch die grundlegenden Gemeinsamkeiten erkennen und erfahren können.

7 Was es bedeutet, ein autistisches Kind zu haben – Auswirkungen auf Angehörige und das Familiensystem

Ehe wir im zweiten Teil noch tiefer in die Erlebenswelt autistischer Menschen einsteigen, lassen Sie uns zunächst einmal einen Perspektivwechsel vornehmen. Denn um die gesamte Situation und auch die besonderen Entwicklungswege von Menschen mit Autismus zu verstehen, erscheint es mir unerlässlich, uns das Erleben des Umfeldes zu vergegenwärtigen.

Lassen Sie uns daher versuchen nachzuvollziehen, wie es dem unmittelbaren sozialen Umfeld eines betroffenen Kindes ergehen mag, und wie sich die Beziehungen innerhalb des primären Systems Familie entwickeln mögen.

Auch hier gibt es selbstverständlich so viele Varianten wie es betroffene Systeme gibt, und es wäre meines Erachtens ein fataler Fehler, hier so etwas wie die »typische vom Autismus betroffene Familie« beschreiben zu wollen. Schon die Darstellung einiger »typischer Varianten« birgt die Gefahr, zu kurz zu greifen und den Blick einzuengen, anstatt ihn zu weiten für die natürliche Varianz und auch Veränderlichkeit sozialer Systeme und der darin entwickelten Bewältigungsstrategien.

Was ich jedoch versuchen möchte, ist, zumindest einige grundlegende Erfahrungen von Angehörigen, vor allem von Eltern und Geschwistern, zu vermitteln, die mir bei der gemeinsamen Arbeit immer wieder begegnet sind. Dabei wird im Folgenden nicht nur von »der Familie«, sondern auch vom »System« die Rede sein. Damit ist zunächst einmal das unmittelbare Umfeld gemeint, das in aller Regel aus Eltern und, so vorhanden, Geschwistern besteht. In den meisten familiären Systemen spielen jedoch auch Mitglieder der weiteren Familie eine Rolle, wie Großeltern oder Geschwister der Eltern.

Aber auch Freunde, Nachbarn, Fachkräfte verschiedener Professionen können ein Familiensystem ergänzen, bekommen mit, was in der Familie geschieht, und nehmen mehr oder weniger direkt oder indirekt Einfluss auf Einstellungen, Haltungen, Umgangsweisen und die Entwicklung von Bewältigungsstrategien.

7.1 Die frühe Situation aus dem Blickwinkel der Angehörigen

Lassen Sie uns hier nochmals zur Zeit der Geburt und des frühen Säuglingsalters zurückgehen und uns eine Familie vorstellen, die ein Kind erwartet. Die Familie hat sich auf ihre jeweils ganz eigene Weise auf die Geburt des Kindes vorbereitet – in aller Regel mit Vorfreude und mit Entschlossenheit, ihm das zu geben, was es braucht, um gut aufzuwachsen – wie auch immer hiervon die Vorstellungen im Einzelnen aussehen mögen.

Und dann ist das Kind da – und mit ihm alle Herausforderungen und wohl auch Hoffnungen, welche die Geburt eines Kindes natürlicherweise mit sich bringen. Die Eltern und auch die Geschwister wissen nichts von der besonderen Situation des Neuankömmlings. Wie sollten sie auch? Dem Kind ist ja rein äußerlich nichts anzusehen.

Es hat Augen, mit denen es offenbar sieht, denn in aller Regel fixiert und verfolgt es damit Gegenstände, so wie andere Kinder auch. Es hat Ohren und reagiert zumindest auf bestimmte Geräusche oder Klänge (wenn auch nicht unbedingt auf Ansprache). Dass es Reize anders wahrnimmt und verarbeitet und dass schon die Verarbeitung all der wahrgenommenen Reize es überfordert, ist von außen nicht zu sehen. Je nachdem, wie ein Kind auf seine Situation mit all ihren Herausforderungen reagiert, wird auch das Erleben der Angehörigen sehr unterschiedlich sein.

Das gestresste, abwehrende Kind

Reagiert das betroffene Kind von Beginn an sehr gestresst und vermittelt diese Anspannung auch nach außen, erleben die Angehörigen ein extrem unruhiges »Schreikind«, das sich durch nichts beruhigen lässt. Je mehr sie sich um es bemühen, je mehr liebevolle Angebote sie machen in Form von Ansprache, Körperkontakt und wohlgemeinten »Ablenkungen«, desto schlechter scheint es ihm zu gehen, denn es schreit dann umso mehr.

Das wirkt vor allem auf die Eltern nicht nur beunruhigend, sondern unweigerlich auch kränkend. Es schmerzt, das eigene Kind nicht erreichen zu können, ja sogar offene Ablehnung von seiner Seite zu erleben. Das umso stärkere Brüllen bei jedem Kontaktangebot wirkt ja letztlich wie die Aufforderung: »Bleib mir vom Leib!!« Es macht hilflos und bringt Konflikte mit sich – schon im inneren Erleben einer Mutter oder eines Vaters, aber oft auch untereinander.

Die Frage steht im Raum: »Was mache ich falsch, dass das Kind so reagiert?«, oder: »Was machst Du falsch, dass das Kind sich nie beruhigt?«

Wie auch immer das Umfeld beschaffen ist und wie der Umgang mit der Herausforderung gestaltet wird – der erste Keim für Schuldgefühle ist oft schon hier gelegt und kann Grübeln, Selbstzweifel und Depression mit sich bringen. Es können sich aber – insgeheim oder offen – auch Aggression entwickeln, die sich gegen einen selbst, gegeneinander oder auch gegen das Kind richten.

Kurz gesagt: Bei der Variante des extrem gestressten Kindes, das diesen Stress auch deutlich nach außen bringt, ist die Herausforderung von Anfang an offenbar und zeitigt unterschiedlichste Bewältigungsstrategien, nicht selten sogar die eines Auseinanderbrechens oder einer Neusortierung des Familiensystems.

Das Kind im »autistischen« Rückzug

Im Szenario des ebenso häufigen anderen Extrems erlebt die Familie ein Kind, das erst einmal viel schläft, das geweckt werden muss, damit man es füttern kann – und das dann vielleicht schon darauf irritiert reagiert. Einige Eltern berichten verwundert von einem Kind, das sich auch dann nicht meldet, wenn es längst wieder wach in seinem Bettchen liegt.

Die Eltern freuen sich vielleicht über das offenbar so ruhige und (selbst-)zufriedene Kind. Was ihnen jedoch früher oder später schon auffallen wird, ist, dass es so gar nicht wie erwartet auf ihre Kontaktangebote eingeht, von sich aus gar nicht auf Kontakt zu warten oder zu hoffen scheint, ihnen die Ärmchen nicht entgegenstreckt, wenn die Mutter oder der Vater ans Bett treten, um es hochzunehmen. Das Kind mag sich nicht anschmiegen, wenn es auf dem Arm oder auf dem Schoß ist. Vielleicht macht es sich steif oder ist völlig schlaff, lässt alles mit sich geschehen, scheinbar ohne Eigenimpuls, ohne erkennbare Reaktion auf sein Gegenüber, ohne Interesse an Kontakt oder gar Interaktion.

Vielleicht wird das Kind die Mutter anschauen oder auch noch eine weitere Person, wie den Vater oder ein Geschwisterkind. Auf jede weitere Person, die hinzukommt, wird es jedoch nicht oder mit Ablehnung reagieren. Oma, Nachbar, Freunde – keinen scheint es wirklich zur Kenntnis zu nehmen. Oder es »fremdelt«, reagiert mit starker Unruhe, beginnt bei jeder fremden Person zu weinen – nicht erst im dafür typischen Alter, sondern fast von Anfang an.

Je nach Ausprägung der Reizverarbeitung kann ein betroffenes Kind auf bestimmten Sinneskanälen empfänglich für Kontaktangebote sein und zugleich auf andere überempfindlich reagieren. Vielleicht mag es sich anschmiegen, es vermeidet jedoch den Blickkontakt. Oder es reagiert erfreut auf Ansprache, möchte jedoch von niemandem angefasst werden.

7.2 Sorge, Verunsicherung, Kränkung – und die Folgen

Wer ignoriert wird oder gar Gebrüll erntet, wenn er freundliche Angebote macht, der wird sich zumindest verunsichert, oft aber auch gekränkt fühlen. Es tut weh, ein Kind nicht erreichen zu können, ja durch liebevolle Angebote sogar Angst auszulösen. Die Bezugsperson wird sich vielleicht emotional zurückziehen – oder einfach immer wieder Angebote machen und dabei die Reaktionen des Kindes, so gut es geht, ignorieren. Wie sonst sollte sie das Kind denn versorgen?

Dabei lernen Eltern nicht nur, auf erwartete oder erhoffte Rückmeldungen wie Freude, Entspannung, Erwiderungen seitens des Kindes und damit auf gelingende Interaktion zu verzichten. Sie lernen auch, dass sie in vielen Situationen gegen das unmittelbare Wohlbefinden, gegen das spontane Bedürfnis und den »Willen« des Kindes handeln müssen, um angemessen für es sorgen zu können.

Zugleich lernen sie, dass sie gegen geltende Vorstellungen und Ratschläge von außen handeln, sich von dem, was als im weitesten Sinne »vernünftig« angesehen wird, abkoppeln und nach ihrer ganz eigenen Kenntnis handeln müssen, wollen sie dem Kind einigermaßen gerecht werden oder ihm auch nur das geben, was es unmittelbar zum Leben braucht.

Den Eltern bleibt in jedem Fall nichts anderes übrig als »irgendwie dran zu bleiben«, das Kind weiter zu versorgen, unabhängig von seinen Reaktionen oder »Nicht-Reaktionen«. Sie werden es vielleicht intensiver beobachten, werden versuchen, Zusammenhänge oder gar Gesetzmäßigkeiten zu erkennen und zu lernen, unter welchen Bedingungen es zumindest ruhiger erscheint. Mit der Zeit werden sie so Erfahrungen darüber sammeln, was dem Kind offenbar gut tut, welche Vorlieben es entwickelt und was es eher verschreckt oder auch wütend macht.

Auf diese Weise entsteht in vielen betroffenen Familiensystemen eine ganz besondere Art von Bindung zwischen dem betroffenen Kind und den Eltern oder zumindest einem Elternteil. Es wird nach Möglichkeit alles so organisiert, dass es den besonderen Bedürfnissen und Grenzen des Kindes gerecht wird. Die Bedürfnisse und Grenzen anderer Familienmitglieder werden so weit wie möglich zurückgestellt.

Es entstehen Regeln und Routinen, die dem Kind einigermaßen Sicherheit und Entspannung ermöglichen oder zumindest Momente der Panik, Verzweiflung oder Wut vermeiden oder reduzieren.

Das System wird bestimmt von diesen Regeln und Routinen. Es wird zunehmend in sich geschlossen funktionieren, da andere Menschen, die nur peripher zum System gehörten, sich zurückziehen – sei es aus Kränkung, Rücksicht oder Unverständnis. Oder sie werden letztlich als potentielle »Störfaktoren« vom System ausgeschlossen.

7.3 Die Situation der Geschwister

Kinder, die in einer Familie mit einem oder mehreren autistischen Geschwistern aufwachsen, machen Erfahrungen, die andere Kinder meist erst später oder vielleicht auch nie machen. Unabhängig davon, ob sie vor oder nach dem betroffenen Kind zur Welt kommen, gehört eines schon früh zu ihrem Erleben: Menschen sind unterschiedlich. Bedürfnisse und Grenzen können sich stark unterscheiden – und zwar ohne, dass von außen immer ersichtlich ist, aus welchem Grund.

Wie das einzelne Kind mit dieser Erfahrung umgeht, wie es sie mit der Zeit verarbeitet und ob es sie fruchtbar integrieren kann, hängt sicherlich von unzähligen Faktoren ab und ist daher nur schwer vorherzusagen. In vielen Fällen habe ich jedoch erlebt, dass Geschwisterkinder eine außergewöhnlich hohe soziale Kompetenz entwickelt haben. Ihre Toleranz gegenüber Unterschiedlichkeiten und ihre Akzeptanz gegenüber besonderen Menschen und Situationen ist stark ausgeprägt.

Erst einmal stehen in aller Regel jedoch ganz andere Themen im Vordergrund. In Familiensystemen, die sich sehr stark auf ein autistisches Kind einstellen (müssen), werden die Bedürfnisse neurotypischer Geschwister oft zurückgestellt. Unternehmungen, die es gerne machen würde, können nicht stattfinden, weil das autistische Kind damit überfordert wäre oder es sich von vornherein mit nichts dazu bewegen lässt, loszufahren. Das führt verständlicherweise zu Enttäuschung und Konflikten – oder auch zu einer resignativen Anpassung, die von vornherein die eigenen Bedürfnisse, Wünsche und Interessen zurückstellt oder ignoriert.

Die Eltern sind oft in ihrer Aufmerksamkeit absorbiert, erschöpft, von Sorgen geplagt oder von Konflikten innerhalb oder außerhalb der Familie gebeutelt. Dies sind freilich keine guten Voraussetzungen dafür, dass da noch Zeit, Kraft und Geduld übrigbleiben für die Geschwister – selbst dann, wenn die Eltern deren Bedürfnisse sehr wohl erkennen und ihnen gerne gerecht würden.

Geschwisterbeziehungen

Vor diesem Hintergrund wird verständlich, dass es durchaus zu heftigen Spannungen oder gar Brüchen zwischen den Geschwistern kommen kann, zumindest aber, dass ihre Beziehungen untereinander oft nicht einfach sind.

Sehr häufig habe ich jedoch auch erlebt, dass Geschwister eines autistischen Kindes sich in besonderer Weise auf das andere Kind einzustellen vermögen und daraus besondere Beziehungen entstehen. Sie erkennen und erspüren ganz unmittelbar – und damit oft schon vor den Eltern –, was dem betroffenen Kind gut tut oder was es unerträglich findet. Wenn es unruhig ist, bieten sie ihm sein Lieblingsobjekt an – sei es ein Kuscheltier oder sei es ein Pfannenheber – stellen seine Lieblingsmusik ein oder wissen intuitiv, wann sie es besser in Ruhe lassen sollten.

Hieraus ergeben sich nicht selten besonders enge Beziehungen zwischen Geschwistern. Der Bruder oder die Schwester – egal ob jünger oder älter – wird für das autistische Kind zum Anker oder zum vertrauten Begleiter durch die chaotische und feindliche Welt. »Angedockt« an diese Vertrauensperson können Ausflüge gelingen, können Brücken gebaut werden zum Zusammenspiel auch mit anderen Kindern, werden vielleicht schließlich sogar Kinobesuche und die Teilnahme an Partys und Festivals möglich.

Darüber hinaus bringt die Geburt eines jüngeren Geschwisters für ein Kind mit Autismus eine große Chance mit sich: Es kann – selbst in seiner Entwicklung bereits etwas weiter und inzwischen mit einigen Bewältigungsstrategien ausgestattet – die Entwicklung des kleinen Bruders oder der kleinen Schwester mitvollziehen. Dabei können Schritte in der eigenen Entwicklung ein Stück weit nachgeholt, Spiele, die früher überfordernd waren, nun genossen und für wesentliche Erfahrungen genutzt werden.

Ein großer Vorteil in einer solchen Konstellation, aber auch generell zwischen Geschwistern, ist, dass wesentlich weniger Erwartungen an das betroffene Kind gestellt werden. Ein Neugeborenes erwartet nichts. Es hat unmittelbare Bedürfnisse, aber soziale Erwartungen hat es nicht. Umgekehrt wird ein älteres Kind von einem jüngeren nicht viel erwarten, egal ob es autistisch ist oder nicht. Es ist erstmal »ein Baby«. Und später ist es eben der oder die »Kleine«, welche man ohnehin nicht zu ernst nimmt, damit aber auch nicht viel an sozialer Kompetenz voraussetzt.

Besonders interessant ist hier freilich eine Zwillingskonstellation. Ich habe durchaus schon erlebt, dass ein Zwilling autistisch war, der andere neurotypisch. Nicht selten entwickeln beide miteinander einen ganz eigenen Umgang, bis hin zu einer eigenen Sprache, die für andere nicht verständlich ist.

Bewältigungsstrategien von Geschwistern

Einige Geschwister autistischer Kinder üben sich früh in Selbstbehauptung. Sie lassen sich nicht unterkriegen und versuchen trotz allem, mit allen erdenklichen Mitteln die Erfüllung auch ihrer Bedürfnisse in der Familie durchzusetzen.

Andere Kinder werden zu Meistern der Diplomatie. Sie lernen, mit den Eltern, aber auch mit dem autistischen Geschwister, auf einer bewussten, reflektierten Ebene Lösungen und Kompromisse auszuhandeln – und entwickeln dabei außergewöhnliche soziale Kompetenzen und auch Verhandlungsgeschick.

Nicht wenige Geschwister werden jedoch, sobald ihnen dies möglich ist, Quellen außerhalb des Systems für sich zu erschließen versuchen. Sie gehen intensive Freundschaften ein, verbringen Zeit mit und in anderen Familien, gehen Hobbies nach, in denen sie die Aufmerksamkeit von Erwachsenen, aber auch den Kontakt zu Gleichaltrigen finden können. Auf diese Weise gelingt es vielen von ihnen, zumindest einen gewissen Ausgleich ihrer Bedürfnisse hinsichtlich Zuwendung und Zugehörigkeit zu finden, auch wenn dies keinen vollwertigen Ersatz für familiäre Bindungen und die Zuwendung der Eltern darstellt.

7.4 Das »Anders-Sein« des Familiensystems

Wie auch immer das System mit der Herausforderung umgeht, es wird sich von anderen deutlich unterscheiden und damit Gefahr laufen, sich zu isolieren – genauso wie das betroffene Individuum.

Manche Familien werden verzweifelt um »Normalität« ringen, das heißt um die Anpassung an und damit um die Zugehörigkeit zur Gemeinschaft. Diese Tendenz – und der damit unweigerlich verbundene Druck – birgt wiederum sowohl Gefahren und als auch Chancen für das betroffene Kind. Denn »Normen« bieten Orientierung und klare Ziele. Werden sie jedoch absolut gesetzt und die Schwierigkeiten des Kindes schlicht ignoriert, droht eher Überforderung oder gar ein traumatisches Erleben und damit eine Stagnation oder Regression statt einer tatsächlichen Entwicklung.

Wann immer es jedoch gelingt, Konsequenz und Klarheit mit Liebe und Verständnis, angemessene Unterstützung mit gezielter Förderung zu verbinden und somit das rechte Maß an Herausforderung und Begleitung für das Kind zu finden, werden von Anfang an Bedingungen geschaffen für eine Balance zwischen »der ganz eigenen Welt« und »der Welt der Anderen«. So mag sich im gemeinsamen Umgang mit den Besonderheiten und Unterschiedlichkeiten sowie den sich daraus ergebenden Hürden eine gewisse Selbstverständlichkeit einstellen, die von allen Mitgliedern des Systems getragen wird.

Ein solches Gleichgewicht aus sich heraus zu finden, ist allerdings angesichts der immensen Herausforderungen für alle Beteiligten sowie der äußeren und inneren Erwartungen alles andere als leicht. Viele betroffene Systeme bedürfen dringend einer angemessenen Unterstützung – und sei es zunächst einmal nur in Form von Informationen und der Erklärung dessen, was an Besonderheiten zu berücksichtigen ist. Aber auch die gezielte Entlastung und Förderung der Kompetenzen im Umgang miteinander sind in vielen Fällen unerlässlich. Hierfür bedarf es allerdings zunächst einmal der Erkenntnis, dass es besondere Herausforderungen und dafür auch gezielte Hilfen *gibt*.

Es ist von grundlegender Bedeutung für alle Beteiligten, erst einmal klarzustellen, dass die sichtbaren Probleme nicht auf »falscher Erziehung« oder »mangelnder Liebe« oder gar auf Misshandlung oder einem Trauma beruhen. Kommt eine solche Erkenntnis – und auch eine fachlich fundierte Bestätigung dieser Erkenntnis in Form einer Diagnose – erst spät, bleibt das System lange auf sich gestellt und wird ganz eigene Strategien zur Bewältigung der Situation entwickeln. Diese sind – ebenso wie die individuellen Strategien der Betroffenen – erst einmal als funktional oder zumindest als gut begründet zu würdigen.

Sie können dann – auf der Basis fachlicher Erkenntnisse und angepasst an die Gegebenheiten und Möglichkeiten des Systems – modifiziert und neue Strategien zum gemeinsamen Umgang mit den spezifischen Herausforderungen des Autismus entwickelt werden.

Sonderfall hochfunktionaler Autismus: hohe Kompetenzen zur Anpassung und späte Erkenntnis von Besonderheiten

Sehr vielen Menschen mit *hochfunktionalem* Autismus gelingt eine so gute Kompensation und »Camouflage« (das heißt Anpassung, ja »Maskierung« zum Zweck der Unauffälligkeit), dass ihre *tatsächlichen* Schwierigkeiten und Belastungen zunächst von außen kaum als solche sichtbar werden. Da sie ohnehin wenig auffallen, werden sie in irgendeiner Weise von der Familie mitgetragen, ohne dass die Probleme im Ursprung mit ihnen erkannt und identifiziert würden.

Oft treten dann die tatsächlichen Probleme erst im Jugend- oder Erwachsenenalter zutage, wenn die Betroffenen es nicht mehr schaffen, ihre Anpassungsleistung aufrechtzuerhalten – wenn die Erschöpfung zu groß geworden ist oder wenn die Herausforderungen des Alltags und die sozialen Erwartungen des Umfeldes schließlich doch zu groß werden, um sie noch aus sich heraus kompensieren zu können.

So kommt es, dass gerade bei vielen Betroffene mit hochfunktionalem Autismus Probleme überhaupt erst spät auftreten. Häufig geschieht dies im Jugendalter, wenn bisher noch gut funktionierende Bewältigungsstrategien nicht mehr greifen. Manche schaffen es jedoch auch dann noch, in irgendeiner Weise ausreichend zu »funktionieren«, und brechen erst viel später zusammen, wenn ihnen die Kraft zur fortwährenden Kompensation ausgeht.

Auch dann hat es sich in vielen Fällen noch als hilfreich und sehr sinnvoll herausgestellt, das Familiensystem einzubeziehen – sofern dies möglich und vom Betroffenen gewünscht ist. Das gelingt nicht immer. Wo es jedoch gelingt, trägt dies nicht nur entscheidend zur Entlastung des Betroffenen selbst bei, sondern kann auch zu einer deutlichen Entlastung des gesamten Familiensystems führen.

II Was bedeutet »autistisch sein«? Autistisches Erleben und Vielfalt der Seins-Weisen

In diesem zweiten Teil sollen Einblicke in die Innenwelten von Menschen auf dem Autismus-Spektrum gewährt und vertieft werden. Hierzu möchte ich verschiedene Aspekte des sehr komplexen Phänomens »Autismus« herausgreifen und erläutern. Diese Aspekte hängen freilich alle in irgendeiner Weise miteinander zusammen. So wird es trotz Querverweisen doch auch hin und wieder zu Wiederholungen oder Wiederentdeckungen eines bestimmten Aspekts kommen. Dabei wird deutlich werden, welch zentrale Rolle die Besonderheiten in der Wahrnehmungsverarbeitung spielen – und welch vielfältige Auswirkungen diese Besonderheiten haben. Zugleich mögen die Leser erahnen, wie breit das Autismus-Spektrum tatsächlich ist – und wie groß die Vielfalt der Erlebens- und Seins-Weisen, die sich daraus ergeben.

8 Besonderheiten in der Wahrnehmungsverarbeitung

Wie wir bereits im ersten Teil bei den Betrachtungen zur Neurobiologie und Ätiologie gesehen haben, können wir davon ausgehen, dass schon auf der Ebene der Wahrnehmungsverarbeitung deutliche Unterschiede zwischen einer »neurotypischen Erfahrungswelt« und dem Erleben eines Menschen mit autistischer Reizverarbeitung bestehen.

Es ist mir ein Anliegen, diesen Bereich der Wahrnehmungsverarbeitung genau zu beleuchten. Zum einen deshalb, weil er lange Zeit in der Forschung, in der Fachliteratur und vor allem auch in den offiziellen Handbüchern und Instrumentarien zur Diagnostik keinerlei Rolle gespielt hat. Und das, obwohl dieser neuronale Bereich der Reizverarbeitung für das Verständnis der Unterschiedlichkeit zwischen Menschen mit und ohne Autismus meines Erachtens eine Schlüsselrolle spielt. Zum anderen erscheint mir die Betrachtung dieses Bereiches deshalb so wichtig, weil er das Erleben der Betroffenen zeitlebens stark mitbestimmt.

8.1 Grundlegende Richtungen der Besonderheiten: zu viele oder zu wenige Reize

Grundsätzlich gibt es zwei Richtungen, in die es bei der besonderen Reizverarbeitung gehen kann. Zum einen: Es werden zu viele Reize aufgenommen oder bestimmte Reize werden sehr intensiv wahrgenommen (Hypersensibilität). Zum anderen: Auf einem Sinneskanal kommt zu wenig an, wobei es angesichts des komplexen Prozesses der Reizverarbeitung an verschiedenen Stellen hapern kann (Hyposensibilität). Entscheidend für uns ist hier letztlich die jeweilige Auswirkung auf das Erleben des Betroffenen.

Im Falle einer Hypersensibilität werden Reize kaum oder gar nicht gefiltert eingelassen – sei es auf einzelnen oder gar auf allen Sinneskanälen. Damit werden wesentlich mehr Neuronen im Gehirn sowie bereits vorhandene neuronale Netzwerke aktiviert, was schnell zu einer »neuronalen *Hyperaktivierung*« führt.

Umgekehrt kommt es durchaus vor, dass bestimmte Sinneskanäle – sei es reaktiv und zum Selbstschutz, sei es aufgrund einer entsprechenden Disposition – spontan überselektieren und kaum Reize einlassen. In diesem Fall käme es wiederum zu einer *mangelnden Aktivierung* der »zuständigen« neuronalen Bereiche – was zu einer herabgesetzten Empfindsamkeit und letztlich auch zu einer mangelnden Entwicklung entsprechender neuronaler Netzwerke führen könnte.

Erfahrungen mit der Methode der *Sensorischen Integration* (nach A. Jean Ayres) legen dies nahe. Denn es zeigt sich, dass umgekehrt durch gezielte, dosierte und schrittweise aufbauende Stimulation auf verschiedenen Sinneskanälen durchaus noch eine Entwicklung der Verarbeitungsfunktionen angeregt und zumindest graduell nachgeholt werden kann – selbst noch im Erwachsenenalter. Dies erscheint vor dem Hintergrund neurobiologischer Erkenntnisse über die Plastizität des Gehirns durchaus folgerichtig und ermutigt dazu, entsprechende Möglichkeiten auszuschöpfen.

Letztlich lassen sich als die beiden Hauptprobleme autistischer Wahrnehmungsverarbeitung eine *Tendenz zur Reizüberflutung* und spezifische Schwierigkeiten bei der *Verarbeitung von Sinnesreizen* annehmen.

8.2 Besonderheiten in der Reizverarbeitung auf verschiedenen Sinneskanälen

Ehe wir uns die Auswirkungen solcher Besonderheiten in der Reizverarbeitung auf das konkrete Erleben Betroffener anschauen, möchte ich zunächst die wichtigsten Sinnesbereiche einzeln unter die Lupe nehmen.

Dabei kann es nicht darum gehen, alle erdenklichen oder vorkommenden Besonderheiten in den Sinneswahrnehmungen darzustellen, denn tatsächlich ist schon auf dieser Ebene der Wahrnehmungsverarbeitung das Spektrum an möglichen Ausprägungen viel zu breit.

Es sollen hier nur einige Schwerpunkte herausgegriffen und in ihrer Auswirkung dargestellt werden. Dies geschieht in der Hoffnung, dass sich Betroffene im einen oder andere Punkt wiederfinden mögen, und auch, dass Menschen aus ihrem Umfeld Hinweise auf mögliche Hintergründe bestimmter Verhaltensweisen auf der Wahrnehmungsebene finden können.

Im Folgenden sollen hier erfahrungsgemäß häufig auftretende Besonderheiten beispielhaft aufgeführt werden:

Visueller Bereich

- Extreme Lichtempfindlichkeit
- Hochgradig genaue visuelle Detailwahrnehmung
- Erhöhte Ablenkbarkeit durch Bewegungen in der Umgebung
- Empfindlichkeit für visuelle Reizüberflutung

→ **Bewältigungsstrategien bzw. Manifestationen nach außen**

- Meiden von hellem/grellem Licht – dazu kann bereits das Tageslicht zählen. Rückzug in abgedunkelte Räume, Tragen von Sonnenbrille, Base-Cap, Kapuzenshirt (jeweils tief ins Gesicht gezogen)
- Erhöhte Anspannung bzw. Unruhe in Situationen mit vielen Bewegungsreizen
- Ausgeprägte Detailwahrnehmung, Faszination für visuelle Details
- Mangel an Aufmerksamkeit, Konzentration und kognitiver Leistungsfähigkeit in visuell unruhiger Umgebung
- Vorliebe für Umgebungen, die wenig oder klar geordnete visuelle Reize aufweisen

Auditiver Bereich/Gehör

- Sehr gutes Gehör – es werden Geräusche oder Frequenzen wahrgenommen, die andere Menschen nicht wahrnehmen
- Absolutes Gehör
- Generelle Lärmempfindlichkeit
- Alle Geräusche werden gleich laut wahrgenommen, was ein Herausfiltern relevanter Teilgeräusche (Gespräch) erschwert

→ **Bewältigungsstrategien bzw. Manifestationen nach außen**

- Überempfindlichkeit, Stress- bzw. Panikreaktionen bei bestimmten Geräuschen oder Lärm
- Überselektion: phasenweise nicht ansprechbar, scheint plötzlich nichts mehr zu hören, reagiert nicht auf Ansprache, nicht einmal auf den eigenen Namen
- Bedürfnis nach bestimmten Geräuschen oder Geräuschkulissen (»Ich muss den ganzen Tag Musik hören, vor allem wenn ich rausgehe«)
- Selbstschutz durch »Dauerbeschallung« mit spezifischen Geräuschen oder Musik, teilweise auch selbst erzeugt (Klopfen, Summen, Lautieren, Grunzen, Singen)

Hierzu ein schönes Beispiel aus der Lyrik von *Christian Morgenstern*:

Lärmschutz
Palmström liebt, sich in Geräusch zu wickeln
teils zur Abwehr wider fremde Lärme,
teils um sich vor drittem Ohr zu schirmen.
Und so lässt er sich um seine Zimmer
Wasserröhren legen, welche brausen.
Und ergeht sich, so behütet, oft in
stundenlangen Monologen, stundenlangen
Monologen, gleich dem Redner
von Athen, der in die Brandung brüllte,
gleich Demosthenes am Strand des Meeres.

Geruch- und Geschmackssinn

- Sehr guter Geruchssinn: Es werden Gerüche wahrgenommen, die andere Menschen nicht riechen können (die jedoch nachweislich vorhanden sind)
- Hyposensibilität: Es werden kaum oder nur besonders starke Gerüche wahrgenommen

→ **Bewältigungsstrategien bzw. Manifestationen nach außen**

- Meiden von bestimmten, für andere neutralen oder angenehmen Düften oder Aromen
- Meiden von parfümierten Kosmetik- und Hygieneartikeln sowie Reinigungsmitteln
- Rückzug vor oder Wegstoßen von Objekten oder Personen, deren Geruch für den Betroffenen unerträglich ist
- Gezielte Orientierung über Gerüche, und speziell bei betroffenen Kindern: Beriechen bzw. Belecken von Objekten (auch Personen)
- Bei Hyposensibilität: Körpergerüche bei sich selbst und bei anderen werden nicht wahrgenommen, was die Notwendigkeit von Körperhygiene für den Betroffenen schwer nachvollziehbar macht
- Vorlieben für sehr starke Gerüche. Sammeln von Müll, Horten von Lebensmitteln, bis diese verderben und dementsprechend starke Gerüche entwickeln
- Übernahme von Tätigkeiten, die andere aufgrund der Geruchsbildung meiden

Tastsinn bzw. haptische/taktile Wahrnehmung

- Extreme sensorische Empfindsamkeit
- Bestimmte Materialien oder Konsistenzen werden als sehr unangenehm erlebt (beispielsweise Textilien aus Kunstfasern, Seife, Matsch o. a.)
- Bereits Kleidung auf der Haut wird als unangenehm empfunden
- Menschliche Berührungen werden als unerträglich erlebt
- Hyposensibilität: sensorische »Taubheit« in bestimmten Körperregionen oder am gesamten Körper
- Beide Extreme gemischt
- Besonderheiten bei der Mundsensorik

→ **Bewältigungsstrategien bzw. Manifestationen nach außen**

- Meiden bestimmter Materialien, vor allem bei Wäsche und Kleidung
- Probleme mit neuer oder frisch gewaschener Kleidung und Wäsche, da diese sich anders anfühlt als getragene
- Generelle Gleicherhaltungstendenz hinsichtlich Wäsche und Kleidung: Es wird jeweils nur eine bestimmte Marke und Art von Kleidung, Schuhen, Bettwäsche und so weiter akzeptiert (da hier schon ein Gewöhnungseffekt stattgefunden hat oder weil eine gewisse Sicherheit vor unangenehmen Empfindungen besteht)

- Heftige Stressreaktionen, Fluchtimpulse oder Aggression bei Berührung – gerade auch bei spontaner, zarter oder sanfter Berührung – durch andere Menschen; angekündigte oder feste Berührung kann hingegen als angenehm empfunden werden
- Bei Hyposensibilität: selbststimulierendes oder selbstverletzendes Verhalten, um sich selbst in irgendeiner Weise zu spüren, sich im Chaos wieder zu »finden«
- Bei Besonderheiten in der Mundsensorik: ausgeprägte Vorlieben für und Aversionen gegen Nahrungsmittel mit einer bestimmten Konsistenz. Beispielsweise wird nur Knuspriges (Knäckebrot), nur Weiches (Nudeln, Pommes Frites) oder nur Breiiges (Joghurt nur ohne »Stückchen«) gegessen

Schmerzempfinden

- Auffällig geringes Schmerzempfinden
- Verzögerungen beim Schmerzempfinden, beispielsweise erst Minuten nach einer Verbrühung, einem Stoß oder einem Schnitt
- Übersteigerte Schmerzwahrnehmung in bestimmten Bereichen
- Mehr oder weniger unwillkürliches, »automatisches« »Wegblenden« des Schmerzempfindens

→ **Bewältigungsstrategien bzw. Manifestationen nach außen**

- Erstaunlich geringe Schmerzreaktionen bei Stürzen oder Verletzungen
- Unverhältnismäßig heftige Reaktionen auf kleinere Irritationen
- Diverse Körper- bzw. Missempfindungen, die als Hinweise auf mögliche Krankheiten gedeutet werden und zu Ängsten führen
- Deutlich verzögerte Schmerzreaktionen bei Verletzungen oder Verbrennungen
- Es wird zunächst Schmerz empfunden, dieser jedoch spontan »weggeblendet«; der Betroffene ist sich dann gar nicht mehr der Verletzungen bewusst, da er sie nicht mehr spürt.

Tiefensensibilität

- Mangelnde sensorische Rückmeldungen aus Muskelgewebe und Faszien

→ **Bewältigungsstrategien bzw. Manifestationen nach außen**

- Probleme bei der Einschätzung der eigenen Kraft und der Effekte von Bewegungen
- Probleme bei der Dosierung von Kraft und der Koordination von Bewegungen
- Unsicherheit auf Treppen oder unebenem Gelände, diese werden daher gemieden
- häufige Unfälle und Verletzungen
- auffälliges Gang- bzw. Bewegungsbild
- »Suchen« starker Reize, zum Beispiel »voller Körpereinsatz« beim Sport
- Vorliebe für starke Formen des Körperkontaktes (Rangeln, Ringen, Boxen)

Kälte- und Wärme-Empfinden

- Kälte oder Hitze wird nicht oder erst im Extrem empfunden
- Es besteht eine besondere Empfindlichkeit gegen Hitze oder Kälte, so dass die Konzentrations- und Leistungsfähigkeit bei hohen/niedrigen Temperaturen stark eingeschränkt ist (dies können jeweils bereits Temperaturen sein, die für andere im angenehmen Normbereich liegen)
- Verzögerte Wahrnehmung von Hitze- oder Kältereizen

→ **Bewältigungsstrategien bzw. Manifestationen nach außen**

- Kleidung wird nicht temperaturangemessen gewählt bzw. gewechselt: Im Winter wird weiterhin Sommerkleidung, im Sommer warme Kleidung getragen
- Es besteht die Gefahr der Verbrühung, etwa bei Kontakt mit heißem Wasser, oder der Überhitzung im Sommer
- Meiden von Situationen, die als zu kalt oder zu heiß empfunden werden

Sonderfall: Synästhesien

Bei Synästhesien kommt es zu einer Vermischung oder auch zu einem unmittelbaren Zusammenspiel verschiedener Sinneskanäle. Dies ist nicht bei jedem Betroffenen der Fall, jedoch kommen Synästhesien bei Menschen mit Autismus häufig vor. Ich möchte hier nur einige Beispiele nennen, um das Phänomen zu illustrieren und eine Vorstellung davon zu vermitteln, wie stark es sich auf ein Erleben von Unterschiedlichkeit gegenüber der Wahrnehmung anderer auswirken kann.

Farben hören: Wir kennen den Ausdruck, manche Farben seien »schrill« – ein Ausdruck, der ursprünglich aus dem Bereich des Hörens kommt. Einige Betroffene berichten mir, dass sie tatsächlich ganz unmittelbar Farben als Klänge wahrnehmen und dementsprechend unter sehr kräftigen Farben leiden.

Gerüche hören: Ein kleines Mädchen hält sich beim Schuheputzen die Ohren zu, weil ihr der Geruch der Schuhcreme zu laut war.

Geschmack hören: Eine Frau berichtet, dass ihr bestimmte Nahrungsmittel zu laut seien. Diese könne sie nicht zu sich nehmen.

Töne als Farben und/oder Muster sehen: Eine Musikerin berichtet, dass sie die Musikstücke in Farbkompositionen vor sich sehe – und auch dementsprechend auswendig erinnere, um sie dann gleichsam vom farbigen Bild abzuspielen.

Noch ein besonderes Beispiel für Synästhesie:

Sehen menschlicher »Schwingungen«: Ein Mann erklärt, dass er Schwingungen – Spannung, Entspannung, emotionale Erregung – anderer Menschen als helle

(Spannungs-)Kurven und Blitze sehe. Dies erschwere es ihm sehr, die Anwesenheit anderer zu ertragen.

Eines der Probleme mit Synästhesien ist, dass sie verbal kaum vermittelbar sind. Denn unsere menschliche Sprache ist ausgerichtet auf eine ganz bestimmte, in die verschiedenen Sinneskanäle aufgeteilte Wahrnehmungsweise. So bleiben Betroffene mit ihrem Erleben oft allein.

Einzig in der Poesie, also der poetischen Sprache, ist es möglich – und »erlaubt« –, hier wahrnehmungsübergreifend zu »komponieren« und auf diese Weise ganzheitliche Eindrücke und Empfindungen auszudrücken. Versucht jemand, dies in der Alltagssprache zu tun, wird er sehr schnell schräg angeschaut oder für verrückt erklärt werden.

8.3 Auswirkungen von Besonderheiten in der Reizverarbeitung auf das Erleben

Wir haben gesehen, in wie vielen Bereichen es zu Besonderheiten in der Reizverarbeitung kommen kann und wie unterschiedlich sich diese gestalten können. Wie haben wir uns aber solche Besonderheiten auf der Ebene des *Erlebens* vorzustellen?

Hierzu ist zunächst nochmals zu betonen, dass in den meisten Fällen nicht nur eine Besonderheit auf *einem* Sinneskanal besteht. Meist treten verschiedene Besonderheiten in Kombination auf, das heißt: verschiedenen Ausprägungen von Hyper- und Hyposensibilität auf unterschiedlichen Sinneskanälen. Gerade die Kombination und Summe verschiedener Besonderheiten prägt zum einen das individuelle Erleben. Zum anderen besteht genau hierin die größte Herausforderung für die Betroffenen.

Wie wir anfangs festgestellt haben, erhöht gerade eine Tendenz zu hoher Reizoffenheit und Empfindsamkeit auf verschiedenen Sinneskanälen die Gefahr einer *Reizüberflutung* – von Betroffenen, die sich verbal ausdrücken können, häufig auch als »Overload« bezeichnet. Infolge einer extremen Reizüberflutung kann es zu extrem hohem Stresserleben bis zum Kontrollverlust und auch physischen Zusammenbruch kommen.

Um sich einem Erleben von Reizüberflutung zumindest in der Vorstellung anzunähern, möchte ich den Leser an dieser Stelle einladen, sich in die folgende Situation hineinzuversetzen:

Vorstellungsbild zur Reizüberflutung

Stell dir vor, man nimmt dich, so wie du jetzt bist – hoffentlich wohl und sicher – und versetzt dich in eine Disco in China (oder in irgendeinem Land, in dem du die Sprache nicht kennst und das dir generell kulturell völlig fremd ist).

> In dieser Disco laufen fünf verschiedene Musiktitel gleichzeitig. Zugleich ist da diese irre Lightshow: Lichter wirbeln durcheinander, mal wird hier was angestrahlt, mal da ein Detail, im nächsten Moment woanders. Es vermischen sich diverse fremde starke Gerüche. Du hast am ganzen Körper Sonnenbrand. Und vielleicht hast du dich auch noch nicht an die fremdartige Kost gewöhnt, so dass du auch von deinen inneren Organen wesentlich mehr wahrnimmst, als es dir angenehm ist.

Dieses Vorstellungsbild gibt uns eine Idee davon, wie es sein mag, mit mangelnden Filterfunktionen geboren zu werden. Es ist freilich nur ein Vorstellungsbild, und zwar eines, das eine Hypersensibilität auf allen Sinneskanälen voraussetzt – was, wie gesagt, nicht bei allen Betroffenen der Fall ist.

Probleme bei der Verarbeitung und Integration von Sinneseindrücken

Kombinationen von Hyper- und Hyposensibilitäten auf unterschiedlichen Kanälen bringen Schwierigkeiten bei der gesamten Verarbeitung mit sich. Die Zusammenführung der verschiedenen Sinneseindrücke wird gerade dadurch besonders beeinträchtigt, dass gleichsam jeder Sinneskanal ein anderes »Bild« überträgt, das mit den jeweils anderen nicht kompatibel ist.

Lassen Sie uns exemplarisch einige Fälle betrachten, um eine Vorstellung von den Auswirkungen einer besonderen Wahrnehmungsverarbeitung zu bekommen:

> A. ist extrem lichtempfindlich. Bereits helles Tageslicht ist ihr zu grell. Sie trägt eine selbsttönende Brille. Ihre gesamte Wohnung hat sie schwarz gestrichen – einschließlich der Fensterscheiben. Sie leidet auch unter Geräuschempfindlichkeit, was die ganztägige Arbeit in einer Behindertenwerkstatt für sie sehr anstrengend macht. Taktil spürt sie so gut wie nichts. Sie trägt sommers wie winters mehrere Lagen enger Skikleidung (und darüber einen weiten Pullover); lässt sie auch nur eine Lage weg, spürt sie sich nicht mehr – was für sie sehr unangenehm bis beängstigend ist. Auch hat sie äußerlich kein Schmerzempfinden. Um wenigstens hin und wieder etwas zu spüren, lässt sie sich immer wieder einmal tätowieren. Sie spüre dann, sagt sie, »dass da was ist« – aber keinen Schmerz. Ihren Kaffee trinkt sie nur brühheiß oder eiskalt – alles dazwischen ist ihr unangenehm diffus, da sie es dann nicht richtig wahrnehmen kann. Der Geschmackssinn ist kaum ausgebildet. »Ich brauche zwölf Stück Süßstoff in den Kaffee, ... vorher kommt bei mir keine Süße an.«

> J. ist, was den taktilen Sinn betrifft, in gewisser Weise entgegengesetzt ausgeprägt: Sie ist sensorisch so empfindlich, dass bereits Kleidung auf der Haut für sie unangenehm und ein notwendiges Übel ist. Schon eine kleine Falte in den Socken kann so sehr die Aufmerksamkeit auf sich ziehen und so unerträglich werden, dass J. Stress bis hin zu Schwindel und Übelkeit empfindet. Strumpf-

hosen sind ihr seit jeher unerträglich. Schmerz allerdings kann sie gut »wegblenden«. So nimmt sie wohl wahr, wenn sie sich beispielsweise eine Wärmflasche macht und versehentlich heißes Wasser über die Hand gießt – sie gießt dann jedoch erst einmal weiter und »blendet den Schmerz weg«. Oft muss sie dann hinterher erst einmal nachsehen, wo denn die Stelle mit der Verbrühung ist, da sie sie nicht mehr spürt. Auch J.'s Gehör ist sehr empfindlich. Dies führt nicht nur zu einer hohen Geräuschempfindlichkeit – die im Alltag sehr viel Stress bedeutet –, sondern trennt sie in ihrer Wahrnehmung auch von ihren Mitmenschen. So hört sie die hohen Frequenzen elektrischer Geräte, die für die meisten Menschen nicht hörbar sind. Für J. jedoch können diese Frequenzen unerträglich werden. Ihr Geruchssinn ist ebenfalls außerordentlich fein. So riecht sie, wenn der Fahrer im PKW vor ihr raucht oder Knoblauch gegessen hat – selbst bei geschlossenen Fenstern...

In beiden beschriebenen Fällen wird deutlich, wie heterogen das Profil hinsichtlich der Sensibilität und Reizfilterung auf verschiedenen Sinneskanälen selbst schon innerhalb eines Individuums sein kann, und wie unterschiedlich die Profile von Fall zu Fall aussehen.

Tatsächlich sind mir noch keine zwei Betroffene begegnet, die dasselbe Profil hinsichtlich Überempfindlichkeit und herabgesetzter Empfindlichkeit auf verschiedenen Sinneskanälen aufgewiesen hätten. Jeder ist schon in dieser Hinsicht ein einzigartiges Individuum. Schon allein deshalb darf niemals von einem Betroffenen auf den anderen geschlossen werden.

8.4 Detailwahrnehmung und Gestaltbildung

Besonderheiten in der Reizverarbeitung haben zwangsläufig spezifische Auswirkungen auf das gesamte Management von Eindrücken und Informationen sowohl aus der Außenwelt als auch vom eigenen Organismus. Sie prägen die Wahrnehmung sowie die emotionale »Bewertung« von Reizen, sie beeinflussen neuronale Verknüpfungen, die Bildung von Netzwerken im Gehirn – und damit auch die Assoziationen eines Menschen.

Zugleich wirken sie sich auch auf die sogenannte »Gestaltbildung« aus. Das meint zunächst die Art und Weise, wie und ob überhaupt jeweils relevante von irrelevanten Reizen unterschieden werden können, was als »Figur« und was als »Hintergrund« erkannt wird und was als ganze »Gestalt« oder als Muster zusammengesetzt wird. Dies gilt für Reize auf dem visuellen, auditiven, sensorischen und auf jedem anderen Sinneskanal. Erst recht gilt es jedoch für die »Gesamtkomposition« aus allen Sinneseindrücken.

Wenn wir davon ausgehen, dass bereits während dieser basalen Vorgänge der Ausbildung von Wahrnehmungsmustern, Assoziationen und daraus abgeleiteten Bedeutungen für jeden einzelnen Betroffenen sich vieles anders organisiert als bei den meisten Menschen, werden viele Unterschiedlichkeiten im Erleben und Verhalten leichter zu verstehen sein. Das ist insofern wichtig, als sie dann auch im sozialen Miteinander berücksichtigt werden können.

Einige Besonderheiten bei der Organisation der Wahrnehmungsverarbeitung und dem daraus resultierenden Erleben sollen im Folgenden skizziert werden.

Schwerpunkt: Detailwahrnehmung

Zunächst einmal dürfen wir davon ausgehen, dass in einer autistischen Verarbeitungsweise in der Regel der Schwerpunkt auf der Wahrnehmung *vieler einzelner Details* liegt. Diese treffen als ein Strom noch völlig unzusammenhängender Einzelreize oder fragmentierter Muster im Gehirn ein.

Es werden also erst einmal *unzählige einzelne Details* wahrgenommen. Hieraus wird – vergleichbar mit einem Puzzle-Spiel oder Mosaik – erst allmählich ein Muster, ein Gesamtbild oder das Bild einer einzelnen Figur zusammengesetzt.

So entsteht aus vielen Einzeleindrücken ein Ganzes, das dann als ein komplexes Muster gespeichert wird. Dieses Gesamtmuster beinhaltet jedes Detail und ist demensprechend störanfällig gegenüber Abweichungen.

Hierin liegt ein grundlegender Unterschied zur Wahrnehmungs- und Verarbeitungsweise neurotypischer Menschen.

> **Vorstellungsbild: »Ich betrete einen Raum«**
>
> Wenn ich einen Raum betrete, nehme ich diesen erst einmal als »großes Gesamtbild« wahr. Erst wenn ich mich längere Zeit in diesem Raum aufhalte und dort viel Zeit und Muße habe, fallen mir einzelne Details ins Auge, die ich nicht nur registriere, sondern möglicherweise auch erinnern kann.
>
> Bei einem Menschen mit ausgeprägter Detailwahrnehmung ist es umgekehrt:
> Wenn er einen Raum betritt, wird er zunächst einmal eine Vielzahl von Details wahrnehmen, aus denen er dann – mehr oder weniger mühsam – ein Gesamtbild zusammenfügen muss. Dies wird Zeit und ein hohes Maß an Aufmerksamkeit in Anspruch nehmen. Erst dann wird er sich anderen Themen oder Vorgängen widmen können. Was er speichert, ist die Fülle der Details, zusammengefügt und eingeprägt in einer bestimmten Anordnung – oder im Falle eines »fotografischen Gedächtnisses«: das fixierte Bild einer Momentaufnahme, die er sich auch vor dem inneren Auge jederzeit abrufen kann.
>
> Problematisch wird es, wenn er zu einem späteren Zeitpunkt denselben Raum wieder betritt – wie zum Beispiel ein Schüler täglich neu seinen Klassenraum aufsucht – und einzelne Details sich inzwischen verändert haben. So steht vielleicht der Mülleimer an einer anderen Stelle oder das Kalenderbild hat gewechselt, Gegenstände sind hinzugekommen, liegen an anderer Position oder fehlen. Schon durch die Veränderung nur eines einzigen Details kann das mühsam konstruierte und gespeicherte Gesamtbild komplett in Frage stehen oder gar in

sich zusammenbrechen. Es muss dann in oben beschriebener Weise neu aufgebaut werden – was wiederum Zeit, Konzentration und Kraft kostet.

So kann also bereits die Veränderung eines Details – die aufgrund der herausragenden Wahrnehmung und genauen Erinnerung sofort registriert wird – zu Irritation und im Extremfall zu einem Zusammenbruch der Sicherheit bietenden Struktur führen.

Das Erleben eines solchen Momentes ist nicht selten von massiver Verunsicherung und Stress geprägt und kann dementsprechend auch somatische Stresssymptome, wie Herzrasen, Schwindel oder Übelkeit, auslösen und bis hin zu einer Panik führen. Im Extremfall braucht die betroffene Person dann einige Stunden oder gar Tage, bis sie sich von einem solchen Ereignis erholt und einigermaßen stabilisiert hat.

Große Fülle von Assoziationen und »Innerer Overload«

Hinzu kommt, wie wir später noch genauer betrachten werden, die übergroße Fülle an neuronalen Verknüpfungen. Sie ist die Basis dafür, dass bei jedem »Input« von Außenreizen jeweils ganze Ketten von Assoziationen ausgelöst werden.

Ich möchte hier ein Beispiel anführen, das aus meiner Sicht in eindrucksvoller Weise veranschaulicht, wie eine detaillierte und hochassoziative Wahrnehmungsweise aussehen und was sie für den Betroffenen bedeuten kann.

> T., der über eine sehr hohe technische Begabung verfügt und entsprechende Spezialinteressen entwickelt hat, schildert mir seine Wahrnehmung so:
> »Du musst dir das so vorstellen: wenn ich eine Uhr ansehe, dann sehe ich ja nicht nur die Uhr, oder wie spät es ist. Ich sehe zugleich den gesamten Aufbau der Uhr vor mir, ihre Mechanik bis ins kleinste Detail und wie das alles zusammenspielt. Im nächsten Moment schaue ich dann vielleicht auf meinen PC – und da ist es natürlich genau das Gleiche.
> Eigentlich kann ich nichts ansehen, ohne dass ich alle Details und Zusammenhänge zueinander wahrnehme. Selbst wenn ich einen Schuhkarton anschaue, sehe ich nicht einfach einen Karton, sondern es kommen sofort die Masse, die Relationen zueinander usw. Du kannst mir glauben, das ist ganz schön anstrengend.«

So bringt die Gabe einer besonderen Detailwahrnehmung sowie einer ebenso genauen Speicherung von Einzeleindrücken, systemischen Zusammenhängen und zugehörigen Assoziationen eine kaum vorstellbare Herausforderung mit sich. Diese kann je nach Ausprägung einigermaßen zu bewältigen oder hochgradig belastend sein. In jedem Falle macht sie die Ausbildung spezifischer Bewältigungsstrategien notwendig. Wir werden später – vor allem unter Punkt 3 – noch einige solcher Bewältigungsstrategien kennenlernen.

Ehe wir uns jedoch den speziellen Aspekten der Aufmerksamkeitslenkung und des Denkens annehmen, wollen wir zunächst die Auswirkungen einer besonderen Wahrnehmung und Reizverarbeitung auch auf die Bereiche der Motorik und Handlungssteuerung betrachten.

9 Besonderheiten bei der Selbstwahrnehmung und beim Körperbild – auf Motorik und Handlungssteuerung

Dass Menschen mit Autismus häufig auch hinsichtlich ihrer Motorik Auffälligkeiten aufweisen, hat bereits Hans Asperger in seinen ersten Fallbeschreibungen geschildert. Und auch, dass es Probleme bei der Handlungssteuerung gibt, wird immer wieder in der einschlägigen Fachliteratur erwähnt und von Betroffenen selbst beschrieben.

Ich möchte hier auf einige solcher spezifischen Besonderheiten in der Motorik und bei der Umsetzung von Handlungen hinweisen, da sie auch von vielen meiner Klienten thematisiert werden. Und ich möchte Überlegungen dazu anstellen, wie sie wohl mit der autistischen Entwicklung in Zusammenhang stehen mögen.

Dabei waren mir zum einen neurobiologische Überlegungen – unter anderem von Gerald Hüther – insofern hilfreich, als sie die Plastizität des Gehirns gerade auch in den frühen Phasen der Entwicklung besonders beleuchten. Zum anderen möchte ich einige für mich sehr aufschlussreiche Selbstbeobachtungen Dietmar Zöllers mit heranziehen, da sie mir sehr geeignet scheinen, die »Innensicht« und das Erleben Betroffener gerade auch in diesem Bereich besser nachzuvollziehen.

9.1 Reizverarbeitung und Körperbild

Ich gehe hier von der Prämisse aus, dass sich das Gehirn im Kontakt und im Wechselspiel mit seiner Umwelt entwickelt – und auch im Wechselspiel mit dem eigenen Körper. Wir können uns das so vorstellen, dass von Beginn an Informationen über Nervenbahnen an das zentrale Nervensystem weitergeleitet bzw. rückgemeldet werden – aus der Hautoberfläche, aus Muskeln, Faszien und Gelenken in Armen, Beinen, Fingern und so weiter, sowie vom Kopf, vom Mund und vom Mundinnenraum. Auch von den inneren Organen wird es Rückmeldungen ans Gehirn geben. Aus all diesen Informationen leitet das Gehirn Hinweise darauf ab, wo sich die entsprechenden Körperregionen und Organe befinden, auf ihre Ausmaße, ihre Stellung zueinander und ob irgendwo mehr oder weniger Druck, Reibung, Bewegt-Werden oder Eigenbewegung stattfinden. So bildet sich der Körper im Gehirn ab – einschließlich seiner Haltung und seiner Bewegungen. Wobei dieses Körperbild sich im Laufe der Entwicklung wandelt, sich immer weiter aufbaut und ausdifferenziert.

Es ist ein ganz individuelles Bild, das da mit der Zeit entsteht, unverwechselbar und genau passend für das jeweilige Individuum. Es ist für die Zentrale Gehirn zugleich die Arbeitsgrundlage zur Steuerung der Motorik, also aller Bewegungen. Es ist notwendig für die Koordination dieses hochkomplexen Systems: für die Steuerung und das Zusammenspiel von Muskeln, also von Protagonisten und Antagonisten der Bewegung, aber auch für die Regulierung des Kreislaufs und des Stoffwechsels.

Im Laufe des Lebens wird sich dieses Körperbild – wiederum im Wechselspiel mit dem gesamten individuellen Organismus und auch den jeweils umgebenden Systemen – immer weiter wandeln. Nervensystem, Muskeln, Faszien und gar einzelne Zellen stehen über Nervenbahnen und Stoffwechsel in Kontakt und Kommunikation miteinander. Erfahrungen werden auf diese Weise auch körperlich gespeichert – und über den Körper machen wir neue Erfahrungen mit uns selbst und mit der Umwelt.

Wie aber mögen sich Besonderheiten bei der Reizverarbeitung auf die Entwicklung des Körperbildes und – letztlich noch basaler – auf die Kommunikation zwischen Körper und Gehirn auswirken?

Nehmen wir einmal an, ein noch ungeborenes Kind nimmt sensorische Reize von seiner Körperoberfläche bereits anders wahr als andere Ungeborene. (Wobei noch ungeklärt bleibt, wo genau jeweils die Besonderheiten liegen – in der Funktion der Sensoren, bei den Nervenbahnen zum Gehirn hin, bei der Verarbeitung innerhalb des Gehirns – oder eben im Zusammenspiel all dieser Komponenten.)

Gehen wir also davon aus, dass Rückmeldungen über Druck, Reibung und Berührungen mit der Gebärmutterwand oder von Körperteilen miteinander nur bruchstückhaft und/oder verzögert vom Gehirn empfangen und verarbeitet werden. Ist es nicht vorstellbar, ja eigentlich zwingend logisch, dass dies die Ausbildung eines in sich stimmigen Körperbildes erschwert? Und könnte nicht auch eine hypersensible Wahrnehmungsweise mit einer Überfülle an Rückmeldungen aus allen Körperregionen dazu führen, dass ein eindeutiges und in sich konsistentes Körperbild nicht in der Weise ausgebildet werden kann, wie es bei einer gefilterten, leichter zu bewältigenden Verarbeitungsweise der Fall wäre?

Auch wenn wir (noch) nicht wissen, was *genau* die besondere Reizverarbeitung bereits im Mutterleib auszeichnet und welche neurobiologischen Besonderheiten im Einzelnen auftreten können – angesichts der beobachtbaren und oft auch von den Betroffenen geschilderten Besonderheiten liegt es nahe, davon auszugehen, dass diese nicht erst nach der Geburt einsetzen, sondern von Beginn an wirksam sind und somit auch die Entwicklung beeinflussen. Dies ist immerhin die Definition einer »Tiefgreifenden Entwicklungsstörung« – dass *vom Beginn der Entwicklung an* bereits etwas »anders« verläuft als bei den meisten anderen Menschen.

Und dies spiegelt sich auch in Beschreibungen vieler Klienten wider, wenn sie ihre Selbstwahrnehmung und ihr Verhältnis zu ihrem Körper beschreiben. Immer wieder höre ich – in unterschiedlichen Zusammenhängen – Aussagen wie die folgenden:

- »Ich bestehe nur aus Kopf.«
- »Mein Körper ist mir fremd.«

- »Ich spüre nichts, oder kaum etwas. Das ist alles so weit weg.«
- »Irgendwie hab ich manchmal das Gefühl, nicht im richtigen Körper zu sein.«
- »Mein Körper – nein, das ist nicht mein Zuhause. Es ist eher so, als hätte ich im falschen Hotel eingecheckt. Und nun komm ich da nicht mehr weg.«

Vor dem Hintergrund solcher Aussagen und auch unserer obigen Überlegungen wird nachvollziehbar, dass sich Besonderheiten bei der Wahrnehmungsverarbeitung und der Entwicklung des Körperbildes auch auf die Koordination sowie auf das Erlernen, die Automatisierung und die Umsetzung von Bewegungs- und Handlungsabläufen auswirken.

9.2 Automatisierung motorischer Abläufe – bewusste gegenüber unbewusster Koordination

Wenn wir Säuglinge und Kleinkinder beobachten, werden wir feststellen, dass viele Bewegungsabläufe noch nicht flüssig vonstattengehen. Es müssen sich – wiederum im Wechselspiel der »Zentrale« mit dem motorischen System und mithilfe von unablässigen Rückmeldungen aus den ausführenden Gliedmaßen oder Körperregionen – erst bestimmte *Bewegungsmuster* herausbilden, die dann flüssige Abläufe ermöglichen und sich nach und nach ganz automatisieren.

Solche Abläufe, wie beispielsweise »Gezielt-nach-etwas-greifen«, Krabbeln, »Den-Daumen-zum-Mund-führen«, gelingen dann wie von selbst und bedürfen keiner bewussten Steuerung mehr. Kostet das Laufen Lernen anfangs noch viel Konzentration und Übung, geht auch dieser hochkomplexe Ablauf bald wie von selbst vor sich – und wird, wie so viele andere automatisierte Abläufe, von den meisten Menschen als selbstverständlich genommen.

Wie schwierig es sein kann, neue Bewegungsabläufe zu erlernen, erleben wir erst dann wieder, wenn wir versuchen, *bewusst* bestimmte Bewegungssequenzen auszuführen und zu koordinieren, etwa im Sportunterricht oder in der Tanzstunde. Das wird so lange holprig gehen und außerordentlich anstrengend sein, bis ein neuer Ablauf – sei es Purzelbaum, Hampelmann, Hochsprung oder Cha-Cha-Cha – verinnerlicht, das heißt: automatisiert, ist und »wie von selbst«, also ohne bewusste Koordination abläuft.

Wir dürfen davon ausgehen, dass sich nun bestimmte Muster im Gehirn gebildet haben, die gleichsam als Gesamtpaket ausgelöst werden können und dann einfach ablaufen, ohne dass wir beim Tanzen noch bewusst »mitzählen« oder jede Bewegung des Ablaufes einzeln denken, initiieren und steuern müssen. Intention und Umsetzung einer Bewegung, einer Handlung oder einer ganzen Sequenz sind dann scheinbar eins. Es wird uns (normalerweise) nicht bewusst, welch hochkomplexe kommunikative bzw. interaktive Abläufe notwendig sind, um alltägliche Handlungen auszuführen – zumindest so lange nicht, bis an irgendeiner Stelle ein Problem auftritt und ein an sich selbstverständlicher, gewohnter Ablauf aus irgendwelchen Gründen nicht mehr wie sonst ausgeführt werden kann.

> Als einfachstes Testbeispiel mag genügen, eine geläufige Bewegung mit der nichtdominanten Hand durchzuführen. Mit etwas Geduld mag es dem Rechtshänder möglich sein, seinen Namen mit links zu schreiben – aber es wird sicherlich etwas mehr Zeit in Anspruch nehmen, es wird größerer Konzentration bedürfen und das (sichtbare) Ergebnis wird sich von dem mit der dominanten Hand geschriebenen Schriftzug unterscheiden.
>
> Ein solches, kleineres »handicap« lässt sich glücklicherweise relativ leicht und schnell kompensieren. Das Gehirn scheint normalerweise doch recht anpassungsfähig zu sein und bald ein alternatives »Programm« zu generieren und zu automatisieren, welches das bisher gewohnte ausgleicht.

Welche Probleme jedoch entstehen, wenn das Gehirn genau dazu nicht oder nur eingeschränkt in der Lage ist, wenn also das »Handicap« nicht peripher, sondern zentral zu suchen ist, wird deutlich, wenn man Berichten von Menschen folgt, die mit solchen Handicaps zu kämpfen haben.

Es gibt hierzu in der Literatur einige sehr interessante Beschreibungen von Menschen mit Autismus. Die Fachbücher von Dietmar Zöller gehören hier sicherlich zu den eindrucksvollsten und bei aller Fachlichkeit auch anschaulichsten Beispielen.

Dietmar Zöller ist von einer ausgeprägten Form des Autismus betroffen. In seinem Fall schädigte eine schwere Infektion und wohl auch die deshalb notwendige, harte Medikation in der frühen Kindheit sein Nervensystem derart, dass es zu einer autistischen Störung der Wahrnehmungsverarbeitung mit allen entsprechenden Folgen und Symptomen kam.

Zöller beschreibt mit scharfer Beobachtungsgabe, wie er selbst seine Wahrnehmungsverarbeitung und seine Probleme bei der Bewegungs- und Handlungssteuerung erlebt, verknüpft dies mit ähnlichen Erfahrungen, von denen andere Betroffene ihm berichtet haben, wie auch mit allen aktuellen wissenschaftlichen Erkenntnissen, die ihm zugänglich sind (und diese sind beträchtlich, da er von Wissenschaftlern aus unterschiedlichsten Nationen anerkannt und als wichtiger Zeuge und Kooperationspartner geachtet ist).

Da er sicherlich wesentlich besser und anschaulicher beschreiben kann, was Probleme bei der zentralen Reizverarbeitung und dann auch bei der Bewegungs- und Handlungssteuerung bedeuten, möchte ich ihn hier mit einigen Zitaten sprechen lassen. Sie bestätigen mir das, was ich selbst bei vielen autistischen Menschen beobachtet habe – und was mir meine Klienten, sofern sie der verbalen oder schriftlichen Sprache mächtig sind, selbst beschreiben.

> »Ich funktioniere sehr schlecht. Aber trotzdem bin ich ein Mensch und versuche, mich den Gegebenheiten anzupassen, so gut es geht. Ich leiste Schwerstarbeit, wenn ich schreibe, ich leiste Schwerstarbeit, wenn ich zielgerichtet handle…« (Zöller 2001, S. 26)
>
> »Emotionen verstehen und klären, bei mir und bei meinem Gegenüber, kommt vor dem Handeln. Ich bin blockiert, wenn ich mich auf Emotionen konzentriere.« (ebenda)

»Da ich nur eingeschränkt selbständig arbeiten kann, aber trotzdem gern tätig bin, verschafft meine Mutter mir auch noch im Erwachsenenalter die Möglichkeit, etwas zu tun, indem sie anwesend ist und mich stützt, da, wo es nötig ist. Ich putze zum Beispiel mein Bad, das ausschließlich von mir benutzt wird und darum auch meine Angelegenheit sein soll. Ich kann selbständig den Wasserhahn bedienen und auch das Waschbecken mit einem Stöpsel verschließen. Die Abläufe wurden immer wieder geübt und laufen halbautomatisch ab, das heißt ich muss mich dabei nicht übermäßig anstrengen. Dann muss mir meine Mutter helfen, den Putzlappen nass zu machen und auszuwringen, ihn mir in die Hand geben und meinen Arm anheben. Sie muss mich in Gang setzen, und wenn ich in Gang gesetzt bin, dann putze ich die Kachelwand sauber. Ich lege das benutzte Putztuch ins Becken zurück, und nun brauche ich eine neue Starthilfe, [...] Schwierigkeiten bekomme ich regelmäßig mit den unteren Kacheln. Ich kann nämlich meinen Körper nur mit großer Willensanstrengung dazu bringen, jeweils die richtige Position einzunehmen. Es ist wohl ein Problem der Orientierung im Raum.« (Zöller 2001, S. 29)

Wie gesagt, hat Dietmar Zöller mit einer sehr ausgeprägten Form des Autismus zu kämpfen und man könnte argumentieren, dass seine Erfahrungen daher nicht allgemein für Menschen auf dem gesamten Autismus-Spektrum zutreffen oder zumindest für Menschen mit hochfunktionalem Autismus nicht typisch sind. Und selbstverständlich kann und darf man – wie auch er selbst ausdrücklich anmerkt – solche spezifischen Schilderungen nicht verallgemeinern. Man würde damit weder dem Individuum noch der – sehr heterogenen – Gesamtheit der Betroffenen auf dem Autismus-Spektrum gerecht werden. Mir scheint es jedoch durchaus erhellend zu sein, sich gerade auch mit sehr deutlichen Ausprägungen und daraus resultierenden Beeinträchtigungen in diesem Bereich zu befassen, um zumindest eine Ahnung von der Grundproblematik zu bekommen. Hierin liegt die Chance, auch nicht ganz so gravierende Varianten in ihren Ursprüngen zu erkennen und sie ernst zu nehmen. Nur so können dann individuell passende Kompensations- und auch »Trainings«-Möglichkeiten erarbeitet werden.

Schließlich stelle ich auch in meiner Praxis, in der ich ja überwiegend Klienten mit der »Asperger-Variante« des Autismus sehe, fest, welch große Rolle dieser Aspekt der Motorik, also der Umsetzung und Automatisierung von Bewegungsmustern, auch bei ihnen spielt und welche Auswirkungen dies hat – sowohl auf ihre Möglichkeiten zur Alltagsbewältigung als auch auf ihr Selbstbild. Viele fühlen sich motorisch unsicher und sind körperlich extrem angespannt – was wiederum nicht selten zu diversen, oft auch chronischen Schmerzen führt. Und auch psychisch wirkt sich eine solche motorische Unsicherheit aus. Die solchermaßen Betroffenen fühlen sich unbeholfen, ja unfähig zu Handlungen, die für alle anderen scheinbar so selbstverständlich sind. Die meisten haben prägende Erfahrungen im Sportunterricht und bei anderen Aktivitäten mit Gleichaltrigen gemacht, bei denen sie wegen ihrer Ungeschicklichkeit gehänselt wurden.

Von Erwachsenen wurde und wird ihnen oft auch später noch im Alltag oder auch im klinischen Kontext unterstellt, dass sie sich »nur anstellten«, sich verweigerten und sehr wohl »könnten, wenn sie wollten«. Dass dies fatale Fehleinschätzungen sind, mag an folgenden Beispielen deutlich werden.

T. beschreibt, dass er buchstäblich jede seiner Bewegungen bewusst steuern muss. Selbst das Gehen geschehe nicht von allein. Auch andere Abläufe, die bei anderen Menschen automatisch ablaufen, müssten von ihm bewusst geplant und ausgeführt werden. Ausschließlich bei bestimmten sportlichen Betätigungen, die ihm von klein auf geläufig sind, gerate er ausreichend in einen »Flow«-Zustand, in dem er auch automatisiert die entsprechenden Bewegungen ausführen könne.

A. spürt ihren Körper kaum. Auch sie muss sich schon bei alltäglichen motorischen Abläufen visuell vergewissern und diese mitsteuern. Komplexere Bewegungen, bei denen über die Körpermitte gekreuzt wird, sind ihr völlig fremd. Dies sei ihr jedoch bei der Sporttherapie in der Klinik nicht geglaubt worden:
»Wir sollten diese Übung machen, bei der der rechte Ellenbogen zum linken Knie geführt wird und umgekehrt. Das konnte ich nicht. Aber das hat keiner geglaubt. Vielmehr wurde mir wieder einmal Verweigerung unterstellt.«

9.3 Handlungsplanung und Handlungssteuerung

Umsetzung geplanter Handlungen und Handlungssequenzen

Mir scheint, dass nur wenige Autismus-bedingte Handicaps den Betroffenen so viel Ärger einbringen wie die Schwierigkeit, Handlungskonzepte konkret in die Tat umzusetzen.

Viele berichten mir sinngemäß: »Im Kopf weiß ich genau, wie etwas geht und was jetzt dran ist – aber ich kriege es einfach nicht umgesetzt. Das macht mich verrückt. Und die Leute halten mich für faul oder unterstellen, dass ich lieber andere für mich arbeiten lasse, als es selbst zu tun.«

Wo aber »hakt es«? Wieso kann ein an sich klarer Handlungsgedanke, eine konkrete und auch sogar formulierbare Idee nicht ausgeführt werden? Und das unter Umständen selbst dann nicht, wenn sie schon viele Male ausgeführt wurde, also eigentlich als »gelernt« und geläufig angenommen werden könnte?

Hier können offenbar ganz verschiedene Faktoren auf unterschiedlichen Ebenen wirksam werden.

- **Planlosigkeit:** Es kommt durchaus vor, dass zwar Erfahrungen mit bestimmten Handlungsabläufen vorhanden sind, jedoch keine sinnvolle Abfolge verinnerlicht wurde. So erinnert der Betroffene zwar Teilsequenzen einer Handlung oder eines Handlungsablaufes, findet jedoch keinen Anfang und kein Ende. Die dabei oft empfundene Orientierungslosigkeit wirkt dabei für ihn selbst ausgesprochen belastend oder gar beängstigend.
- **Ablenkung durch eigene Assoziationen:** Der Gedanke an eine bestimmte Handlung beinhaltet an sich schon eine Fülle von Bildern oder Mustern. Jedes von ihnen ist wiederum gekoppelt an eine Fülle von Assoziationen, die aktiviert werden können und vom eigentlichen Handlungsgedanken wegführen.
- **Ablenkung durch äußere Reize:** Gerade hat man einen Plan gefasst und setzt zu seiner Umsetzung an, da fällt einem ein Objekt ins Auge, es dringt ein irri-

tierendes Geräusch ans Ohr oder es ist insgesamt unruhig im Umfeld – und schon ist der Anfangsimpuls und/oder der rote Faden verloren.
- **Versinken in Trance:** Infolge der hohen Assoziationsdichte, manchmal jedoch auch als automatisierter Schutzmechanismus vor innerem oder äußerem Overload fällt der Betroffene in eine Trance – die ihn vom Ausführen der geplanten Handlung abbringt.
- **Störungen in der Übertragung neuronaler Impulse:** Immer wieder wird beschrieben, dass die Motorik den »Befehlen« der Gedanken nicht zu gehorchen scheint. So werden einzelne Bewegungen nicht, verzögert oder anders ausgeführt als gedacht.
- **Probleme durch mangelnde Koordination zwischen ausführenden Körperteilen:** Wenn das zentral koordinierte Zusammenspiel von Körperteilen nicht gut funktioniert, wird es unweigerlich zu Ungeschicklichkeiten und Verwirrung oder auch zu Blockaden kommen.
- **Blockaden durch zu viele Handlungssequenzen und -impulse auf einmal.** Beispiel: »Kaffeekochen« besteht aus sehr vielen Einzelhandlungen, die in eine Reihenfolge gebracht, zum Teil aber auch miteinander koordiniert werden müssen – was zu einer gegenseitigen Blockierung einzelner Impulse führen kann.
- **Psychische Faktoren wie Unsicherheit und Versagensängste:** Der Betroffene weiß sehr genau, was er tun möchte und wie er es tun würde, ist jedoch aus Angst vor Fehlern buchstäblich gelähmt. (Das ist vor dem Hintergrund all der oben genannten möglichen Erfahrungen des Scheiterns nicht verwunderlich. Solche Ängste sind also von »neurotischen«, das heißt irrationalen, Ängsten zu unterscheiden!)
- **Perfektionismus, der durch erhöhten Stress und/oder »Selbstzensur« die Umsetzung blockiert:** Wer alles perfekt machen möchte, wird erst zum Handeln kommen, wenn er sich absolut sicher ist, dass er die Handlung sofort fehlerfrei ausführen kann. Ein »Ausprobieren« und ein Üben mit Versuch, Scheitern und allmählicher Verbesserung ist unter einer solchen Prämisse nicht möglich. So wird ein großer Teil der Handlungen verhindert – und kann dadurch auch nicht erlernt und automatisiert werden. Ein Teufelskreis!

9.4 Stereotypien, »Ticks« und Tics

Eine Auffälligkeit, die als besonders typisch für Autismus-Spektrum-Störungen gilt, sind stereotype Verhaltensweisen. Dazu gehören Bewegungs- und Handlungsstereotypien sowie die stereotype Wiederholung bestimmter Geräusche, Töne oder verbaler Einheiten, wie Worte, Sätze oder lange Zitate. Das heißt also, dass Bewegungen oder Handlungen (auch verbale Handlungen) auf immer gleiche Weise wiederholt werden – oft impulshaft, manchmal scheinbar »endlos« und ohne erkennbaren Sinn und Zweck, ja, dem Anschein nach geradezu zwanghaft. Mitmenschen im sozialen Umfeld, aber auch einige Betroffene selbst, bezeichnen diese Wiederholungen oft als »Ticks«.

Manche motorische »Ticks« wirken ähnlich wie neurologisch bedingte Tic-Störungen. Tatsächlich kommen letztere durchaus häufig als Komorbidität bei Autismus vor (bis hin zu einem ausgeprägten Tourette-Syndrom). Das eine darf jedoch nicht mit dem anderen verwechselt oder gar gleichgesetzt werden, denn die Ursachen sind unterschiedlich.

Gerade aber, weil die Erscheinungsbilder stereotyper Verhaltensweisen so große Ähnlichkeiten mit einer Tic-Störung oder auch mit einer Zwangsstörung aufweisen können, ist es besonders wichtig, hier genau hinzuschauen, was wohl im individuellen Fall der Hintergrund für bestimmte stereotype Handlungen sein mag. Die entscheidenden Aspekte liegen dabei im *Erleben* des einzelnen Klienten:

1. Wird die stereotype Handlung als »ich-synton«, also als zur eigenen Person gehörig, als stimmig, angenehm, entspannend oder auf gute Weise spannungsregulierend erlebt? Nutzt und braucht die Person diese Bewegung zur Verarbeitung und Erholung (eventuell auch im Sinne der Herbeiführung einer erholsamen Trance)? In einem solchen Fall kann von einer autistischen Bewältigungsstrategie zur Spannungsregulation und Reizverarbeitung ausgegangen werden. Diese sollte dann als Ressource gewürdigt werden. Es wird dann nur noch darum gehen, ob sie für den Betroffenen oder andere schädlich ist und in welchen Situationen sie genutzt werden kann, ohne dass der Betroffene sozial auffällt oder stört – und womöglich falsche Schlüsse über seinen Geisteszustand gezogen werden. (Merke: Nicht jeder, der mit den Händen flattert oder seinen Oberkörper hin- und herwiegt, ist in seinen kognitiven Fähigkeiten beeinträchtigt!)
2. Ist die Handlung vom Betroffenen beeinflussbar, kann er also selbst bestimmen, ob er sie ausführt? Oder erlebt er sie als »ich-dyston«, im Sinne eines unkontrollierbaren Impulses, der ihn »überkommt« und gegen den er nichts ausrichten kann? Dies würde dann auf eine Tic-Störung hindeuten und sollte neurologisch abgeklärt werden.
3. Fühlt der Betroffene sich unter Zwang, bestimmte Handlungen auszuführen? Erlebt er starke Angst, dass etwas Furchtbares, Ungreifbares passieren wird, wenn er diese nicht ausführt oder von außen daran gehindert wird? Dient die Handlung zur Abwendung oder Linderung von solchen diffusen, übermächtigen Ängsten, ist die Dynamik eher einer Zwangsstörung zuzuordnen – und entsprechend zu behandeln.

Komorbidität und fließende Übergänge

Was die Differenzierung zu einer besonderen Herausforderung macht, ist die Tatsache, dass hier durchaus auch unterschiedliche Faktoren zusammenspielen können und dass auch eine ursprünglich durchaus funktionale Bewältigungsstrategie unter belastenden Bedingungen in eine regelrechte Zwangsstörung übergehen kann.

Gerade deshalb hat es sich als besonders wichtig herausgestellt, das Erleben des Betroffenen genau zu explorieren und ihm auch selbst Unterscheidungsmerkmale zwischen den einzelnen Phänomenen – Bewegungsstereotypie, Tic und Zwang – zu vermitteln.

Wichtig ist in jedem Fall, die ursprüngliche Bedeutung und Funktion einer Stereotypie zu erkunden – was am besten gemeinsam geht – und dann zu schauen, ob und in welchen Situationen sie weiterhin genutzt werden kann. Oder ob sie vielleicht als schädlich oder lästig eingestuft wird, so dass es Sinn macht, nach geeigneten Alternativen zu suchen.

T., sechs Jahre alt, wendet sich zu Beginn einer Therapiesitzung mit einem speziellen Anliegen an mich: Er werde ja demnächst eingeschult und wisse noch nicht, wie er dann »das mit dem ›Herumdüsen‹« machen solle. Die Mutter ist mitgekommen und erklärt, dass er nach der Rückkehr aus der Kita immer erst einmal in den Garten gehe und dort »herumdüse«, also hin und her renne und dabei alle Spannung abschüttle. In der Öffentlichkeit würde er das niemals tun. Nun mache er sich sorgen, so führte T. weiter aus, wie er in der Schule damit umgehen solle. Er wisse, dass er dort mehr Stunden verbringen werde als in der Kita; so müsse er auf alle Fälle länger durchhalten. Auf dem Schulhof wolle er auf keinen Fall »herumdüsen«, da er befürchte, aufzufallen.

Gemeinsam mit der Schule werden Lösungen gefunden, wo und wann T. bei Bedarf ungesehen »herumdüsen« könnte – was ihn erst einmal beruhigt. Letztlich macht er von entsprechenden Angeboten dann aber keinen Gebrauch, da ihm auch ein Verbleiben im Klassenraum zu Beginn der großen Pause den Mitschülern gegenüber zu auffällig erscheint. Stattdessen findet er Möglichkeiten, unauffällig über den Schulhof zu rennen, und behilft sich so erst einmal selbst. Dennoch spricht er einige Zeit später das Thema nochmals in der Therapie an: Ihn störe, dass er das »Herumdüsen« ja machen *müsse*, dass er also gewissermaßen davon abhängig sei oder sich auch dann geradezu dazu gezwungen fühle, es zu tun, wenn er selbst es eigentlich gar nicht möchte. das beunruhigt ihn.

Gemeinsam hinterfragen wir, wann T. den Impuls zum Herumdüsen verspürt und wozu es möglicherweise gut ist. Es stellt sich heraus, dass es nicht nur zum Abbau von Spannung dient – wie ursprünglich angenommen –, sondern zur Regulation von Spannung. Wenn er aus der Schule komme, so erklärt mir T., und dann noch zum Sport wolle, dann sei er hierzu oft zu schlapp. Dann müsse er herumdüsen, um wieder in Gang zu kommen.

Da es also um Spannungsregulation geht, führen wir erst einmal als Instrument zur Spannungsmessung eine Skala von null bis zehn ein, auf der T. seine Spannung »abliest«. Spontan kann er angeben, dass seine Spannung »normalerweise« zwischen acht und neun liege. Während unserer Sitzungen bitte ich hin und wieder um eine Angabe, wo sein Spannungspegel gerade stehe. So schult T. seine Selbstwahrnehmung. Und gemeinsam finden wir verschiedene Tätigkeiten, die Einfluss auf die Spannung haben. Es stellt sich heraus, dass Tischtennisspielen die Spannung um ein bis zwei Punkte senken kann. Tischtennis-Spielen mit Herumalbern kombiniert bringt sogar noch mindestens einen halben Punkt mehr...

Erfreulicherweise gibt es auf dem Schulhof von T.s Schule eine Tischtennisplatte. So hat er nun eine Alternative mehr, um auch im Schulalltag auf unauffällige Weise seine Spannung zu regulieren – und dies entlastet ihn. Zugleich hat er verstanden, was es mit dem »Herumdüsen« auf sich hat, und ist so in der Lage, auf sich selbst zu achten und immer wieder neue, situationsangemessene Möglichkeiten zur Spannungsregulation zu finden.

9.5 Motorische Unruhe

Viele Klienten geben bei der diagnostischen Frage nach motorischen Auffälligkeiten eine generelle, sehr ausgeprägte motorische Unruhe an. Gerade in der Rückbesinnung auf die Kindheit und Jugend treten in diesem Aspekt durchaus oft Parallelen zu einer ADHS-Symptomatik auf.

Als Grund dafür kann zum einen eine hohe psychische Anspannung angenommen werden, die sich aus den vielen hohen Anforderungen bei der Reizverarbeitung und im sozialen Miteinander ergibt.

Ein weiterer Faktor mag auch – ebenfalls wie bei ADHS-Betroffenen – eine gewisse »Grenzenlosigkeit« infolge mangelnder körperlicher Selbstwahrnehmung sein: Wenn ich mich wenig oder nur undeutlich spüre, brauche ich ständige Bewegung, um Rückmeldungen von und über meinen Körper zu bekommen.

Mitunter können darüber hinaus auch äußere Einflüsse ausgemacht werden, welche die Unruhe noch steigern, beispielsweise Zeitdruck, psychischer Druck und andere Ursachen von Stress.

10 Besonderheiten im Denken

Die Art und Weise, wie Reize wahrgenommen und verarbeitet werden, bestimmt nicht nur die unmittelbare Wahrnehmung eines Menschen, sondern hat auch Auswirkungen auf sein Denken. Dass eine ausgeprägte Reizoffenheit sich auf die Aufmerksamkeitslenkung und die Konzentration auswirkt, ist sicher unmittelbar nachvollziehbar. Es ergeben sich aber auch Einflüsse auf die weitere Verarbeitung von Eindrücken und Informationen. Im Folgenden sollen solche Zusammenhänge dargestellt und verständlich gemacht werden, woraus sich auch Erklärungen für einige als »Autismus-typisch« geltende Phänomene ergeben mögen.

10.1 Aufmerksamkeit und Konzentration

Angesichts der Überfülle von andrängenden Reizen und zusätzlich aktivierten Assoziationen wird leicht vorstellbar, wie schwer es für einen Menschen mit autistischer Wahrnehmungsverarbeitung sein kann, die Aufmerksamkeit auf ein Objekt zu richten und sie auch dort zu halten. Dies gilt insbesondere dann, wenn das jeweilige Objekt für den Betroffenen nicht bedeutsam ist oder noch keine entsprechenden klaren Vorstrukturierungen vorhanden sind, an die spontan angeknüpft werden kann.

So wird von Außenstehenden immer wieder beobachtet, dass insbesondere autistische Kinder – übrigens ähnlich wie Kinder mit ADHS – sich oft auf ganz bestimmte Themen hervorragend konzentrieren können, auf andere dagegen überhaupt nicht. Da regt sich dann schnell der Argwohn, und es wird der Vorwurf erhoben, dass der Betreffende »ja durchaus kann, wenn er nur will« und sich eben einfach nur verweigert oder entzieht, wenn es um für ihn uninteressante Themen geht.

Dabei ist die Aufmerksamkeitsfokussierung auf bestimmte Muster, wie oben bereits angedeutet, eine funktionale und verbreitete Bewältigungsstrategie, nämlich genau dann, wenn in der unübersehbaren Fülle von Reizen ein Objekt oder Detail besonders »ins Auge fällt« oder aufgrund von Kompatibilität mit bereits vorhandenen neuronalen Mustern unmittelbar daran angeknüpft werden kann.

Erfahrungen und Vorstellungsbilder aus der neurotypischen Welt

Zum genaueren Verständnis und um Fehlinterpretationen dieses Verhaltens vorzubeugen, sollten wir uns an dieser Stelle einige Zusammenhänge und auch eigene Erfahrungen vor Augen führen, die auch Menschen mit neurotypischer Wahrnehmungsverarbeitung durchaus von sich kennen.

Zunächst einmal können wir davon ausgehen, dass jeder Mensch schon sehr früh gewisse Prägungen und neuronale »Bahnungen« erfährt, die es ihm erleichtern, an entsprechende Muster und Erfahrungen anzuknüpfen. So werden Kinder beispielsweise spontan am leichtesten diejenige Sprache erlernen, von deren Sprachmelodie sie bereits vor der Geburt umgeben waren (hierauf weist an verschiedenen Stellen Gerald Hüther hin). Es sind bereits erste Muster entstanden, die nun wiedererkannt werden (Kongruenzeffekt) und an die leicht angeknüpft werden kann.

Eine gewisse »Auswahl« dessen, was in der Fülle der uns umgebenden Reize tatsächlich unsere Aufmerksamkeit erregt und bindet, wird also bei *jedem* Menschen *unwillkürlich* getroffen. Dies lässt sich an den folgenden alltäglichen Beispielen veranschaulichen.

- **Party:** Jemand ist auf einer Party mit vielen Gästen. Es herrscht ein vielfältiges Stimmengewirr, viele Gespräche werden gleichzeitig geführt. Aus diesem Gesamtgeflecht von Tönen und Wortmustern wird er mit hoher Wahrscheinlichkeit diejenigen heraushören, die ihm am vertrautesten sind: Fällt sein Name, wird er sich umdrehen und versuchen herauszufinden, wer diesen genannt oder möglicherweise ihn gemeint oder gerufen hat. Das Bekannte und Vertraute erregt also unsere Aufmerksamkeit.
Dieser Effekt des Herausfilterns vertrauter Muster, die wir mit etwas Bedeutsamen oder sogar Angenehmen, Erfreulichen verbinden, kann interessanterweise sogar im Schlaf noch funktionieren.
- **»Eis«:** Ein Extrembeispiel dafür, wie eigenständig und wirkungsvoll unser Gehirn eine Vorauswahl dessen trifft, was buchstäblich die Aufmerksamkeit weckt, war für mich der kleine Sohn von Freunden, der nachmittags erschöpft auf dem Sofa eingeschlafen war. Dies kam für die Eltern einer kleinen Katastrophe gleich, da er nachts meist sehr schlecht schlief und im Falle eines ausgiebigen Nachmittagsschlafes die Chance auf eine ruhige Nacht dahinschwand. Also wurde mit allen erdenklichen und vertretbaren Mitteln versucht, ihn sanft wieder aufzuwecken: Er wurde angesprochen und gerufen, gestreichelt, sanft geschüttelt, gekitzelt – alles, ohne irgendeine Reaktion bei ihm hervorzurufen. Er war und blieb im Tiefschlaf. Schließlich griff die Mutter zum »Äußersten«: Ganz nah an seinem Ohr sprach sie mit moderater Lautstärke das eine Wort »Eis« aus – und siehe da, der Junge erwachte schlagartig – in freudiger Erwartung der so geliebten Leckerei.
- **Öffentliche Reden:** Wer jemals eine öffentliche Veranstaltung – beispielsweise ein Jubiläum oder eine Einweihung – besucht hat, auf der über Stunden hinweg eine Rede auf die andere folgt, jedoch keine zu einem Thema, das »anklingt« oder wirklich für ihn relevante neue Informationen enthält, der erinnert sich vielleicht

daran, wie schwer es ist, da »bei der Sache« zu bleiben, mit anderen Worten: die Aufmerksamkeit zu halten.

Handelt es sich hingegen um ein Thema, das für den Betreffenden von Interesse ist, bei dem er Vorerfahrungen hat, an die er anknüpfen und die er mit neuen relevanten Informationen anreichern kann, dann fällt die Aufrechterhaltung der Aufmerksamkeit leicht, ja, sie geschieht wie von selbst.

Folgen extremer Aufmerksamkeitsfokussierung

Die Aufmerksamkeitsfokussierung auf bestimmte Objekte, Themen oder Prozesse kann bei manchen Menschen mit Autismus mitunter so stark und so automatisiert sein, dass der Eindruck entsteht, der Betroffene sei »weggetreten« und überhaupt nicht mehr ansprechbar. Dies kann geschehen, während er offensichtlich in eine bestimmte Tätigkeit vertieft ist, oder auch dann, wenn er scheinbar nur »dasitzt« und vor sich hinschaut. Angehörige und pädagogische Fachkräfte berichten mir immer wieder von solchen Situationen, die durchaus irritierend und sogar beunruhigend wirken können.

Aber auch Betroffene selbst berichten von Zuständen, in denen sie »ganz versunken« sind und erst nach einiger Zeit gleichsam »aufwachen« und dann erfahren, dass sie auf Ansprache nicht reagiert oder zum Beispiel das Telefon nicht gehört haben, obwohl es direkt neben ihnen mehrfach geklingelt haben muss (was sie dann an der Anzeige ihres Displays erkennen). Auch für sie selbst ist die Erkenntnis beunruhigend, dass sich ihr Bewusstsein offenbar unwillkürlich so verändert, sich gleichsam »wegblendet« oder komplett auf einen Fokus einengt, dass sie nichts anderes mehr mitbekommen. Sie erleben es so, dass sich umgekehrt irgendwann spontan wieder die Außenwahrnehmung »einschaltet«, ohne dass sie selbst einen Einfluss darauf haben.

Leider kann man insbesondere in Schule, Ausbildung und Beruf erheblichen Ärger bekommen, wenn man von Lehrkräften, Vorgesetzten oder Kollegen als »weggetreten« oder auch als desinteressiert oder ignorant wahrgenommen wird. Aber auch im privaten Bereich, insbesondere in Partnerschaft und Familie, sind solche Phänomene durchaus problematisch.

Aufmerksamkeitsfokussierung ist vor dem Hintergrund der Besonderheiten bei der Reizverarbeitung dennoch erst einmal als eine durchaus funktionale Bewältigungsstrategie zu betrachten. Wird sie als solche anerkannt, kann sie entweder gemeinsam ins Zusammenleben integriert werden oder es kann nach anderen funktionalen Alternativen gesucht werden.

10.2 Die Bildung von Abstraktionen gegenüber »konkretistischem« Denken

Eine weitere Besonderheit im Denken, die bei vielen Betroffenen auftritt und die insbesondere in schulischen und beruflichen Kontexten zum Tragen kommt, ist eine Schwierigkeit bei der Bildung von Abstraktionen. Allein schon die Bildung eines »Oberbegriffs« – also eines Begriffs, der für viele konkrete Bilder oder Manifestationen zusammenfassend steht – wird von Besonderheiten in der Gestaltbildung beeinflusst oder sogar massiv beeinträchtigt. Ich möchte versuchen, das Problem an einem sehr konkreten Objekt und Begriff zu erklären.

> Der Begriff »Tisch« kann für alle möglichen Arten, Formen und Funktionen von Tischen stehen. Es gibt bestimmte – vom konkreten Objekt abstrahierte – Eigenschaften, die einen Tisch »ausmachen«, die ihn definieren. Die »typischen« und damit entscheidenden Eigenschaften, die einen Tisch ausmachen, werden herausgefiltert und in dem Begriff zusammengefasst. Und dieser Begriff steht dann für alles, was – in unterschiedlichsten Variationen – diese Eigenschaften hat, sowohl im Ausdruck als auch in der Wahrnehmung und Deutung.

Sind die Wahrnehmung und auch die Begriffsbildung jedoch sehr konkret und ans einzelne Objekt gebunden, ja vielleicht sogar an die Details, die dieses spezifische Objekt ausmachen, so wird ein solcher Oberbegriff schwerer zu bilden, zu benutzen und in seiner Abstraktheit zu verstehen sein. Es wird beim Hören (oder Lesen) des Begriffes dann nicht beim – abstrakten – »Oberbegriff« verblieben, sondern es taucht vor dem inneren Auge ein bestimmter Tisch auf – oder eine Vielzahl von Tischen, denen man schon begegnet ist. Und woher soll man dann wissen, welche von all diesen Möglichkeiten gemeint ist?

Natürlich ist dies ein sehr einfaches Beispiel, und nicht jeder Begriff wird auf Dauer zu solchen Problemen führen.

Auch treten solche Schwierigkeiten nicht bei jedem Menschen auf dem Autismus-Spektrum gleichermaßen auf. Dennoch werden viele Betroffene sich in der beschriebenen Tendenz wiederfinden oder selbst von daraus resultierenden Irritationen oder Belastungen berichten.

Auswirkungen einer konkreten und detailbetonten Denkweise

Ein Mangel an Abstraktionsvermögen und ein hohes Maß an Konkretheit und Detailliertheit beim Denken und Assoziieren bringen in vielen Alltagssituationen Missverständnisse und Spannungen mit sich.

Aufgabenstellungen in Schule, Ausbildung, Studium und Beruf

Besonders deutlich treten entsprechende Schwierigkeiten bei der Bewältigung von Aufgaben auf, die ein gewisses Abstraktionsniveau *voraussetzen*. Dies ist beispielsweise in der Schule, später auch in Ausbildung, Studium und Beruf der Fall. Schon das Herauslesen eines übergeordneten Themas aus einem Text setzt Abstraktionsvermögen voraus. Diese Anforderung steigt mit der Komplexität von Texten und kann Leistungsanforderungen wie Nacherzählungen, Textzusammenfassungen oder gar Buchbesprechungen zu unüberwindlichen Hürden machen.

Aber auch schon das Erfassen einer gestellten Aufgabe scheitert nicht selten bereits an dieser Hürde – was sich dann in allen Fächern, einschließlich Mathematik und Naturwissenschaften fatal auswirken kann.

Dies ist der Grund, warum für diese speziellen Bereiche – bei vorliegender Autismus-Diagnose – zumindest im Bereich der Schule, oftmals aber auch im Studium gezielte Nachteilsausgleiche vorgesehen sind. So wird beispielsweise für Prüfungen mehr Zeit gewährt, gegebenenfalls werden auch Fragestellungen anders formuliert oder sogar andere Prüfungsthemen vorgegeben. (Genauere Informationen hierzu lassen sich bei Betroffenenverbänden, beim Bundesverband Autismus Deutschland e.V. sowie bei den Schul- und Bildungsministerien erfragen.)

Imagination – das Bilden von Vorstellungen

Auch auf die Imagination, also das Bilden von Vorstellungen, hat das oben beschriebene Phänomen einen Einfluss, der immer wieder im Alltag und in der sozialen Interaktion zum Tragen kommt und daher berücksichtigt werden sollte.

Zwar beschreiben einige Betroffene, dass sie mehr in Bildern als in sprachlichen Einheiten und Funktionen denken. Dabei handelt es sich jedoch zunächst einmal um bestimmte, *konkrete und so gespeicherte Bilder*. Aus diesen können auch neue, *eigene* Bilder oder Bildkombinationen verknüpft und abgeleitet werden.

Was jedoch große *Probleme* bereitet, ist die *Übertragung von Bildern oder Vorstellungen (Imaginationen) anderer* auf die eigene innere Vorstellungs- und Bilderwelt. Das bedeutet: Selbst dann, wenn jemand aus gespeicherten Bildern oder Details sehr wohl kreativ eigene Imaginationen entwickeln kann, bedeutet dies nicht, dass er mit den Bildern, Anregungen oder Vorgaben eines anderen etwas anfangen kann. So wird häufig fälschlicherweise davon ausgegangen, autistische Menschen seien phantasielos.

Meiner Erfahrung nach ist dieser Eindruck jedoch nicht zutreffend. Vielmehr entstehen Probleme bei der *Kompatibilität*, also der Übertragbarkeit, zwischen Vorstellungswelten. Diese gilt es erst einmal zu akzeptieren, um sie dann – bewusst und von beiden Seiten – überbrücken zu können.

Probleme bei der Vorstellung unbekannter Situationen und resultierende Veränderungsängste

Eine Auswirkung von Problemen bei der Abstraktionsbildung und dann auch bei der Imagination ist meines Erachtens besonders stark verbreitet und hat zum vorherrschenden Bild vom »Autismus« beigetragen. Es ist die Angst vor Veränderungen, also vor neuen, unbekannten Situationen.

Wie ist diese Angst vor Veränderungen und die daraus resultierende »Gleicherhaltungstendenz« im Zusammenhang mit den Besonderheiten bei der Abstraktionsbildung zu sehen?

Lassen Sie mich dies an folgendem Beispiel erläutern:

> Wenn ich eine Ferienwohnung buche und hierzu in der Zeitung oder im Internet recherchiere, dann sind entsprechende Anzeigen nicht immer mit detaillierten Bildern der Wohnung ausgestattet. Das ist für mich kein Problem, denn ich habe eine abstrakte Vorstellung davon, was unter einer Ferienwohnung zu verstehen ist. Wenn ich also – gleichsam »blind« – in den Urlaub zu der gebuchten Ferienwohnung fahre, dann rechne ich damit, dass ich folgendes vorfinde: eine abgeschlossene und abschließbare Wohnung mit so etwas wie einem Wohnbereich und einer Küchenzeile, mindestens einem Schlafzimmer, einem (Dusch-)Bad, einem WC und eventuell noch einem kleinen Flur.
>
> Wenn ich dort ankomme, werde ich in der Regel genau das antreffen: so etwas wie einen Wohnraum (wie auch immer geartet und eingerichtet), eine Küchenzeile (wie auch immer gestaltet und bestückt), mindestens ein Schlafzimmer, ein WC, ein (Dusch-)Bad und eventuell noch einen kleinen Flur.
>
> Wenn all dies nicht völlig verdreckt oder allzu schrill eingerichtet ist, dann werde ich zufrieden sein, weil ich – abstrakt gesehen – alles vorgefunden habe, was ich erwartet hatte.

Wenn einer Person die Fähigkeit zur Abstraktion fehlt, dann wird eine solche Fahrt ins Unbekannte schon im Vorhinein zum Abenteuer – oder auch eine Unmöglichkeit. Denn sie kann sich sehr wohl eine Ferienwohnung vorstellen, die sie schon kennt – dafür muss sie »nur« die in ihrem Gedächtnis genau gespeicherten Details abrufen und zu einem Ganzen zusammensetzen (was anstrengend genug sein kann!). Sie kann sich auch eine ungefähre Vorstellung von einer fremden Ferienwohnung machen, wenn sie ausreichend Bildmaterial und Detailinformationen darüber vorgefunden hat. Aber einfach nur aus dem Begriff »Ferienwohnung« eine ausreichend tragfähige Idee, das heißt ein Bild davon zu entwickeln, was sie dort erwartet, das kann sie nicht. Wenn sie sich jedoch keinerlei Bild von der neuen, unbekannten Situation machen kann, dann fährt sie buchstäblich ins Nichts.

Ich persönlich glaube, dass es für uns Menschen nichts Bedrohlicheres gibt als »das Nichts«. Dank unserer Vorstellungsgabe, mit der die meisten von uns Bilder auch von neuen, unbekannten Situationen kreieren können, sind wir in der Lage, ein solches Nichts auszufüllen. So können sich zumindest neurotypische Menschen jederzeit selbst helfen.

Die Irritation durch Abweichungen der vorgefundenen Wirklichkeit von der zuvor gemachten – konkreten – Vorstellung

Natürlich stellt sich die Frage, was die Bildung eigener, abstrakter Vorstellungen so sehr erschwert und warum davor eher zurückgeschreckt wird.

Eine Antwort scheint mir wiederum in der ausgeprägten Detailwahrnehmung zu liegen und in der dadurch bedingten Irritierbarkeit durch auch kleinere Veränderungen oder Abweichungen vom vorgestellten Bild. Wir erinnern uns: Wenn schon in bereits bekannten Situationen immer wieder die Erfahrung gemacht wird, dass sich Dinge verändern und damit das große Ganze nur schwer wiederzuerkennen ist – und wenn dies eine so tiefe Verunsicherung auslöst – macht es kaum Sinn, sich eine Situation vorzustellen, von der man von vorneherein weiß, dass sie vollkommen anders sein wird als in der Vorstellung. Sicherheit bieten hier nur konkrete, verlässliche und unveränderliche Fakten als Vorinformation, die ausreichend genau und dann auch zutreffend sind.

Das entscheidende Problem bei der Bildung von Vorstellungen wäre demnach vor allem die zu erwartende Abweichung zuvor »gemachter Bilder« von der vorgefundenen Wirklichkeit. Und je detailgenauer die Bilder sind, desto schwerer wird es offenbar, diese wieder loszuwerden und sich auf die vorhandenen Gegebenheiten umzustellen.

Neurotypische Menschen, die sich anhand eines Begriffs und einiger Vorerfahrungen eine ungefähre Vorstellung von einer Situation machen können, werden nicht so leicht zu irritieren sein, wenn die vorgefundene Wirklichkeit nicht exakt den zuvor kreierten Vorstellungen entspricht. Ihnen hilft es, dass sie sich in der Regel weniger auf Details als auf ein ungefähres »großes Ganzes« beziehen. Eine Ferienwohnung ist für sie eine Ferienwohnung, wenn sie nur einem sehr groben Muster entspricht.

Abstraktion macht die Wahrnehmung zwar in vielem ungenauer, aber sie erleichtert dafür das flexible Einstellen auf neue Situationen. Denn es kommt dabei »nicht so drauf an«. Details sind unwichtig. Das grobe Schema zählt.

Bewältigungsstrategien für Detailwahrnehmung und Probleme bei Abstraktion und Gestaltbildung

- **Ausgleich des Mankos an Abstraktionsvermögen durch Gedächtnisleistung**
  Ausgeglichen wird ein Manko an Abstraktion und damit auch an Vereinfachung oft durch eine bewundernswerte Speicherkapazität für Einzelobjekte und ihre Details, für Situationen und Begriffe. Auch im Gedächtnis überwiegt demnach meist das Detail bzw. eine Fülle von Details und Einzelaspekten anstatt eines »großen Ganzen« oder eines zusammenfassenden Begriffs.
- **Sammeln von konkreten Fakten und Wissen zur Erlangung von Sicherheit**
  Wissen anzusammeln über konkrete, verlässliche Fakten gibt vielen Menschen mit Autismus ein Gefühl der Sicherheit. Einige suchen sich hierfür bestimmte

Themengebiete und bilden dazu Spezialinteressen aus (siehe unten), andere konzentrieren sich auf den konkret erlebten Alltag und können – auch noch Jahre später – jede einzelne erlebte Situation in ihrem Leben minutiös beschreiben.

- **Selektion und Nutzung bekannter Muster als »Roter Faden im Chaos«**
Eine Bewältigungsstrategie, die sich häufig herausbildet, ist die Selektion bestimmter Muster, die schnell wiedererkannt werden können und so zum »Roten Faden« im Chaos oder auch zum »Rahmen des Puzzles« werden.
Angesichts der ausgeprägten Detailwahrnehmung ist zugleich nachvollziehbar, warum bei vielen Menschen mit Autismus ein starkes Interesse an Details und eine Faszination für Teile oder Teilaspekte von Objekten, Situationen und Themen auffällt. Die einzelnen Details oder die Zusammenhänge zwischen diesen sind dann interessanter als das Ganze.

Ich erinnere mich an Kinder, die beim Betreten eines jeden neuen, fremden Raumes als erstes den Heizkörper aufsuchten, ihn eingehend untersuchten und erst dann ihre Aufmerksamkeit allmählich anderen Objekten (einschließlich der anwesenden Menschen) zuwandten. Sie hatten die Erfahrung gemacht, dass in fast jedem Raum, den sie betraten, irgendeine Form von Heizkörper zu finden war. Dieses verlässliche Objekt ausfindig zu machen, war für sie offenbar die Basis dafür, sich dann auch anderen »Variablen« zuzuwenden – Objekten, Spielsachen oder auch Menschen.

Andere Kinder sind fokussiert auf jegliche Art von Lampe oder Leuchte sowohl drinnen als auch draußen – auch dies Objekte, die in Variationen, aber doch verlässlich, in den meisten ihnen bekannten Situationen zu finden sind. Hierin finden sie gewissermaßen Anker- bzw. Orientierungspunkte, an die andere Eindrücke angeknüpft werden können. So lassen sich auch neue Eindrücke leichter strukturieren und speichern.

Auch Erwachsene berichten mir, wie sie die drohende Reizüberflutung in verschiedenen Situationen dadurch bewältigen, dass sie auf Teilaspekte fokussieren, sei es ein Muster am Boden oder in der Kleidung eines Anwesenden, seien es die Nummernschilder von Autos am Straßenrand, an denen sie sich mit ihrer Aufmerksamkeit »entlanghangeln«, um die sonst überfordernde Fülle von Außenreizen ausblenden zu können.

Letztlich nutzen viele Betroffene diese Strategie der Fokussierung auf Details auch, um ihrem Gegenüber ins Gesicht sehen zu können: »Ich weiß ja, dass ich den anderen anschauen muss. Direkter Augenkontakt ist mir aber unerträglich. So suche ich mir irgendeinen auffälligen Punkt im Gesicht, eine Hautunreinheit, einen Leberfleck oder so etwas und fixiere meinen Blick darauf. So kann ich zumindest den Eindruck vermitteln, ich sähe den anderen an. Das funktioniert recht gut, denn die meisten Leute merken den Unterschied nicht.«

- **Herausbildung von Spezialinteressen**
Ein Ergebnis der Aufmerksamkeitsfokussierung kann letztlich auch die Entwicklung von *Spezialinteressen* sein, die ja so sehr als Autismus-typisch gelten. Hierüber ist in der Fachliteratur bereits viel geschrieben worden (siehe bei-

spielsweise Attwood 2007), so dass ich sie an dieser Stelle nur kurz erwähnen und in einen Zusammenhang stellen möchte.

Spezialinteressen werden vorzugsweise im Hinblick auf Situationen oder Themen entwickelt, mit denen positive Erfahrungen gemacht wurden – sei es, weil sie mit dem Erleben von entspanntem »Einfach-Sein« verknüpft wurden, sei es, weil sich jemand darin bereits als kompetent erlebt hat, oder sei es, weil ein Themenbereich in seiner Konkretheit Logik und Verlässlichkeit und damit Sicherheit bietet.

Spezialinteressen bieten die Möglichkeit, sich ganz in ein Thema zu »versenken«. Dies bietet einen gewissen schützenden Rückzugsraum vor dem Chaos, der nicht selten auch mit einem Trancezustand verbunden ist. Viele Menschen kennen diesen Effekt vom Eintauchen in eine Tätigkeit, in ein Thema und letztlich in ein Erleben, das auch mit dem Begriff »Flow« bezeichnet wird. So handelt es sich um eine an sich allgemeinmenschliche Strategie, um geistig und auch emotional in eine eigene Welt einzutauchen, die Interesse oder Faszination und zugleich auch Sicherheit bietet.

Darüber hinaus lassen sich mit etwas Glück auch andere Menschen mit ähnlichen Interessen finden, mit denen dann eine Schnittmenge hergestellt und geteilt werden kann.

- **Gleicherhaltungsbestreben**

  Eine weitere Bewältigungsstrategie besteht darin, bestimmte Orientierungspunkte möglichst gleich zu erhalten. Dies können zeitliche Fixpunkte im Alltag oder feste Abläufe einschließlich bestimmter Routinen und Rituale sein. Oder es können räumliche Ordnungen sein, beispielsweise bestimmte Anordnungen von Gegenständen, feste Wege oder Ziele. Oder das Bestreben zur Gleicherhaltung bezieht sich auf bestimmte Gegenstände, die stets mitgeführt werden.

  Alle diese Tendenzen zur Gleicherhaltung – oder auch das von außen so wahrgenommene »starre Festhalten an bestimmten (scheinbar) nicht-funktionalen Gewohnheiten oder Ritualen« (DSM-IV Kriterium 3 (b) für die Autistische Störung bzw. B (3) für die Asperger-Störung) – zeigen sich als hochgradig funktionale und im besten Sinne menschliche Verhaltensweisen, sobald sie vor dem entsprechenden Hintergrund betrachtet werden.

Anerkennung der hohen Kompensationsleistung

Wie wir gesehen haben, lassen sich also viele als Autismus-typisch geltende Verhaltensweisen oder Auffälligkeiten als bewusst oder unbewusst entwickelte und automatisierte Strategien zur Bewältigung der besonderen Herausforderungen verstehen, die eine autistische Wahrnehmungsverarbeitung mit sich bringt.

Wer eine autistische Reizverarbeitung hat, leistet zeitlebens in jedem Augenblick ein Vielfaches dessen, was jeder sogenannte »Normale« leisten muss.

Dies sollte anerkannt, gewürdigt und auch bei jeder weiteren Anforderung sowie bei der Bewertung von Leistungen oder Fehlleistungen mitbedacht und »eingerechnet«

werden. Die »Leistungsbilanz« fällt dann deutlich anders aus, als wenn diese besonderen Voraussetzungen nicht berücksichtigt werden.

Da die Tatsache der ständigen Höchstleistung im Vergleich zu »den anderen« selbst den meisten Betroffenen zunächst so nicht bewusst ist (denn sie kennen es ja nicht anders und gehen davon aus, dass alle Menschen genauso funktionieren und damit das gleiche Pensum zu schaffen haben wie sie selbst), neigen sie dazu, sich selbst eher als schwach, als zu langsam und in der Bilanz als überhaupt ungenügend und minderwertig zu beurteilen.

Die Erkenntnis, im Gegenteil ein unerkannter und daher ganz falsch eingeschätzter »Höchstleister« zu sein, ist häufig ein erster wichtiger Schritt zu mehr Selbstbewusstsein und dann auch zu einem verbesserten Selbstwertgefühl. Dies kann durchaus dazu beitragen, dass Betroffene beginnen, mehr auf sich selbst und ihre Bedürfnisse zu achten und in guter, wertschätzender Weise mit sich selbst umzugehen.

10.3 Perfektionismus und digitales Denken, Logik und Eindeutigkeit

Erinnern wir uns an unsere Überlegungen in ▶ Kap. 8 zu Beginn von Teil II: Bei einer hohen Dichte an Nervenzellen und Verknüpfungen im Gehirn ist es sehr schwer, im Chaos eine Struktur, ein Reizmuster wiederzuerkennen – es sei denn, dieses Muster ist exakt gleich wie eines, das bereits »deutlich gebahnt« ist. Dann besteht immerhin eine Chance zum Wiedererkennen, zum Kongruenzeffekt und dem dazugehörigen Gefühl von Glück und Sicherheit.

Aber auch das Anknüpfen von Orientierung spendenden »roten Fäden« und das Halten der Aufmerksamkeit werden leichter, wenn bereits vorhandene Muster bzw. Assoziationsstrukturen angesprochen werden.

Jedoch machen bereits kleinste Abweichungen ein Wiedererkennen und damit den Kongruenzeffekt unmöglich. Da gibt es also keine »Grauzone«, kein »Ungefähr«. Es gibt kaum die Möglichkeit, spontan etwas wiederzuerkennen, etwas ein- oder zuzuordnen, wenn es nur grob und ungefähr ins Schema passt.

> Unterschied ist Unterschied und kann nicht einfach übergangen werden.

So ist die großartige Fähigkeit vieler autistischer Menschen zu erklären, sehr schnell Fehler zu erkennen – eine Fähigkeit, die mittlerweile von vielen Firmen gerade auch in der IT-Branche entdeckt und in Arbeits- und Prüfprozessen immer mehr genutzt wird.

Zugleich wird jedoch auch verständlich, welch große Bedeutung Genauigkeit und Eindeutigkeit für den Betroffenen selbst bekommen. Letztlich führt dies zu einer »digitalen Wahrnehmung« – es gibt nur 0 oder 1: Entweder etwas passt oder es passt nicht. Und so kommt es eben auch oft zu dem, was wir als »digitales Denken« bezeichnen könnten: Darin sind immer nur zwei Möglichkeiten denkbar: Entweder etwas ist eindeutig passend, richtig, klar – und hat damit auch die Chance, als »gut« gewertet und empfunden zu werden – oder es ist eben nicht eindeutig, klar, vollständig und passend – und damit fällt es mit hoher Wahrscheinlichkeit in die Kategorie »schlecht«. Dazwischen gibt es nichts – zumindest, solange sich diese Tendenz zum übergangslosen Denken durchsetzen kann.

Wer allerdings so an die Welt herangeht, der wird unweigerlich einen sehr hohen Anspruch an Eindeutigkeit, Echtheit, Klarheit, Vollständigkeit und auch Logik entwickeln. Alles, was hinter diesem Anspruch zurückbleibt, ist dann zumindest ungenügend – und damit fällt es in die Kategorie »schlecht«.

Die folgenden Beispiele aus meiner Praxis haben mir diese Tendenz zum digitalen Denken sehr deutlich gemacht und mögen hier zur Veranschaulichung dienen:

Halber Fehler im Diktat

Ein Junge mit Asperger-Syndrom, den ich einige Zeit therapeutisch begleiten durfte, besuchte die dritte Klasse einer kleinen, ländlichen Grundschule und kam dort – auch aufgrund der kleinen Lerngruppe und einer sehr engagierten Lehrerin – gut zurecht. Er war ein guter Schüler, lern- und leistungsbereit, bestrebt und gewohnt, nur die besten Zensuren zu erreichen. Eines Tages hatte er in der Schule die Fassung verloren – was sich bei ihm in anhaltendem hochfrequentem Schreien äußerte. Was war geschehen? Es stellte sich heraus, dass er ein Diktat zurückbekommen hatte, in dem die Lehrerin einen halben Fehler gefunden und angestrichen hatte. Obwohl er dennoch eine Eins minus bekommen hatte, brach er darüber in völlige Verzweiflung aus, zerriss die Arbeit und war untröstlich – was für alle Beteiligten ganz und gar unverständlich war. Ein halber Fehler – was ist das schon? Für ihn jedoch war die Sache klar: Er hatte nicht null Fehler erreicht und alles, was davon abwich, fiel in die Kategorie »fehlerhaft« und damit »schlecht«.

Abbruch eines Praktikums

Ein junger Mann begann im Rahmen einer berufsvorbereitenden Maßnahme ein Praktikum bei einer IT-Firma. Die für ihn zuständige Betreuerin hielt engen Kontakt zum Betrieb, um über eventuelle Probleme möglichst sofort im Bilde zu sein und bei Bedarf vermittelnd eingreifen zu können. Der junge Mann war über die Praktikumsstelle sehr froh und bestätigte immer wieder, dass er sich dort wohl fühle und alles in Ordnung sei. Und auch vom Betrieb wurde während der ersten zwei Wochen wiederholt bestätigt, dass alles recht erfreulich verlaufe. Dann, auf einmal, kam die Nachricht, dass der junge Mann im Praktikum nicht aufgetaucht war – ohne Bescheid zu sagen und ohne dass etwas Erkennbares vorgefallen wäre. Als er schließlich darauf angesprochen wurde, bestätigte er, dass er nicht mehr zum Praktikum gehe. Und da sei auch nichts mehr zu machen. Alle Angebote zur Vermittlung, zum Gespräch, zur Verbesserung der Bedingungen halfen nichts. Er würde nie wieder dort hingehen. – Was war geschehen? Zunächst hatte er selbst keine Erklärung dafür – er war doch eigentlich zufrieden gewesen und es gab auch aus seiner Sicht kein wirklich gravierendes, greifbares Problem. Er war verwirrt und verunsichert über seine eigene Kompromisslosigkeit, aber eine Rückkehr auf diese Stelle war für ihn undenkbar. Schließlich konnten wir herausarbeiten, was geschehen war: Er hatte Spannungen und Unstimmigkeiten mit einem Kollegen wahrgenommen – ohne dass irgendein Konflikt manifest geworden wäre. Damit war jedoch die Einordnung der gesamten Situation »von null auf eins« gerutscht: es war nicht mehr »alles okay« – und damit war die Situation automatisch als »geht nicht« eingestuft. Zwischentöne wie »Das meiste ist okay, es gibt nur hier und da etwas, das auch unangenehm/irritierend/beunruhigend ist« existierten für ihn nicht. Eine mögliche Veränderung zum Positiven konnte er sich nicht vorstellen.

Glücklicherweise ist es den meisten Betroffenen im Laufe ihres Lebens durchaus möglich, eine solche Tendenz zu digitalem Denken und Erleben zumindest teilweise zu überwinden und mit negativen Aspekten von Situationen oder Objekten zu leben. Auch eigene Fehler können mit der Zeit besser toleriert werden. Dies gelingt allerdings nicht immer bezogen auf jede Situation und es kann lange Zeit brauchen, bis die Toleranzschwelle entsprechend erhöht und eine gewisse Gelassenheit gegenüber Unzulänglichkeiten und Fehlern aufgebaut werden kann. Je früher allerdings eine solche Tendenz erkannt, ernst genommen und daran gearbeitet wird – beispielsweise im Rahmen einer Autismus-spezifischen Therapie – desto eher besteht die Chance, gravierende, auch psychische Probleme, die sich aus daraus ergeben können, zu überwinden oder ihnen vorzubeugen.

Auswirkungen von digitalem Denken und Perfektionismus im Erleben

Diese Beispiele mögen anschaulich machen, welche psychischen und auch sozialen Folgen sich aus dem digitalen Denken ergeben.

Das Bedürfnis nach Klarheit und Eindeutigkeit bringt ein gewisses »Schwarz-Weiß-Denken« und in vielen Fällen auch einen gnadenlosen Perfektionismus mit sich, dem weder der Betroffene selbst noch irgendein anderer Mensch je gerecht werden kann. Dies wirkt sich in vielen Lebensbereichen auf unterschiedliche Weise aus. Hierzu möchte ich im Folgenden einige Beispiele aufführen:

- **Tendenz zu ständiger Anspannung, Frustration oder Resignation:** Wenn ich einen perfektionistischen Anspruch habe – an mich selbst, an Objekte, an andere Menschen, an Situationen – dann ergibt es sich so gut wie nie, dass ich überhaupt Zufriedenheit oder gar Begeisterung erlebe.
  Und wenn ich selbst keine Erfolgserlebnisse, keine Freude empfinde, dann besteht auch keinerlei Anlass, entsprechende Momente mit anderen zu teilen. – Was von anderen wiederum als auffällig wahrgenommen wird.

- **Lob kann unangenehm sein:** Wenn sich erfahrungsgemäß die eigenen Maßstäbe von denen der anderen unterscheiden, wird es schwer, ein Lob anzunehmen. Zum einen wird es als nichtzutreffend empfunden und lenkt die Aufmerksamkeit in unangenehmer Weise erst recht auf die noch wahrgenommenen Fehler und Schwächen. So wird Lob schnell als »unecht« oder geheuchelt empfunden. Oder es wird davon ausgegangen, dass der andere, der einen lobt, selbst weniger Ahnung hat als man selbst, so dass das Lob als Anmaßung erlebt wird.
- **Perfektionismus als hemmender Faktor:** Detailgenauigkeit und Unterscheidungsfähigkeit führen dazu, dass jeder Fehler sofort ins Auge fällt – seien es Schreibfehler oder Übersetzungsfehler beim Lesen, seien es vermeintliche oder tatsächliche semantische Fehler oder Unzulänglichkeiten in der eigenen Arbeit. In Kombination mit dem Schwarz-Weiß-Aspekt, der jeden Fehler als Katastrophe erscheinen lässt, können so alle Tätigkeiten zu einem extremen Stressfaktor werden – selbst solche, die man eigentlich mag.
- **Kein Mut zur Lücke:** Zudem kann vor einem solchen Hintergrund nur schwer ein »Mut zur Lücke« entwickelt werden. Jedes Buch »muss« vom ersten bis zum letzten Wort gelesen, jedes Thema erschöpfend durchdacht, jeder Gedankengang bis in die letzte Verzweigung nachverfolgt werden.
- **Resignative Hinnahme des oder Hingabe ans Chaos:** Gar nicht selten bewirkt solch ein Perfektionismus auch scheinbar das Gegenteil. Aus der Erfahrung heraus, den eigenen unbedingten Ansprüchen ohnehin nie gerecht werden zu können, kann es zu Resignation, grundlegender Handlungshemmung und letztlich zur Ausbildung einer depressiven Symptomatik kommen.
  Der Betroffene gibt schlicht jede Handlung, ja jede Motivation auf, um die wiederholte Enttäuschung und die auf Dauer unerträgliche Spannung zu vermeiden, die durch die Diskrepanz zwischen Ideal und Wirklichkeit unweigerlich entsteht.
- **Ansprüche an Klarheit, Eindeutigkeit und Logik:** Das Bedürfnis nach Klarheit und Eindeutigkeit bringt einen Anspruch nach einer ebenso glasklaren und kompromisslosen Logik mit sich. Diese ist jedoch mit der »Logik« der neurotypischen Mitmenschen sehr häufig nicht oder zumindest nicht unmittelbar kompatibel. Aus Sicht eines autistischen Menschen werden sich vor allem das Verhalten und die Argumentation der Mitmenschen immer wieder als ausgesprochen unlogisch darstellen. Dies ergibt sich schon allein aus der Tatsache, dass die unbewussten, sozialen Beweggründe, also die soziale »Logik«, für ihn nicht ersichtlich sind. Aber auch das eigene Erleben und Verhalten wird durchaus nicht immer als erklärlich und eindeutig erlebt, was als mindestens so unangenehm, ja bedrohlich, empfunden wird.
- **Empfindlichkeit gegenüber Widersprüchen:** Widersprüche, äußere ebenso wie innere, führen oft zu Verwirrung und Lähmung beim Denken und Handeln und zu erheblicher Anspannung.
- **Unruhe bis hin zu »Ausbrüchen«:** Diese Anspannung kann sich in motorischer Unruhe äußern. Nicht selten ist sie auch der Grund für Ausbrüche von Verzweiflung oder Aggression.
- **Genauigkeit als Potential:** Detailgenauigkeit – in Kombination mit einer ausgeprägten Detailwahrnehmung – birgt jedoch auch ein großes Potential in sich: Diese Eigenschaften bringen eine unvergleichliche Fähigkeit hervor, Muster

zu erfassen und Fehler zu erkennen.

Dies führt dann auch nicht selten zu entsprechenden Vorlieben und Interessen.

- **Perfektionismus als Motivationspotential:** Darüber hinaus sind das Bedürfnis nach Perfektion und die damit verbundene Fähigkeit zur »Versenkung« in eine Aufgabe ein großes Motivationspotential. Es ermöglicht einem autistischen Menschen, über eine lange Zeit hochkonzentriert an einem Thema oder einer Aufgabe zu arbeiten. Die für andere notwendigen und üblichen Pausenzeiten stellen für manchen dann eher eine ärgerliche und unverständliche Unterbrechung dar oder werden, wenn möglich, sogar vermieden. Voraussetzung hierfür sind allerdings Bedingungen, die ein solch hohes Maß an Konzentration erlauben.

10.4 Assoziatives Denken und Kreativität

Die hohe Assoziationsdichte und ihre Auswirkungen aufs Erleben

Angesichts der Vielzahl neuronaler Verknüpfungen wird verstehbar, warum Menschen mit Autismus so sehr dazu neigen, assoziativ zu denken, und wie ihre oft erstaunliche und manchmal überbordende Kreativität zustande kommt. Diese ist Segen und Fluch zugleich, da sie ungeahnte neue Horizonte eröffnen, jedoch durchaus auch quälend werden kann.

Viele Betroffene berichten, dass ihr Geist nie zur Ruhe komme. Nicht wenige fragen schon bei der diagnostischen Untersuchung, ob es nicht irgendein Mittel gebe, »den Kopf auszuschalten«. Sie empfinden das Leben als ausgesprochen anstrengend, selbst oder gerade dann, wenn äußerlich scheinbar Ruhe einkehrt.

Aufgrund der dichten neuronalen Vernetzung kann es – zusätzlich zum »äußeren Overload« – schnell zum »inneren Overload« kommen, dann nämlich, wenn zu viele Assoziationen gleichzeitig aufgerufen werden. Schon ein Wort, ein Bild, eine Situation kann genügen, um eine ganze Kettenreaktion von Assoziationen auszulösen. Eigentlich besteht, wie oben erwähnt, der Drang, jedes einzelne Thema bis in die letzte »Verästelung« erschöpfend zu explorieren und zu Ende zu denken. Dies bedürfte jedoch der Zeit und der Ruhe. Es sollte also besser keinen weiteren Input geben, ehe nicht dieses eine Thema vollkommen abgeschlossen ist. Faktisch ist aber genau das nicht möglich. Und zudem kommen in aller Regel immer neue Impulse hinzu, die weitere Assoziationsketten auslösen. Dies erschwert die Fokussierung auf nur ein Thema und macht ein »Abschließen« des »ersten« Themas unmöglich, sofern es sich nicht um sehr einfach Fragen oder Sachverhalte handelt.

Ein anschauliches Bild für dieses Problem der endlosen Vernetzung und Überlastung ist Wikipedia. Wer je einen Wikipedia-Beitrag gelesen hat, der weiß, dass in jedem Artikel einzelne Stichworte hervorgehoben sind, die unmittelbare »Links«

(also Assoziationen) zu verwandten oder verknüpften Themenbereichen vorschlagen und wiederum entsprechenden Wikipedia-Artikeln darüber ...

Viele meiner Klienten verwenden Wikipedia, um ihren Spezialinteressen nachzugehen, aber auch generell, um einzelne Themen oder Begriffe zu recherchieren – denn Wissen im Sinne von Information ist für sie ein sehr hohes Gut. Manche berichten mir, dass dieses Sammeln von Information eine sehr einnehmende Aktivität ist, da sie jedes Mal kaum ein Ende finden. Dies mag das folgende Beispiel veranschaulichen.

> Ein Klient erzählte mir, dass sein Bedürfnis nach immer mehr Informationen zu seinem Spezialinteresse und die daraus resultierende, ausfernde Recherche im Internet für ihn zu einem nicht unerheblichen Problem bei der Alltagsgestaltung geworden sei. Da er berufstätig sei, komme er immer erst abends dazu, ins Internet zu gehen. Dabei finde er jeweils immer weiterführende Seiten, die er alle nacheinander öffne und offenhalte, um sie nach und nach zu lesen. »Früher hatte ich den Ehrgeiz, immer erst alle Seiten gelesen zu haben, ehe ich zu Bett gehe. Aber das habe ich nie geschafft. Manchmal hatte ich an einem Abend 35 Tabs offen... Ich bekomme ohnehin schon zu wenig Schlaf und laufe Gefahr, meinen Job zu verlieren, weil meine Leistungsfähigkeit stark nachlässt. Nun bin ich schon so weit, dass ich mir »erlaube«, die Seiten nicht sofort zu lesen, sondern nur zu speichern, um das Lesen irgendwann später nachzuholen. Allerdings sind auf diese Weise nun schon ein paar tausend Seiten zusammengekommen. Und ich ahne, dass ich es niemals schaffen werde, sie alle zu lesen.«

Ein weiteres Vorstellungsbild mag noch besser dabei helfen, die Gefahr des »inneren Overload« zu verstehen. Wie mir Klienten berichten, genügt ja bereits ein einzelnes Wort, Bild oder anderes Reizmuster, um bestimmte Themen »zu öffnen«. Und ist ein Thema erst einmal geöffnet, kann es nicht mehr so einfach »geschlossen« werden. Es besteht der Drang, es erschöpfend zu durchdenken und noch offene Fragen zunächst zu lösen, ehe man sich anderem zuwendet.

Die meisten Menschen werden das Phänomen kennen, dass ein bestimmtes Thema sie über längere Zeit beschäftigt, solange es eben nicht »abgeschlossen« bzw. in irgendeiner Weise gelöst ist. Wir sprechen hier auch von einem geistigen »Suchprozess«, der bewusst oder unbewusst ablaufen kann. Die meisten Menschen sind allerdings in der Lage, ein solches Thema zumindest beiseitezuschieben oder vorübergehend zu schließen, um sich anderen Themen zuzuwenden. Suchprozesse werden unterbrochen oder ins Unbewusste verdrängt.

Für einen Menschen mit Autismus ist das auf diese Weise jedoch offenbar meist nicht möglich. Ein »geöffnetes« Thema nimmt ihn so sehr ein, dass ein weiteres kaum Platz hat. Jedes weitere Thema erfordert dasselbe Maß an Aufmerksamkeit und bringt wiederum eine Fülle von Assoziationen mit sich.

Das Vorstellungsbild hierzu, das mir hilft, diese Situation nachzuvollziehen, ist das des überbordenden Schreibtisches:

Jedes Thema ist wie ein Ordner, der geöffnet und auf den Schreibtisch gepackt wird. Eigentlich müsste ein Ordner erst vollständig bearbeitet und geschlossen werden, ehe ein anderer Ordner geöffnet und bearbeitet werden könnte. Ehe jedoch der erste Ordner abgeschlossen ist, liegt – ausgelöst durch ein Wort, ein Bild, ein Detail – auf einmal ein weiterer Ordner geöffnet darauf und noch einer, und schon wieder ein neuer … Und jeder von ihnen müsste erst gründlich und abschließend bearbeitet werden, ehe ein neuer überhaupt angesehen werden könnte… So wird der »innere Schreibtisch« sehr schnell von geöffneten Ordnern überborden.

Abb. 21: Überbordender Schreibtisch

Die Situation ist extrem unübersichtlich und in ihrem weiteren Verlauf unabsehbar – was an sich schon Stress bedeutet. Darüber hinaus ist sie mit starkem Erwartungsdruck verbunden, der zum Teil aus dem eigenen Anspruch nach Vollständigkeit, zum anderen aus der Anforderung der jeweiligen Situation und den Erwartungen der Mitmenschen entsteht.

Diese werden das Problem mit den vielen sich selbst öffnenden Ordnern zumindest in diesem Ausmaß nicht kennen. Sie haben in aller Regel die Möglichkeit, nicht vollständig bearbeitete Ordner einfach zuzuklappen und beiseitezulegen. Zudem haben sie die Fähigkeit, mit »Mut zur Lücke« selektiv nur einzelne Aspekte aus einem Ordner herauszugreifen und andere unberücksichtigt zu lassen.

Assoziation und Kommunikation

Eine weitere Folge der hohen Assoziationsdichte sind Probleme in der Kommunikation. Auch wenn Menschen mit Asperger-Syndrom gute bis herausragende sprachliche Fähigkeiten entwickeln, bestehen dennoch oft spezifische Probleme im Sprachverständnis. Wir werden dies in dem entsprechenden Kapitel noch genauer beleuchten. Hier sei nur darauf verwiesen, dass ein Kernproblem bei der sprachlichen Kommunikation das hohe Maß an unmittelbarer und vielfältiger Assoziationen ist, die durch einzelne Laute, Worte und Wortkombinationen ausgelöst werden können. Eine Folge davon ist bei vielen Betroffenen das »Wörtlich-Nehmen« von Metaphern und Wortspielen, das durch unmittelbare bildliche Assoziation ohne sinngemäße Abstraktion zustande kommt. So kommt es, dass Redensarten wie »Der hat ein Brett vor dem Kopf« oder »Sie hat Tomaten auf den Augen« eher Verwirrung auslösen, als zu einer Bereicherung der Kommunikation beizutragen.

Umgekehrt kann eine Überfülle an spontanen Assoziationen und Gedankengängen auch die eigene Ausdrucksfähigkeit beeinträchtigen. Immer wieder wird mir beschrieben, dass einfach zu viele Gedanken auf einmal entspringen und andrängen, als dass man sie noch sprachlich vermitteln könnte. Vor diesem Hintergrund ließe sich manche vermeintliche »Langsamkeit beim Denken« und manches Schweigen eher als eine Überfülle als ein Mangel an Gedanken interpretieren.

11 Emotionen – Wahrnehmung, Deutung, Verarbeitung und Ausdruck

Wenden wir uns nun dem Bereich der Emotionen zu. Gerade weil es in diesem Bereich so viele Missverständnisse und Vorurteile in Hinblick auf autistisches Erleben gibt, hat es sich als hilfreich erwiesen, auch innerhalb dieses Bereiches zu differenzieren und genauer zu definieren, was eigentlich jeweils mit Begriffen wie »Emotionen«, »Gefühle« oder auch »Empfindungen« gemeint sein kann.

Hier gibt es eine große Bandbreite im Sprachgebrauch, die schnell zu Verwirrung und Missverständnissen führen kann. Gerade aber der Umgang mit Menschen, deren Wahrnehmung und Verarbeitung von Emotionen sich von denen neurotypischer Menschen unterscheiden, kann unseren Blick und auch unsere Begrifflichkeiten schärfen für die unterschiedlichen Ebenen des psychischen »Empfindens«, des »Fühlens« und auch des Umgangs mit Empfindungen und Gefühlen – mit den eigenen und den bei anderen wahrgenommenen.

Dabei wird gerade bei diesem Thema besonders deutlich werden, wie weit sich der äußere Eindruck und das innere Erleben unterscheiden können – und welch folgenreiche Missverständnisse und Fehleinschätzungen sich daraus ergeben. Und wir werden auch erkennen können, in welcher Weise der »Soziale Autopilot« bei neurotypischen Menschen nicht nur deren Wahrnehmung, sondern auch ihr Fühlen, ihre Bewertungen und schließlich auch ihr Handeln bestimmt.

Zugleich wird der Begriff »autistisch« im Sinne von »gefühlskalt«, »egoistisch« und »extrem selbstbezogen« als grundlegendes Missverständnis entlarvt werden. Eine solche Wortbedeutung wird nach dieser Betrachtung so nicht mehr haltbar sein, auch wenn sie sich fatalerweise nicht nur in der »medialen Umgangssprache«, sondern leider auch im diagnostischen Verständnis von Autismus niedergeschlagen hat.

Erst allmählich beginnt hier ein Wandel der Sichtweise – was bislang vor allem auf Vorstöße selbst Betroffener sowie einiger weniger Schriftsteller und Filmemacher zurückzuführen ist.

Ich hoffe, mit diesem Kapitel zu einem tieferen und differenzierteren Verständnis der Gefühlswelt von Menschen mit Autismus beitragen zu können, das geeignet ist, Fehleinschätzungen und daraus resultierenden tragischen Missverständnissen entgegenzuwirken.

11.1 Das Drei-Ebenen-Modell

Das nun folgende Modell ist – wie auch das Zwei-Welten-Modell – in der Arbeit und im Austausch mit Betroffenen entstanden.

Meinen Klienten und mir hilft es oft, uns drei Ebenen der Wahrnehmung von Emotionen und Stimmungen vor Augen zu führen. Dabei gehen wir »von unten nach oben« vor, also von der Basis hinauf.

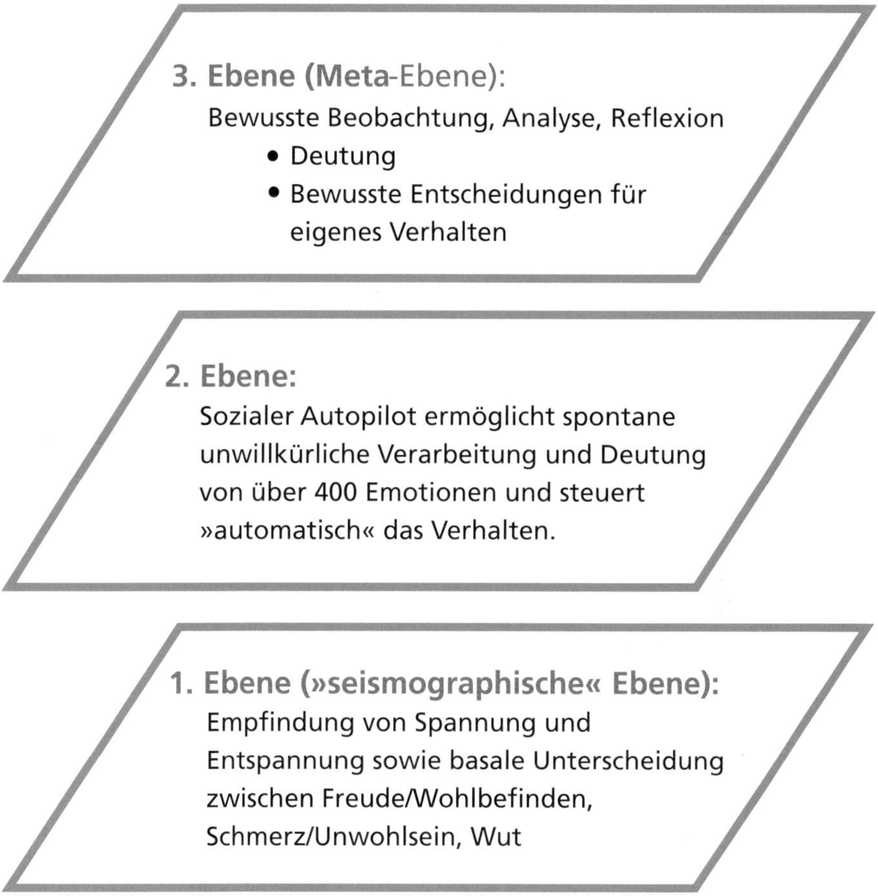

3. Ebene (Meta-Ebene):
Bewusste Beobachtung, Analyse, Reflexion
- Deutung
- Bewusste Entscheidungen für eigenes Verhalten

2. Ebene:
Sozialer Autopilot ermöglicht spontane unwillkürliche Verarbeitung und Deutung von über 400 Emotionen und steuert »automatisch« das Verhalten.

1. Ebene (»seismographische« Ebene):
Empfindung von Spannung und Entspannung sowie basale Unterscheidung zwischen Freude/Wohlbefinden, Schmerz/Unwohlsein, Wut

Abb. 22: Das Drei-Ebenen-Modell

Die verschiedenen »Ebenen« sollten bei der Betrachtung und in der Diskussion nicht verwechselt oder undifferenziert gesehen und bewertet werden. Dies lehrt uns gerade die oft extreme, ja seismographisch feine *Empfindsamkeit* autistischer Persönlichkeiten im Kontrast zu ihrer besonderen Schwierigkeit spontan bei sich selbst und bei anderen *Emotionen* differenziert wahrzunehmen, zu deuten, zu benennen und letztlich damit umzugehen. Wohingegen sie auf der Ebene der bewussten Beobachtung, Analyse und Reflexion meist mit erstaunlicher Klarheit Zusammenhänge erkennen und sehr bemüht sind, sich eben auch *bewusst* angemessen zu verhalten.

Lassen Sie uns im Folgenden die Ebenen und ihre Bedeutung genauer explorieren, um dann Gemeinsamkeiten und Unterschiede zwischen den Erlebenswelten vor diesem Hintergrund zu betrachten.

11.2 Die »seismographische« Ebene: das feine Gespür für Spannung und Entspannung und die unmittelbare Reaktion

Wenn wir ein Neugeborenes betrachten, werden wir uns sicherlich darüber einig sein, dass es noch keine differenzierten Begriffe für unterschiedliche Stimmungen kennt. Gefühle wie Ärger, Trauer, Enttäuschung, Angst, Abscheu oder Hoffnung wird es so noch nicht voneinander unterscheiden.

Es kennt jedoch sehr wohl bereits verschiedene *Zustände*. Es kann ruhig, geborgen, sicher und entspannt sein, oder aber angespannt, gestresst. Ein Säugling spürt Anspannung oder Entspannung, reagiert dementsprechend und drückt diese auf unterschiedliche Weise aus. Diese Reaktion geschieht *unmittelbar* – wie bei einem Seismographen, der die geringste Schwingung von Erdplatten unmittelbar umsetzt und sichtbar macht.

So können wir davon ausgehen, dass die Unterscheidung zwischen Spannung und Entspannung eine grundlegende Unterscheidung ist, die *zunächst* keine weitere Differenzierung, Deutung oder gar Wertung beinhaltet.

Was allerdings bereits unterschieden werden kann – und sich dann auch im Ausdruck entsprechend äußert – sind Zustände von Wohlbefinden/Freude, Unwohlsein/Schmerz und Wut. Interessanterweise sind dies auch die Grundemotionen, die meiner Erfahrung nach jeder Mensch mit Autismus spontan bei sich und bei anderen erkennen kann – sofern sie eindeutig und deutlich ausgedrückt werden.

Die seismographische Empfindsamkeit »autistischer« Menschen

Wer je mit autistischen Kindern zu tun hatte, wird bestätigen, dass sie über eine geradezu seismographische Empfindsamkeit zu verfügen scheinen, was Spannungen in ihrem Umfeld betrifft. Ist die Atmosphäre angespannt – sei es aufgrund von Stress und Konflikten oder sei es auch nur aufgrund eines bevorstehenden Urlaubs oder Familienfestes –, dann wird das Kind darauf unmittelbar mit erhöhter Spannung reagieren. Unruhe, Rückzugsverhalten, Stereotypien, Kontrollbedürfnis: Solche Verhaltensweisen werden zunehmen. So wird an ihrem Verhalten die Spannung des gesamten Systems sichtbar – und das häufig schon lange, bevor tatsächliche Konflikte sichtbar werden oder ehe noch die Vorbereitungen für Urlaub oder Familienfest überhaupt begonnen haben.

Viele Betroffene, die ihr eigenes Erleben beschreiben können, berichten, dass sie durchaus sehr viel, ja sogar zu viel von ihren Mitmenschen mitbekommen. Manche »fangen ungefiltert jede Schwingung auf«, was sie gerade in komplexeren sozialen Situationen schnell an die Grenze zur Überforderung führen kann.

Da sich aufgrund ihrer besonderen Situation die Ebene der Differenzierung von Emotionen nicht oder nicht ausreichend ausbilden konnte, werden die wahrgenommenen Signale und Schwingungen nicht spontan und automatisch verarbeitet. So sind die Betroffenen nicht in der Lage, unmittelbar zu *deuten*, *was* eigentlich gerade los ist, *welche* »Schwingungen« das sein könnten, welche Ursachen und welche Bedeutung sie haben, in welchem Kontext sie stehen mögen, welche von ihnen relevant sind und wie sie gemanagt werden können. So werden viele Schwingungen, und damit viele Spannungen, aufgefangen, können jedoch nicht schnell und automatisch sortiert und verarbeitet werden – was ihre Auswirkungen nur noch verstärkt.

Wir erinnern uns an die Schwierigkeit der Filterung und Sortierung von relevanten bzw. irrelevanten Sinnesreizen sowie an die Neigung zu spontanen Assoziationsketten und die Unfähigkeit, einmal geöffnete »Ordner« wieder zu schließen, ehe ein Thema erschöpfend ergründet ist. Zu all dem kommen nun also noch die empfundenen »Schwingungen« auf der seismographischen Ebene hinzu, die ebenso wenig sortiert und verarbeitet werden können. Sie werden weder als irrelevant »weggeordnet« noch spontan und unwillkürlich – per Autopilot – als Basis für entsprechende eigene Handlungsmuster dienen können.

Dabei werden sie meist als besonders bedeutsam erlebt, so dass es noch schwerer fällt, sie einfach zu ignorieren. Sie regen, wie wir sehen werden, die Verarbeitung auf der »Dritten Ebene« – die der bewussten Beobachtung, Analyse und Reflexion – umso stärker an.

11.3 Automatische Ausdifferenzierung von Stimmungen und Emotionen

Eine genauere Unterscheidung zwischen verschiedenen eigenen emotionalen Reaktionen und Zuständen, aber auch zwischen Zuständen, die bei anderen Menschen wahrgenommen werden, erfolgt auch bei einem neurotypischen Kind erst mit der Zeit, im Laufe der psychischen Entwicklung.

Wir gehen davon aus, dass hierfür das Wechselspiel mit einem Gegenüber notwendig ist. Das Kind braucht dies zum einen als »Spiegel«, der unterschiedliche *eigene* Stimmungen des Kindes unmittelbar aufgreift und seinerseits für das Kind deutlich erkennbar ausdrückt und benennt.

In der alltäglichen spielerischen Interaktion mit den Bezugspersonen kann es so die eigenen Stimmungen reflektiert sehen. Die jeweilige Stimmung wird dabei vom Gegenüber meist mimisch und stimmlich verstärkt und damit verdeutlicht, sie wird benannt und auch in einen Kontext gestellt: »Oh, jetzt bist Du traurig, weil du den Teddy verloren hast!«, »Nun bist du aber enttäuscht, dass es kein Eis gibt«, »Du hast Angst, dass dir die Spritze wehtut…«, »Na, Du bist wohl sehr aufgeregt, weil Du gleich vorsingen musst – aber das ist nur Lampenfieber, das geht vorbei!«

Je nach Situation und Beziehung werden dann oft auch noch Anleitungen zum Management der Situation und der Emotion gegeben oder vorgelebt: »Komm, wir suchen nochmal« oder »Der Teddy kann nicht weg sein und taucht bestimmt wieder auf« oder auch »Weg ist weg, stell dich nicht so an!« oder »Tja, das kommt davon, wenn du auf seine Sachen nicht aufpasst!«

In solche Spiegelungen fließen freilich die Wahrnehmungen und (spontanen wie unbewussten) Interpretationen des Gegenübers ein – und auch implizite Wertungen der jeweiligen Emotion. Es gibt Stimmungen, die als »positiv« gewertet und als erwünscht erlebt werden – und solche, bei denen negative Wertungen mitschwingen und die dann vom Kind schnell als unerwünscht wahrgenommen und erinnert werden: »Nun sei doch nicht gleich schon wieder beleidigt/ungeduldig/ böse…«, und die Anspannung des Gegenübers ist spürbar: »Hör mit dem Gejammer auf, das nervt…«

Jedoch braucht das Kind ein Gegenüber nicht nur als Spiegel und damit als Deutungshelfer eigener Emotionen, sondern auch als ein zu beobachtendes Objekt, das ganz eigene Stimmungen hat und zeigt. Diese werden zunächst vielleicht nur als eine andere Spannung, mit der Zeit jedoch auch als unterschiedliche emotionale Färbungen von Stimmungen wahrgenommen und gedeutet werden können. Das Kind lernt, gerade auch hinsichtlich des emotionalen Ausdrucks, »am Modell«.

> Mama freut sich, wenn sie etwas geschenkt bekommt. Sie ist gestresst, wenn sie etwas nicht findet. Sie ist aufgeregt, wenn sie Besuch erwartet. Sie ist besorgt/enttäuscht/ empört/ärgerlich, wenn der angekündigte Besuch doch nicht kommt (je nachdem, um wen es sich handelt …).

Der Prozess der Ausdifferenzierung von Stimmungen und Emotionen erfolgt also, wie in ▶ Kap. 8 beschrieben, im Wechselspiel mit und in der Beobachtung eines »Du«. Es bedarf eines Gegenübers, ja möglichst sogar einer Vielzahl von »Spiegeln« und »Modellen«, die vielfältige Emotionen zeigen, sowohl in der »Spiegelung« der Emotionen des Kindes als auch jeweils im authentischen Selbstausdruck.

Jedoch bedarf es für die entsprechende Entwicklung von Wahrnehmungs- und Deutungsfähigkeit sowie zur Ausdifferenzierung des eigenen emotionalen Ausdrucksverhaltens auch der Möglichkeit, dieses Gegenüber offen und differenziert wahrzunehmen sowie der Fähigkeit, in der Vielfalt und Fülle von Umgebungsreizen, Ausdrucksweisen und Signalen relevante Muster zu erkennen.

Besonderheiten im Erleben und in der Entwicklung des Menschen mit Autismus

Wenn das Kind jedoch bereits durch eine Überfülle von Reizen überfordert ist und sich vor der weiteren Reizquelle »Mensch« schützen muss, dann hat es nicht die Chance, die Spiegelungen und das Ausdrucksverhalten seiner Mitmenschen von klein auf wahrzunehmen.

Es wird also nicht »automatisch«, unbewusst und gleichsam nebenbei Erfahrungen mit der Differenzierung unterschiedlicher Stimmungen und Emotionen sammeln können, weder der eigenen Emotionen im Spiegel der Anderen, noch der Emotionen der Mitmenschen in der unwillkürlichen Anschauung ihres Ausdrucksverhaltens.

Damit hat es auch nicht die Möglichkeit, diese spontan *deuten* zu lernen – weder bei sich selbst noch bei anderen. Das heißt:

> Selbst, wenn eigentlich liebevolle, emotional differenzierte und ausdrucksstarke Bezugspersonen zur Verfügung stehen, können deren Angebote der Spiegelung und des lebendigen und vielfältigen »Beobachtungsmodells« buchstäblich nicht als solche wahrgenommen und genutzt werden.

Die »Zweite Ebene« der spontanen, unwillkürlichen und differenzierten Wahrnehmung, Deutung und Benennung von Stimmungen und Emotionen – per »Sozialem Autopiloten« – kann auf diese Weise nicht ausgebildet werden.

11.4 Die »Dritte Ebene« der bewussten Beobachtung und Reflexion

Die »Dritte Ebene« steht im Laufe der kognitiven und psychischen Entwicklung jedem Menschen zur Verfügung. Sie stellt die Funktionen der bewussten Beobachtung, des analytischen Denkens und der Reflexion über das Wahrgenommene dar. Wenn jedoch die »Zweite Ebene« der Verarbeitung so nicht entwickelt werden konnte, bleibt nichts anderes übrig, als in jedem einzelnen Fall die Verarbeitung wahrgenommener »Schwingungen« auf dieser Ebene vorzunehmen.

In der bewussten Beobachtung wird erst einmal jedes Detail registriert und für sich genommen. Sodann wird nach Zusammenhängen zwischen einzelnen Details gesucht oder es werden auch nur Hypothesen hierüber erstellt.

Versucht man dies auf die Wahrnehmung und Deutung menschlichen Verhaltens und Ausdrucks anzuwenden, kann das heißen, dass beispielsweise heruntergezogene Mundwinkel, eine sich runzelnde Stirn und eine sich hebende Augenbraue zunächst jeweils nur für sich registriert werden.

Erst dann wird versucht, verschiedenen Details miteinander in Verbindung zu bringen und damit ein Gesamtbild zu erzeugen. Sodann kann man auch Vergleichsbilder heranzuziehen, die bei der Deutung hilfreich sein könnten. Viele Erwachsene mit hochfunktionalem Autismus beschreiben mir ihr Vorgehen in der Begegnung mit anderen Menschen dementsprechend:

Man kann sich diesen Vorgang so vorstellen, dass aus den wahrgenommenen Details zunächst ein Bild hergestellt wird. Dieses wird dann mit allen gespeicherten und abrufbaren Bildern verglichen, die in der Vergangenheit gespeichert wurden. Ist ein vergleichbares Bild dabei, wird es ausgewählt: »Damals hat schon einmal jemand so geschaut. Das war in Situation X. Und da hat das wohl Ärger bedeutet. Der Ausdruck hier könnte also so etwas Ähnliches bedeuten.« Sicher kann man sich jedoch nie sein, ob die Auswahl, der Vergleich und die Deutung richtig sind.

Hat man sich für eine Deutung entschieden, setzt nicht selten noch ein Prozess der Analyse der Situation ein, in der sich die betreffende Person gerade befindet, und der Art, wie sie zu anderen Personen stehen mag, die ebenfalls anwesend sind und jeweils ihr ganz eigenes Ausdrucksverhalten zeigen. Dabei kann es durchaus geschehen, dass man von solchen Analysen so absorbiert wird, dass man zu einer eigenen Reaktion – oder Aktion – gar nicht mehr kommt. Man verharrt als stiller Beobachter – was je nach Situation nicht weiter auffällt oder von anderen als unangemessen und unangenehm empfunden wird.

Meist jedoch folgt auf die Analyse der wahrgenommenen Verhaltensweisen der Mitmenschen und auf die – vorläufige – Deutung ein weiterer Reflexionsprozess darüber, welches eigene Verhalten hier nun passend sein könnte. Dafür werden unterschiedlichste Varianten eigenen Verhaltens erinnert und diese werden innerlich »durchgespielt« – einschließlich der Reaktionen von Mitmenschen in der Vergangenheit, die im Gedächtnis gespeichert sind. Aus einer Bandbreite von Möglichkeiten wird sodann die eine ausgewählt, die für eine Umsetzung in Frage kommt.

Bei der Auswahl spielen allerdings nicht nur Erfahrungen aus früheren Interaktionen eine Rolle. In der Reflexion werden in aller Regel auch sehr hohe Standards hinsichtlich Wahrheit, Ehrlichkeit, Stimmigkeit sowie ethische Ansprüche an Gerechtigkeit und Respekt vor dem anderen wirksam.

Gerade hier kann es freilich zu erheblichen inneren Konflikten kommen. Denn sehr häufig wurde die Erfahrung gemacht, dass eine ehrliche Reaktion von anderen als wertend, taktlos oder gar verletzend wahrgenommen wurde, während eine Unwahrheit freudig aufgenommen bzw. als gutes Benehmen oder auch als »cool« bewertet wurde.

Ist aber schließlich tatsächlich dieser Gesamtprozess durchlaufen – also: bewusste Beobachtung, Analyse, vorläufige Deutung, prüfende Reflexion und Entscheidung für eine Reaktion – muss das gewählte eigene Verhalten noch in die Tat umgesetzt werden, was auch nicht in jedem Falle einfach und geläufig ist. Hier kann es, gerade bei erhöhter Anspannung, zu Handlungshemmungen und anderen Turbulenzen kommen.

Aber selbst, wenn es zur zügigen Umsetzung des wohlüberlegten und gewählten Verhaltens kommt, bedeutet dies nicht, dass damit auch die Interaktion sicher und reibungslos verlaufen wird.

Folgen bewusster Beobachtung, Reflexion und Verhaltensweisen

Bei eingehender Betrachtung des beschriebenen Prozesses auf der Dritten Ebene wird sicherlich deutlich, wie stark sich dieser von einer Verarbeitung und Steuerung durch einen Sozialen Autopiloten unterscheidet.

Der bewusste Prozess erfordert zum einen ein Höchstmaß an Konzentration und damit auch an Energie. Zum zweiten benötigt er in jedem Fall, das heißt auch bei viel Übung und Erfahrung, deutlich mehr Zeit als die Verarbeitung des Autopiloten, der innerhalb von Sekundenbruchteilen Augenblick für Augenblick das Verhalten der Mitmenschen »abscannt«, sortiert, deutet und dann aufgrund der von klein auf gespeicherten Erfahrungen ein passendes Verhalten initiiert.

Wird also, nach sorgfältiger Prüfung, ein gewähltes Verhalten schließlich umgesetzt, ist es in der Interaktion mit einem neurotypischen Menschen meist schon zu spät. Dieser ist entweder schon weg, weil er gar nicht mehr mit einer Reaktion gerechnet hatte. Oder er ist brüskiert, enttäuscht, verletzt oder misstrauisch, ob die Reaktion »echt« war (weil sie ja aus seiner Sicht nicht »spontan« kam). Womöglich hält er den Betroffenen gar für dumm, ignorant oder böse.

Alleine diese beiden Faktoren – Konzentration und Zeitaufwand – machen die zwischenmenschliche Interaktion, insbesondere in komplexen sozialen Situationen, für einen Menschen mit hochfunktionalem Autismus zum mentalen Hochleistungssport.

Hinzu kommt jedoch noch ein weiterer Faktor, der in seinen Auswirkungen nicht zu unterschätzen ist: Die Ergebnisse, die durch bewusste Beobachtung und logische Analyse sowie sorgfältige Reflexion und ethische Abwägung erreicht werden, sehen meist anders aus als die des Autopiloten – bzw. als diejenigen, die von den Autopiloten der anderen Menschen *erwartet* werden.

Wir werden später im Kapitel zur Kommunikation noch genauer beleuchten, welche grundsätzlichen Unterschiedlichkeiten diesbezüglich bestehen.

Entscheidend ist hier erst einmal die Erkenntnis: Allein schon aufgrund dieser Unterschiedlichkeiten können erhebliche Irritationen zustande kommen, die wiederum enttäuschte, verletzte oder ablehnende Reaktionen der Mitmenschen hervorrufen und zu folgenschweren Missverständnissen und Fehleinschätzungen führen – vor allem gegenüber dem Betroffenen, oftmals jedoch auch umgekehrt.

Auswirkungen der unterschiedlichen Verarbeitung sozio-emotionaler Wahrnehmungen auf das Erleben und Verhalten

Wenn ein Mensch nie unterscheiden kann, welche »Veränderungen in der Atmosphäre« bedeutungsvoll für ihn sind und was mit ihm überhaupt nichts zu tun hat, wird er ungefiltert erst einmal *alles* aufnehmen.

Er steht dann mit einer Fülle von Eindrücken und »Veränderungsdaten« da, die alle gleich bedeutsam sind, nicht automatisch verarbeitet werden und keinen erkennbaren Sinn ergeben.

Dies kann dazu führen, dass er alles, was er an Spannungen wahrnimmt, auf sich bezieht. Oder dass er pauschal alles ausblendet und sich abschottet, um der Überforderung zu entgehen – was jedoch auch Energie kostet und innere und äußere Konflikte mit sich bringt.

In jedem Fall wird nun verständlich, warum für die meisten Betroffenen jegliche komplexere soziale Situation schnell zur Überforderung wird. Die Folgen für das Erleben und auch die individuellen Reaktionen im Verhalten können vor diesem Hintergrund leicht nachvollzogen werden:

- Verunsicherung und Unruhe
- Kontrollbedürfnis (das sich in häufigen Fragen, in einer Dominanz im Gespräch und in starrem Festhalten an bestimmten Abläufen zeigen kann)
- Schweigen und Handlungshemmung
- »Ausblenden« der anderen Menschen und Rückzug in sich selbst und in eigene Gedankenwelten
- Rückzug oder Flucht (nach innen oder aus der Situation heraus)
- Vorsorgliche Vermeidung entsprechender Situationen

Angesichts dieser Auswirkungen und der daraus resultierenden Verhaltensweisen mag nach außen hin der Eindruck entstehen, dass der Betroffene kein Interesse an oder kein Gefühl für seine Mitmenschen hätte, ja, dass keinerlei Bedürfnis nach Kontakt und Austausch mit anderen bestünde. So kam es schließlich zum Begriff »Autismus« – »ganz bei sich sein« oder auch »Selbstbezogenheit«.

Angesichts der beschriebenen Hintergründe wird jedoch deutlich, dass dieser äußere Eindruck trügt. Wir werden dies später, in ▶ Kap. 5, noch genauer betrachten.

11.5 Differenzierung und Deutung *eigener* Emotionen

Wenn wir davon ausgehen, dass wir zur Differenzierung und Deutung auch unserer eigenen Emotionen zunächst vielfältige Erfahrungen mit einem Gegenüber bzw. mit anderen brauchen, wird schnell klar, warum für Menschen mit Autismus sogar die Wahrnehmung und differenzierte Deutung der eigenen Gefühle so schwer oder oft sogar unmöglich ist.

Eine Folge davon ist, dass sie von ihren eigenen Emotionen oft überrascht, ja sogar gleichsam überrollt werden. Häufig schnellt der Spannungspegel ohne Vorwarnung in die Höhe – egal ob es sich um freudige Erregung oder als negativ empfundenen Stress handelt. Das vegetative Nervensystem reagiert dann an sich »ganz normal« mit den üblichen Stresssymptomen, das heißt auch mit körperlichen Veränderungen wie erhöhtem Puls, Schwitzen usw. Diese können jedoch zusätzlich als bedrohlich erlebt werden, da sie für den Betroffenen unvorhersehbar, nicht deutbar und unkontrollierbar sind.

Tony Attwood berichtet von neurobiologischen Untersuchungen, die darauf hindeuten, dass bei Menschen mit Autismus die Regulation von Emotionen anders funktioniert als bei neurotypischen Menschen. Das sogenannte limbische System im Gehirn (vor allem die Amygdala) schlägt wesentlich schneller Alarm als beim durchschnittlichen Menschen. Umgekehrt greift das System auch weniger regulierend und »vorwarnend« in die Abläufe einer Stressreaktion ein. So ist der überwältigende Überraschungseffekt auf die Betroffenen aufgrund ihrer eigenen starken und undifferenzierten Emotionen verständlich.[2]

Viele Betroffene zeigen oder äußern nicht nur großes Bedauern nach einem Kontrollverlust – der nicht selten mit dramatischem Verhalten, Aggression oder Autoaggression einhergeht –, bei dem sie andere erschreckt, beleidigt, verletzt oder Dinge zerstört haben, die ihnen selbst oder anderen wertvoll sind. Sie äußern auch Angst davor, dass ihnen so etwas wieder passieren kann – ohne dass sie es rechtzeitig spüren und dann abwenden könnten. Bereits *eine* entsprechende Episode in der Kindheit kann in diesem Sinne so sehr traumatisieren, dass ein Betroffener sein Leben lang gleichsam in Angst vor sich selbst bzw. den eigenen Emotionen lebt.

Die Folge ist in manchen Fällen der Versuch, sich jegliches Gefühl regelrecht abzugewöhnen, jede Gefühlsregung abzuspalten – mit dramatischen Folgen für die psychische Gesundheit.

11.6 Deutung des emotionalen Ausdrucks bei anderen

Dass mangels vorbewusster und vorsprachlicher Erfahrungen in der Beobachtung eines Gegenübers kein Sozialer Autopilot entwickelt werden kann, wurde bereits im ersten Kapitel eingehend beschrieben. Hier sei nur noch einmal daran erinnert, welche Auswirkungen dies auf die emotionale Entwicklung hat und was dies für die soziale Interaktion und Integration der Betroffenen bedeutet: Zu der grundlegenden Verunsicherung durch das Erleben unkontrollierbarer und unerklärlicher Spannungs- und Stimmungsschwankungen bei sich selbst kommt die Verunsicherung hinsichtlich der Stimmungen, Erwartungen und Intentionen der anderen hinzu. Versetzen wir uns einmal in eine solche Situation hinein:

> Wenn ich zwar Spannung oder Entspannung wahrnehmen, diese jedoch nicht von ihrer Färbung her differenzieren und deuten kann, dann werde ich meine Mitmenschen immer wieder als völlig unberechenbar und unbegreiflich erleben.

---

2 Siehe hierzu auch den folgenden Link: https://wizzkids.wordpress.com/2011/09/05/brain-science-of-aspergers-and-autism-pt-2-anger-and-emotion/

Ich werde zwar Veränderungen und Spannungen wahrnehmen, sie jedoch nicht zuordnen können. Damit fehlt mir die Grundlage für eine passende Reaktion, für ein Verhalten, das als angemessen und sinnvoll erlebt wird – von meinen Mitmenschen oder auch von mir selbst.

Immer wieder werde ich nicht in der Lage sein, die – oft impliziten oder gänzlich unbewussten – Erwartungen meiner Mitmenschen zu erfüllen. Ich werde entweder gar nicht erkennbar auf sie reagieren, mich gar zurückziehen oder mich mit hoher Wahrscheinlichkeit »falsch« verhalten.

Egal, für welche Variante ich mich entscheide – Reglosigkeit, Rückzug oder gleichsam blind agieren – die anderen werden irritiert, verletzt, verärgert, enttäuscht sein. Sie werden mir Taktlosigkeit, Unverschämtheit, Gleichgültigkeit oder sogar Bösartigkeit vorwerfen. Ich beginne zu ahnen, dass ich (wieder einmal) Erwartungen nicht erfüllt habe, die als selbstverständlich vorausgesetzt werden, dass ich Zeichen nicht gesehen, Informationen nicht erhalten habe, von denen jedoch alle überzeugt sind, dass ich sie bekommen und verstanden haben müsste.

So werden mir nicht nur meine Verhaltensweisen falsch ausgelegt oder vorgeworfen. Es kann mir auch jederzeit passieren, dass ich angegriffen werde, weil ich nicht in einer – als adäquat erachteten – Weise gehandelt habe, von der ich jedoch nichts weiß und deren Sinn und Notwendigkeit mir auch im Nachhinein niemand zu erklären bereit ist. Ja, wenn ich frage oder um Erklärung bitte, werde ich unter Umständen mit weiteren, vielleicht sogar schlimmeren Unterstellungen und Vorwürfen rechnen müssen.

Manchmal geschehen solche plötzlichen, unvorhersehbaren Angriffe auf meine Person scheinbar aus dem Nichts heraus. Eben war noch alles okay, ich fühlte mich neutral oder gar positiv – und plötzlich werde ich angebrüllt, beschimpft oder angegriffen, ohne zu wissen warum und ohne eventuelle Warnsignale vorweg wahrgenommen zu haben.

Diese Erfahrungen sind durchaus nicht fiktiv oder überspitzt dargestellt, sondern werden als fortlaufende Grunderfahrungen von denjenigen Betroffenen berichtet, die in der Lage sind, sich dementsprechend auszudrücken.

Was also sind die – von außen wahrnehmbaren – Folgen einer mangelnden emotionalen *Deutungsfähigkeit*? Je nach Temperament und sozialem Erfahrungshintergrund sind verschiedene Folgeerscheinungen möglich und im Verhalten Betroffener beobachtbar:

- Soziale Ängste, Scheu und Zurückhaltung
- Vermeidung fremder und/oder komplexer sozialer Situationen (Familienfeste, Disco, Gruppenangebote…)
- Entwicklung einer herausragenden Beobachtungsgabe, um alle potentiellen Signale und Veränderungen im Verhalten der anderen wahrzunehmen und diese – zumindest nach eigenem Ermessen und nach der eigenen Logik – bewusst zu deuten
- Extreme Anpassung an bekannte, explizite Regeln und Gesetzmäßigkeiten

- Ständige Vorausplanung und Vorausberechnung, wie eine bevorstehende (soziale) Situation verlaufen könnte, was wohl in verschiedenen Varianten dieser Situation vom Betroffenen erwartet werden könnte, welche eigene Reaktion vielleicht als angemessen gewertet würde oder zumindest weitere Anforderungen abwenden könnte... Entsprechende »vorbereitende« Gedanken münden fast immer ins Endlose, in Grübelei und noch stärkere Verunsicherung
- Die »Flucht nach vorne«-Strategie: der oft sogar erfolgreiche Versuch, unberechenbaren Verhaltensweisen, Erwartungen und Angriffen vorzubeugen durch ausgeprägte Dominanz in der Interaktion oder durch Ausübung von Kontrolle, zum Beispiel durch ständiges Reden (»Solange ich rede, sind die anderen meist still, da kann dann nichts Unvorhergesehenes, Unvorbereitetes angesprochen werden«)
- Resignation und sozialer Rückzug bis hin zur Isolation

11.7 Empathie und »Theory of Mind (ToM)«

Zum Thema *Empathie* speziell bei autistischen Menschen ist inzwischen viel geforscht und geschrieben worden (siehe vor allem die Arbeiten von Uta Frith, z. B. Leslie & Frith 1985 sowie Baron-Cohen). Daher möchte ich mich an dieser Stelle darauf beschränken, die Eindrücke und Erfahrungen wiederzugeben, die ich im Verlaufe meiner Arbeit gesammelt habe.

Zunächst einmal ist es wichtig zu unterscheiden zwischen der spontanen Empathie, also einem spontanen Erfassen von Stimmungen sowie dem unmittelbaren »Mitschwingen« einerseits und einer Fähigkeit zum Mit-Gefühl andererseits.

In der Ausdrucksphilosophie des frühen 20. Jahrhunderts (zum Beispiel bei Karl Bühler, Ernst Cassirer, Wolfgang Köhler, Ludwig Klages und Max Scheler) wurde die spontane, intuitive und unmittelbare Erfassung von Stimmungen anderer als »Resonanzverfahren« bezeichnet. Heute gehen wir davon aus, dass dabei die sogenannten Spiegelneuronen eine Rolle spielen, die uns Bewegungen und Körperhaltungen anderer gleichsam unbewusst im Geiste mitvollziehen lassen, ohne dass wir sie selbst tatsächlich motorisch ausführen (vgl. Bauer 2005, Keysers 2013, Rizzolatti 2008). Da bereits solche geistig bzw. rein neuronal vollzogenen Bewegungen und Haltungen ebenso mit emotionalen Erfahrungen verknüpft sind, wie dies tatsächliche Bewegungen sind, werden – so die These – entsprechende Emotionen mit »aufgerufen«.

Diese Verknüpfung zwischen »inneren Bewegungsmustern« und Emotionen ermöglicht uns, innerhalb von Bruchteilen von Sekunden Stimmungen, Intentionen und mögliche Bedürfnisse anderer unbewusst zu erfassen. Wir bilden – spontan, automatisch und unbewusst – eine »Theory of Mind«, das heißt eine Vorstellung davon, was im Geist und Gemüt des anderen vor sich geht.

Diese Funktion ist offenbar (das heißt laut der entsprechenden Theorien, jedoch auch laut ihrer eigenen Beschreibungen) bei Menschen mit Autismus nur eingeschränkt oder gar nicht entwickelt. So mögen sie wohl Unterschiede im Verhalten wahrnehmen bzw. diese beobachten – in vielen Fällen aufgrund der ausgeprägten Detailwahrnehmung sogar mehr als neurotypische Menschen. Wenn dies jedoch geschieht, dann geschieht es eben über *bewusste Aufmerksamkeit*. Dabei werden die *beobachteten Bewegungen und Haltungen nicht spontan mitvollzogen* und es kommt *keine unmittelbare und automatische Verknüpfung mit selbsterfahrenen Emotionen zustande*.

Im Unterschied zum oben erwähnten »Resonanzverfahren«, so könnte man sagen, verwenden autistische Menschen in der sozialen Interaktion und Orientierung das sogenannte »Indizienverfahren«: Sie achten *bewusst* auf ganz bestimmte Merkmale im Verhalten, wie etwa die Stellung von Mundwinkeln und Stirnfalten oder das Bewegungstempo, gleichsam als *Indizien* für eine bestimmte Stimmung. Hinsichtlich solcher Merkmale werden Veränderungen registriert und, wie oben beschrieben, die Beobachtungen mit gespeicherten Bildern und Erfahrungen verglichen. Aus den vielen gespeicherten »Erinnerungsdaten« werden dann möglichst ähnliche Situationen und Eindrücke ausgewählt und den aktuellen zugeordnet.

Erst dann werden gespeicherte Erfahrungen mit *eigenen* Verhaltensweisen in ähnlichen Situationen aufgerufen und aus bereits erprobten Verhaltensvarianten wiederum möglicherweise passende ausgewählt.

Diese mehrschrittige, bewusste Vorgehensweise – bewusst beobachten, Beobachtungen mit gespeicherten Erfahrungen abgleichen, passende Reaktion auswählen und umsetzen – ist es, welche die sozialen Interaktionen für die Betroffenen so anstrengend macht – und die in ihrer Außenwirkung das herrschende Vorurteil nährt, Autisten seien ohne jedes Gefühl, insbesondere für andere.

Keine spontane Empathie – kein Mitgefühl?

Wir konnten also feststellen, dass die *spontane* Empathie tatsächlich beeinträchtigt ist. Heißt das aber, dass Menschen mit autistischer Wahrnehmung und Struktur grundsätzlich und generell unfähig sind zum Mitgefühl? Dass sie – wie ihnen oft unterstellt oder vorgeworfen wird – gefühlskalt und anderen gegenüber völlig gleichgültig wären?

Nach all meiner Erfahrung ist diese Einschätzung ein tragischer Irrtum. Tragisch deshalb, weil diese Fehleinschätzung, genährt von unzähligen Missverständnissen in der Interaktion, nicht nur die sozialen Kontakte, sondern auch das eigene Selbstbild der Betroffenen trübt und verzerrt. Ja, immer wieder stellt sich bereits in diagnostischen Erstgesprächen heraus, dass die wahrgenommene Diskrepanz zwischen dem eigenen Erleben und dem Erleben anderer an dieser Stelle als besonders schmerzlich empfunden wird.

Ich möchte dies gerne anhand meiner Erfahrungen insbesondere in der Diagnostik, jedoch auch in der psychotherapeutischen Arbeit veranschaulichen.

Ein diagnostisches Kriterium für Autismus lautet nach dem DSM-IV: »Mangel an sozio-emotionaler Gegenseitigkeit« *(Kriterium A (4))*

Wie jedes andere Kriterium erläutere ich während der Diagnostik auch dieses meinen Klienten möglichst eingehend: Welche Beobachtungen bzw. Außenwirkungen haben zur Formulierung dieses Kriteriums geführt?

Es ist ein *von außen so wahrgenommener Mangel an Verhaltensweisen*, die von *neurotypischen Menschen* in Reaktion auf ihre eigenen Stimmungen, Gefühle, Bedürfnisse selbstverständlich und *unbewusst erwartet* werden.

Sodann lege ich dar, was andere Betroffene im Hinblick auf ihre soziale Wahrnehmung, ihr Mitgefühl mit anderen Menschen und ihre Fähigkeit zur angemessenen Reaktion auf die Stimmungen und Bedürfnisse anderer berichten. Tatsächlich gibt es hier eine große *Bandbreite von Erfahrungen und Selbsteinschätzungen*:

- Es gibt einige Betroffene, die ihrer eigenen Einschätzung nach tatsächlich nicht viel oder gar nichts von den Stimmungen anderer Menschen mitbekommen oder zumindest während ihrer Kindheit und Jugend wenig davon mitbekommen haben. Sie waren so sehr damit beschäftigt, sich vor Reizüberflutung zu schützen bzw. ihre ganz eigenen Strukturen im Chaos zu suchen oder zu schaffen, um darin Sicherheit zu finden, dass sie ihre Mitmenschen offenbar weitgehend ausgeblendet haben. Erst als Jugendlichen oder jungen Erwachsenen wurde ihnen bewusst – aufgrund von Hinweisen von außen oder durch bestimmte Schlüsselerlebnisse –, dass es für sie relevant sein könnte, auf das Verhalten ihrer Mitmenschen zu achten. Meist haben sie dann begonnen, Menschen *bewusst* zu beobachten und zugleich auch auf ihre eigene Ausdrucksweise zu achten und diese nach bestem Wissen und Gewissen anzugleichen.

Wichtige Informationsquellen bzw. Studienobjekte sind für viele Betroffene übrigens Serienhelden. Das Anschauen von Fernsehserien birgt gegenüber sozialen Situationen in der Realität mehrere entscheidende Vorteile:

Zunächst einmal ist es wesentlich weniger anspruchsvoll, nur als Zuschauer sozialen Situationen beizuwohnen, statt selbst mit anwesend und womöglich gar involviert zu sein. Man hat hier die Möglichkeit, ganz in Ruhe und aus der Distanz heraus zu beobachten und sich in der Deutung nonverbaler Verhaltensweisen zu üben. Dabei hängt nichts von der Richtigkeit der Interpretation ab; man kann einfach entspannt abwarten, ob sich Hypothesen in der Interpretation bestätigen oder nicht. Man selbst braucht ja nicht zu agieren oder zu reagieren und kann also auch nichts falsch machen. Der letzte, risikoreichste und damit stressigste Schritt der sozialen Interaktion, nämlich die Auswahl und Umsetzung eines möglicherweise passenden eigenen Verhaltens, entfällt.

Da Schauspieler geschult sind, Emotionen besonders deutlich oder gar ein wenig überspitzt darzustellen, fällt die Erkennung bedeutsamer Signale zudem leichter als im alltäglichen Miteinander, wo viele und gerade subtilere Stimmungen oft nur flüchtig und ansatzweise zum Ausdruck kommen.

Schaut man eine Serie regelmäßig, kennt man zudem mit der Zeit die einzelnen Charaktere mit ihren persönlichen Geschichten, ihren Beweggründen und Zielen. Diese Hintergrundinformationen fehlen in der realen Begegnung insbesondere mit Fremden, so dass bei diesen eine Deutung des Ausdrucks und

> auch eine Hypothesenbildung über darunterliegende Gefühle und Intentionen eine sehr viel größere Herausforderung darstellt.

- Bei vertrauten Personen fällt es vielen Betroffenen leichter, Veränderungen im Verhalten wahrzunehmen und, sofern der Ausdruck eindeutig und klar ist, diese auch richtig zu deuten. So geben viele von ihnen an, in vertrauten Beziehungen gerade Grundemotionen wie Freude, Wut und Traurigkeit bzw. Schmerz wahrnehmen und erkennen zu können.
- Einige sind in der Lage, in solchen Kontexten auch subtilere Veränderungen wahrzunehmen und zu deuten. Sie gehen dann nach dem »Indizienverfahren« vor (siehe oben), vergleichen die erkennbaren Veränderungen in Bewegung, Haltung, Mimik und so weiter mit bereits gespeicherten Beobachtungen und Erfahrungen und kommen schließlich über Übereinstimmungen mit dem Ausdrucksverhalten in bestimmten gespeicherten Situationen zu einer »Zuordnung« und damit zu einer Deutungstheorie. Diese ist vielfach sogar zutreffend.

Dass es dennoch zu Irritationen im Miteinander kommt, hat dann vor allem mit dem besagten »dritten Schritt« zu tun, nämlich mit der Gestaltung einer eigenen Reaktion auf die wahrgenommene Stimmung und das daraus erwachsende Verhalten des anderen.

- Wir hatten bereits festgestellt, dass manche Betroffene aus Unsicherheit oder Angst vor Fehlern zum Schweigen, zur »Nicht-Reaktion« oder gar zum Rückzug neigen.
- Andere wählen den offensiveren Weg, nachzufragen, wenn sie Veränderungen wahrnehmen, die sie nicht deuten können. Dies kann durchaus von den anderen als Interesse gedeutet werden – was dann eine weitere Interaktion ermöglicht und diese für beide Seiten fruchtbar machen kann. Nicht selten jedoch wird eine solche Nachfrage bereits als taktlos empfunden und ruft negative Reaktionen hervor (»Frag doch nicht so blöd!«). Es wird eben erwartet, dass *spontan* erfasst und gedeutet wird, wenn es einem nicht gut geht. Und nicht nur das: Darüber hinaus wird – freilich unbewusst – erwartet, dass ein Mensch, besonders wenn dieser einem nahesteht, sich wie selbstverständlich *in die eigene Stimmung mit einschwingt und dies* in seiner Körperhaltung, Mimik und Bewegungsqualität *erkennbar wird*, wenn nicht gar in *tröstenden Gesten* und der *Aufnahme von Körperkontakt*, beispielsweise einer Umarmung. Bleibt ein solches, erkennbares Mitschwingen und jegliche tröstende Geste aus, wird dies je nach Situation als Desinteresse, Gleichgültigkeit, Ignoranz, Arroganz oder gar als stille Schadenfreude interpretiert – und dem Betroffenen direkt oder unterschwellig vorgeworfen. So wird er wieder einmal die Erfahrung machen, in der Interaktion versagt, ja möglicherweise einen geliebten Menschen zutiefst enttäuscht und verletzt zu haben.
- Je nach Persönlichkeit und Situation wird er sich nun erst recht zurückhalten und es beim nächsten Mal vielleicht vorziehen, die Situation zu verlassen, ehe er wieder etwas »falsch« und damit alles noch schlimmer macht.

- Vielleicht wird er versuchen, den Fehler zu finden, und sich »bessere« Verhaltensweisen fürs nächste Mal zurechtlegen wollen – was wiederum zu unablässigem Grübeln und Gefühlen von Hilflosigkeit und Ausweglosigkeit führen kann. (Nach außen hin wirkt dies dann oft so, als sei der Betreffende »wieder einmal nur mit sich beschäftigt« – eine folgenschwere Fehleinschätzung für alle Beteiligten).
- Es kann jedoch auch sein, dass angesichts der Fehleinschätzung und Vorwürfe der Anderen Stress oder Wut aufkommen, dass der Betroffene sich auflehnt und dieses falsche Bild des gefühlskalten, gleichgültigen »Monsters« nicht auf sich sitzen lassen möchte. Das allerdings kann leider dazu führen kann, dass sich dieses falsche Bild in den Augen seiner Mitmenschen nur noch verfestigt.

Die Schwierigkeit zu »trösten«

Für viele autistische Menschen sind gerade solche Gesten, welche die Aufnahme von Körperkontakt einschließen, äußerst problematisch. Dies ist vor allem dann der Fall, wenn Körperkontakt generell als sensorisch überfordernd oder gar als unerträglich erlebt wird. Manche sagen mir: »Ich weiß wohl, dass in solchen Momenten eine Umarmung erwartet wird. Aber die Hürde ist für mich schlicht zu groß. Ich schaff es einfach nicht, mich dazu zu überwinden.«

Hinzu kommt das eigene Erleben: Für viele Betroffene ist gerade dann Körperkontakt unerträglich, wenn es ihnen schlecht geht. Nicht wenige schütteln sich geradezu bei diesem Gedanken, und eine Frau sagte mir während der gemeinsamen Erörterung dieses Punktes: »Da geht es einem schon schlecht und dann wird man auch noch umarmt – das ist doch grauenvoll. Ich kann mir einfach nicht vorstellen, dass das guttun soll. Und so will ich das doch auch keinem anderen antun.«

Auch dieses Erleben darf allerdings nicht verallgemeinert werden. Es gibt durchaus einige Betroffene, die eine tröstende Umarmung als angenehm und unterstützend empfinden – vorausgesetzt sie erfolgt durch eine Person, von der sie Körperkontakt annehmen können.

Aber selbst, wenn Körperkontakt an sich kein sensorisches Problem darstellt, besteht eine große Unsicherheit dahingehend, in welcher Form und wie lange ein solches Angebot angebracht ist. Gerade wenn in der Vergangenheit bereits negative Erfahrungen gemacht wurden, nämlich Körperkontakt als unangemessen, grenzüberschreitend und unangenehm erlebt oder in seiner Bedeutung missverstanden wurde, ist die Unsicherheit meist kaum zu überwinden. Niemand möchte in diesem Bereich missverstanden und dann womöglich stigmatisiert werden. Dies gilt auch für Menschen auf dem Autismus-Spektrum.

Mit-Leiden und Hilfsbereitschaft

Was äußerlich meist nicht erkennbar wird, sind die tatsächlichen Empfindungen der Betroffenen angesichts von Stress, Leid oder Schmerzen bei Menschen, die ihnen nahestehen. Man sieht ihnen ihr tatsächliches Interesse am anderen nicht an, und so wird auch ihr Wunsch nicht erkennbar, zu einer Besserung, zur Lösung eines Problems, zur Wiederherstellung des Wohlbefindens beizutragen. Aber nur, weil solche

Impulse nicht *erkennbar* bzw. nicht erwartungsgemäß ausgedrückt werden, heißt dies nicht, dass sie nicht vorhanden sind.

Im Gegenteil wird die eigene Unfähigkeit und Hilflosigkeit von vielen Betroffenen als sehr schmerzvoll wahrgenommen, ja führt sogar in tiefe Verzweiflung. Nicht selten habe ich bei der Exploration dieses diagnostischen Kriteriums bei meinen Klienten Tränen fließen sehen.

Werden dann noch Vorwürfe und Unterstellungen geäußert, verschärft sich die Spannung freilich noch, und negative Selbstbilder vom »gefühllosen Klotz« oder »unfähigen Trottel« prägen sich ein – trotz besseren Wissens um die eigenen tiefen Wünsche danach, etwas geben und anderen, insbesondere bedeutsamen, Menschen Gutes tun zu können.

Solche Wünsche und Bestrebungen zeigen sich in solchen Momenten, in denen es um einen offensichtlichen, konkreten Hilfebedarf geht, wenn ein Problem zu lösen ist oder wenn man eine konkrete Last abnehmen oder einen Tee kochen kann.

Eine Mutter dreier Kinder erzählte mir, dass von diesen dreien der Sohn mit Asperger-Syndrom der hilfsbereiteste sei: »Wenn es mir nicht gut geht und ich auf dem Sofa liege, kommt er und fragt mich, ob er etwas für mich tun kann oder mir einen Tee kochen soll. Das macht von den anderen keiner.«

Empathie und Mitgefühl

Wie sieht es aber nun mit der Empathie aus, die ein tatsächliches Mit-Fühlen mit dem Mitmenschen bedeutet? Auch zu dieser Frage berichten mir meine Klienten unterschiedliche Erfahrungen.

Viele haben sich hinsichtlich ihrer Empathiefähigkeit schon selbst intensiv beobachtet und überprüft. »Wenn es dauernd zu Irritationen kommt und einem immer wieder Gefühlskälte oder Taktlosigkeit vorgeworfen wird, die man so eigentlich nicht bestätigen kann, beginnt man schon, sich Gedanken zu machen...« Sie beschreiben dann recht differenziert, was in ihnen vor sich geht, wenn sie Gefühle bei anderen Menschen wahrnehmen.

Da, wie oben bereits dargelegt, die »spontane Empathie« so nicht erfolgt, das unmittelbare »Resonanzverfahren« nicht funktioniert, bleibt den Betroffenen ja keine andere Möglichkeit, als *bewusst* auf erkennbare Veränderungen im Ausdruck ihrer Mitmenschen zu achten, sollen ihnen nicht wesentliche Hinweise und Signale entgehen.

So beobachten sie also bewusst, sind, soweit es ihnen möglich ist, besonders wach und achtsam und versuchen aus ihren Beobachtungen die relevanten Informationen herauszufiltern. Dieses Vorgehen bedarf, wie oben beschrieben, eines hohen Maßes an Aufmerksamkeit und Konzentration. So lässt sich feststellen, dass viele Betroffene ein deutlich höheres Maß an Achtsamkeit aufweisen als ihre neurotypischen Mitmenschen, die sich unwillkürlich auf ihren Autopiloten verlassen.

Auch bedarf dieses Verfahren einiger Übung – einschließlich vieler Durchgänge von Versuch und Irrtum sowie im besten Falle vieler ehrlicher Rückmeldungen –, ehe das bewusste »Lesen« von Mimik und Körpersprache allmählich geläufiger wird. So werden also bewusst Informationen aufgenommen und vor dem Hintergrund bisheriger Erfahrungen ausgewertet. Formulierungen wie »Ich mache mir immer so viele Gedanken darüber, was bei anderen vor sich geht« beschreiben diesen bewussten und hochkonzentrierten Prozess.

Was dabei allerdings, wiederum im Unterschied zum Resonanzverfahren, nicht erfolgt, ist die *unmittelbare Verknüpfung* mit den Emotionen, die bestimmten Haltungen, Bewegungen und mimischen Veränderungen zugrunde liegen. So muss hier also ein weiterer Prozess erfolgen, nämlich der der *»Übersetzung«* oder Überbrückung in eigene emotionale Erfahrungen. Einige Betroffene schildern mir, wie dies – natürlich jeweils in individuellen Variationen – vor sich geht: Um Emotionen anderer mitzuempfinden, erinnern sie sich an Situationen, in denen sie selbst etwa traurig, gestresst, verletzt, wütend oder erschöpft waren. Meistens geschah dies in ganz anderen Kontexten als in denjenigen, die bei einem Mitmenschen beobachtet werden oder von denen dieser berichtet – was den Prozess um einiges schwieriger macht. Gelingt jedoch eine Übersetzung, kann durchaus ein echtes Mit-Gefühl entstehen – aus welchem dann der starke Impuls erwächst, dem anderen etwas Gutes zu tun oder die unangenehme Spannung, unter der er leidet, aufzulösen. Und zwar ganz konkret und pragmatisch, indem Lösungen für sein Problem gesucht oder womöglich sogar die Umstände geändert werden, unter denen er leidet.

Letztlich gelingt es vielen Betroffenen durchaus, mit anderen Menschen mitzufühlen, nämlich dann, wenn diese ihre Situation und ihre daraus erwachsenden Emotionen selbst sehr genau schildern. Auf diese Weise entfällt die Anforderung, Stimmungen und Gefühle lesen und spontan mitschwingen zu müssen. Auch muss dann nicht geraten werden, wo die erkennbare Stimmung herkommt und was sie wohl ausgelöst hat. In so einem Falle braucht der zuhörende Betroffene die Brücke nicht selbst zu bauen, sondern bekommt spontan die Informationen mitgeteilt, die er für das Mitfühlen benötigt. Und dieses Mitgefühl kann durchaus sehr intensiv sein.

Selbst dann jedoch, wenn ein solches Mitfühlen dem autistischen Menschen gerade nicht zugänglich ist – wenn es sich etwa um eine Situation handelt, die ihm unbekannt und für ihn nicht nachvollziehbar ist –, besteht doch grundsätzlich ein zutiefst menschliches Interesse daran, etwas geben, konkret helfen oder überhaupt etwas in diese Welt einbringen zu können. Findet sich hierzu bei allem Bemühen kein Weg, beeinträchtigt das massiv und nachhaltig das Selbstbild – zumal dann, wenn man zugleich von nahestehenden, bedeutsamen Menschen Gleichgültigkeit und Egoismus vorgeworfen bekommt. Dies ist der Grund, warum ich von einem tragischen Irrtum spreche, wenn von einem sogenannten »Mangel an sozio-emotionaler Gegenseitigkeit« (DSM-IV, Kriterium A (4)) die Rede ist.

Übrigens ist hier auch die oben beschriebene »seismographische« Ebene eines basalen Gespürs für Spannung und Entspannung zu berücksichtigen. Einem hochgradig sensiblen Menschen Gefühllosigkeit oder Gleichgültigkeit zu unterstellen, tut ihm auf fatale Weise unrecht. Tatsächlich sind die dadurch entstehenden Wunden häufig eine Mitursache für psychische Beschwerden wie Depressionen und Ängste.

11.8 Hinweise zu emotionalen Aspekten von Spezialinteressen

Ein Phänomen, das in der Begegnung mit autistischen Menschen immer wieder auftaucht, ist ihre intensive emotionale Bindung an bestimmte gegenständliche Objekte bzw. an Themen, die ihren jeweiligen Spezialinteressen entsprechen. Diese kann auf Außenstehende zuweilen irritierend bis befremdlich wirken, sie ist jedoch bei genauerer Betrachtung zutiefst folgerichtig und stimmig.

Spezialinteressen entstehen – so hat es auch Tony Attwood beobachtet und beschrieben (Attwood 2007, S. 219 ff.) – meist in Momenten des Wohlbefindens, sei es in meditativer Entspannung oder in Trance, in denen sich der Betroffene sicher und geborgen fühlt, sei es in Augenblicken der Begeisterung. Es ist also davon auszugehen, dass – in welcher Form auch immer – eine tiefe emotionale Beteiligung mitschwingt und dass sich die jeweilige Erfahrung somit umso »tiefer« einprägt bzw. umso deutlicher auch neuronal bahnt. Denn auch Erkenntnisse der Neurobiologie besagen, dass sich Sinneseindrücke, Informationen und generelle Erfahrungen neuronal besonders deutlich einprägen, wenn sie unter starker emotionaler Beteiligung stattfinden (siehe unter anderem Hüther 2011, S. 92 ff.). Werden Aspekte einer solchen Situation wiedererkannt, werden die damit verknüpften Muster jeweils mitaktiviert – einschließlich der damit verknüpften Gefühle.

Wenn wir nun davon ausgehen, dass es im Leben eines Kindes mit Autismus nicht so häufig vorkommt, dass es Sicherheit, Geborgenheit, Glücksmomente oder Begeisterung erlebt, erklärt sich die sehr hohe Wertigkeit, die entsprechenden Erlebnissen und dann auch den damit verknüpften Objekten oder Themen beigemessen wird.

> Wenn Menschen – selbst Menschen, die ich kenne und bei denen ich davon ausgehe, dass sie mir wohl Gutes wollen – einfach schon durch ihr Dasein und Anderssein für mich so viel Stress bedeuten, wohingegen meine Autosammlung, die Lexika im Bücherschrank, meine Eisenbahn oder die Käfer im Garten mir verlässlich solche Momente des Glücks, der Sicherheit, der Vertrautheit und der wohltuenden und schützenden Trance bereiten, ist es doch sehr nachvollziehbar, wenn ich mich lieber ihnen zuwende. Ja, es muss nicht verwundern, wenn ich sie über alles schätze und ihnen gegenüber sogar freundschaftliche Gefühle der Verbundenheit und Fürsorge entwickle.

So überrascht es mich nicht, wenn A., dem Eisenbahnen von klein auf alles bedeuten, diese als seine Freunde bezeichnet, sie verteidigt, sollte irgendjemand etwas Abfälliges über sie sagen, und sich, als er einmal von einem rüpelhaften Passanten am Bahnhof gegen eine Lok geschubst wurde, sich vor allem darum sorgte, ob sie womöglich »etwas abgekriegt«, also Schaden erlitten hatte.

Es wundert mich nicht, wenn ein Klient berichtet, dass er einmal pro Woche seinen PC in alle Einzelteile zerlegt, um diese sorgfältig zu reinigen, und dann alles wieder sorgsam zusammenzubaut. Und es erscheint mir sehr einleuchtend, wenn ein Schüler es vorzieht, in der Pause in die Bibliothek zu verschwinden, da er sich nach eigenem Bekunden lieber mit Büchern abgibt als mit seinen Mitschülern.

Dass allerdings der Kontakt zu Objekten und die Beschäftigung mit Spezialinteressen zu einem wirklich vollgültigen Ersatz für jeglichen menschlichen Kontakt und für soziale Zugehörigkeit würden und ein Mensch sich ganz und gar darauf und in seine eigene Welt zurückziehen könnte, ohne dass es auf Dauer doch zu erheblichen psychischen Problemen kommen würde, das funktioniert aller Erfahrung nach dennoch nicht. Und ich kann sagen, dass ich dies in all den Jahren, die ich nun mit autistischen Menschen arbeite, noch nicht ein einziges Mal erlebt habe. Bei aller Wertigkeit der Objekte und Spezialthemen und bei allem Rückzugsbedürfnis bleibt doch ein grundlegendes Bedürfnis nach zwischenmenschlichem Kontakt und Zugehörigkeit – in welcher Form und in welcher »Dosierung« auch immer. Wir werden im Folgenden, vor allem jedoch in Teil II, ▶ Kap. 13, sehen, was wohl die Gründe hierfür sein mögen – und wie (ausgewogene) Lösungen aussehen könnten.

12 Ausdruck, Kommunikation und Sprache

Wer viel mit Menschen auf dem Autismus-Spektrum zu tun hat, erkennt sehr bald, dass es sinnvoll ist, zwischen Ausdruck, Kommunikation und Sprache zu differenzieren. So selbstverständlich diese in der sozialen Interaktion zwischen neurotypischen Menschen ineinandergreifen, ja miteinander verschmelzen mögen, so wenig selbstverständlich ist dies für die Betroffenen. Umso wesentlicher erscheint mir die eingehende Betrachtung dieser Aspekte für eine differenzierte Beschreibung von Unterschiedlichkeiten und Gemeinsamkeiten. Dies wird, so hoffe ich, in den nächsten Abschnitten deutlich werden.

12.1 Nonverbaler Selbstausdruck

Ehe wir uns dem großen Thema der Kommunikation insgesamt zuwenden, sollten wir uns an dieser Stelle zunächst klarmachen, welch entscheidende Rolle der *nonverbale* Selbstausdruck in der sozialen Interaktion und auch in der Kommunikation spielt.

Dass wir einen großen Teil dessen, was wir ausdrücken und was wir einander mitteilen, ohne Worte vermitteln, ist zwar seit Langem bekannt und auch wissenschaftlich beforscht, wird uns im Alltag jedoch nur selten wirklich bewusst. Denn der spontane Selbstausdruck geschieht bei neurotypischen Menschen ja unwillkürlich, also »automatisch«. Gesteuert und gestaltet wird er – ebenso wie die Wahrnehmung und Interpretation nonverbaler Signale – durch den »Autopiloten«.

Dennoch ist uns in gewissem Maße die *Tatsache* bewusst, dass der Blick, die Mimik, die Haltung und die Art, in der ein Mensch sich bewegt, von hoher Bedeutung sind. Dies schlägt sich auch in der Sprache nieder: Jemand lässt den Kopf hängen, wirft jemand anderem einen Blick zu, runzelt die Stirn, rümpft die Nase. Seine Augen werden schmal oder er macht große Augen. Eine Person schmunzelt oder strahlt, zuckt mit den Schultern, wendet sich ab... – und in all dem steckt bereits ein ganz bestimmter Ausdruck, eine ganz bestimmte Botschaft, die – zumindest von Mitgliedern derselben Kultur – spontan erfasst und meistens auch richtig gedeutet werden kann. So ist in vielen Momenten gar kein expliziter verbaler Ausdruck notwendig, um sich in vielfältiger Weise mitzuteilen oder untereinander zu verständigen.

Wie sehr Menschen mit einer neurotypischen Wahrnehmung und Entwicklung umgekehrt sogar auf solche nonverbalen Signale ihrer Mitmenschen angewiesen sind, zeigt sich, wenn eben diese Signale aus irgendeinem Grunde wegfallen. Interessanterweise ist dies bereits bei Kleinkindern der Fall.

Zur Erforschung und Beschreibung von Bindungsverhalten wurden hierzu Studien unternommen, welche die Interaktion zwischen Säuglingen oder Kleinkindern und ihren Bezugspersonen untersuchten. Ein eindrucksvolles Beispiel ist hier das »Still Face Experiment« von Dr. Edward Tronick.[3]

Den Forschern ging es darum zu schauen, wie ein Kind reagiert, wenn die Mutter zwar sichtbar und spürbar »da« ist, jedoch von ihrer Seite jeglicher nonverbale Ausdruck in der Interaktion unterbleibt.

Die Mutter befindet sich mit dem Kind auf Augenhöhe. Sie spricht mit ihm, spielt mit ihm, beide sind dabei auch in intensivem nonverbalen Kontakt miteinander und schauen einander ins Gesicht und in die Augen. Das Kind zeigt auf Dinge, um die Mutter darauf aufmerksam zu machen, und tatsächlich dreht sich die Mutter danach um, lässt also ihre Aufmerksamkeit vom Ausdruck und von der Zeigegeste des Kindes lenken, freut sich mit ihm, spricht weiterhin mit ihm und wendet sich ihm wieder zu.

Dann dreht sich die Mutter erneut für einen Moment um und wendet sich dann mit ernstem, reglosem Gesicht wieder dem Kind zu. Sie ist für das Kind nach wie vor voll sichtbar und nah greifbar. Dennoch reagiert das Kind sofort sichtlich irritiert. Es stutzt erst und versucht dann, aktiv durch Lautieren und Wedeln der Hände die Aufmerksamkeit und die Resonanz der Mutter wieder zu »wecken« und zu erlangen. Als diese weiterhin ausdruckslos bleibt, ist dem Kind eine zunehmende Anspannung und Unruhe anzumerken. Es bekommt ganz offenbar Angst. Es stößt hohe, fast schrille Laute aus, um bei der Mutter eine Reaktion hervorzurufen. Als eine solche weiterhin ausbleibt, fängt das Kind schließlich an zu weinen. Erst als die Mutter wieder »auf ›lebendige Interaktion‹ umschaltet«, es anschaut, lächelt und auf seine Gesten reagiert, fällt die Anspannung vom Kind ab. Es ist sichtlich erleichtert, die Mutter – die ja die ganze Zeit direkt vor ihm sichtbar war – nun tatsächlich »wiederzuhaben«.

So spielen also schon im frühen Kindesalter die nonverbalen Signale des Gegenübers, insbesondere solche bedeutsamer Personen, eine sehr wichtige Rolle für die Sicherheit und Orientierung des Kindes.

Jedoch auch im Erwachsenenalter bleibt der Autopilot auf Ausdruckssignale der Mitmenschen angewiesen. Fallen diese weg oder sind nicht zu deuten, gibt er »Alarm«, das heißt, die Person fühlt sich beunruhigt. Ein anschauliches Beispiel ist folgendes »Still Face Experiment« in einem völlig anderen Kontext, nämlich an einer Universität zwischen Studenten und einem Professor. (An dieses Experiment erinnere ich mich noch aus dem Psychologiestudium; die Literaturquelle dafür konnte ich jedoch leider nicht mehr finden).

---

3 Ein Video hierzu ist zu sehen unter: www.youtube.com/watch?v=apzXGEbZht0.

> **Das Professor-Experiment**
>
> Die Studenten eines Universitätsprofessors und erfahrenen Redners werden gebeten, sich bei einer Vorlesung wie gewohnt im Hörsaal einzufinden und niederzulassen. Sobald der Professor hereinkommt, sollten sie ihre Gespräche untereinander beenden, still werden und ihre Aufmerksamkeit nach vorne richten – wie sonst auch. Allerdings sollten sie keinerlei Mimik oder Gestik mehr zeigen, sondern jeglichen Ausdruck unterdrücken und so neutral wie möglich nach vorne schauen.
>
> Gesagt, getan. Die Studenten nehmen ihre Plätze im Hörsaal ein. Der Professor kommt herein, zieht seine Unterlagen heraus und beginnt – souverän wie immer – seine Vorlesung. Allerdings ist es ihm nicht möglich, länger als ein paar wenige Minuten zu dozieren.
>
> Dann stockt er, zutiefst verunsichert, unterbricht seinen Vortrag und fragt: »Ist heute irgendetwas nicht in Ordnung?«
>
> Keiner hatte ihn kritisiert, »böse geschaut« oder auch nur den Kopf geschüttelt. Jedoch allein das Ausbleiben jeglichen Signals – sei es eines der lebendigen Aufmerksamkeit, der Zustimmung oder auch eines der Skepsis oder Ablehnung – wirkt auf ihn offenbar so stark verunsichernd, dass er nicht fortfahren kann.

Aber auch in der verbalen Kommunikation kommt es sehr auf das »Wie« an. Salopp gesagt: »Es kommt nicht so sehr darauf an, *was* gesagt wird, sondern darauf, *wie* es gesagt wird« – mit welcher Stimmlage und Betonung (Prosodie), begleitet durch welche Mimik und Körperhaltung und sogar auch in welchem situativen und sozialen Kontext eine bestimmte Aussage gemacht oder auch eine Frage gestellt wird.

Dies mag vielen Lesern als eine Binsenweisheit erscheinen. Die tatsächliche Bedeutung und Tragweite des »Wie« und der Ausdrucksfunktion überhaupt wird jedoch dann besonders deutlich, wenn sowohl die Fähigkeit zum spontanen nonverbalen Selbstausdruck als auch die Fähigkeiten zur Wahrnehmung und Deutung (also »Decodierung«) nonverbaler Signale grundlegend beeinträchtigt sind.

Besonderheiten im nonverbalen Selbstausdruck – und die Folgen

Meine Klienten mit hochfunktionalem Autismus berichten mir immer wieder von Missverständnissen und grundlegenden Fehleinschätzungen hinsichtlich ihrer Stimmungen und Intentionen seitens ihrer Mitmenschen. Entweder werden diese aus ihnen gar nicht schlau und sagen das dann auch (nicht ohne Vorwurf). Oder sie melden ihren Eindruck, also ihre Interpretation des nonverbalen Ausdrucks des Betroffenen, explizit zurück. Sehr häufig sind dabei Aussagen wie »Du guckst so ernst/traurig« – obwohl es dem Betreffenden gerade gut geht oder er sich stimmungsmäßig neutral fühlt. Oder es wird nachgefragt, was mit dem Betreffenden los sei – und dieser kann sich solche Nachfragen nicht erklären. Denn: Er hat ja nichts Negatives *gesagt*, ja noch nicht einmal gedacht. Er *ist* einfach nur.

Gelegentlich werden auch generelle Rückmeldungen zur Außenwirkung des Betroffenen gegeben, die so gar nicht zu dessen Selbstbild passen. Eine der häufigsten lautet: »Du bist so arrogant/abweisend«. Dies trifft die Betroffenen meist besonders hart, da sie sich zum einen den anderen gegenüber doch eher klein und minderwertig fühlen, und zum anderen, weil die meisten von ihnen nichts so sehr verabscheuen wie Arroganz.

In vielen Fällen jedoch findet ein solches Feedback oder eine solche Nachfrage gar nicht statt, sondern die Mitmenschen gewinnen einen ganz falschen Eindruck von der Stimmungslage und der Haltung des Betroffenen, reagieren spontan darauf und ziehen darüber hinaus noch unbewusst Schlüsse hinsichtlich dessen Einstellung oder gar Wesensart. Sie gewinnen ein bestimmtes Bild von ihm, das sie dann »abspeichern«, ohne es zu hinterfragen.

Ein solcher, falscher Eindruck kann sich fatal auswirken. Eine Frau berichtete mir, dass ihr Chef ihr mit einer Abmahnung gedroht habe, falls sie »weiterhin mit einer solchen Flunsch rumlaufe«. Die Betroffene war erst irritiert – da sie sich keiner Schuld bewusst und eigentlich nur konzentriert und engagiert bei der Arbeit war. Und dann war sie verzweifelt, weil sie nicht wusste, wie sie den Forderungen des Chefs gerecht werden sollte.

Allerdings ist auch das andere Extrem nicht unproblematisch, dann nämlich, wenn das Umfeld einem das eigene Leid nicht ansieht. Es entsteht der Eindruck, dass der Betroffene immer guter Dinge und mit sich und der Welt zufrieden ist – auch wenn dies in keiner Weise zutrifft. Tatsächlich empfundenes Leid dringt mitunter ebenso wenig nach außen wie Freude, Interesse oder Wertschätzung.

Und selbst, wenn es dann *ausgesprochen* wird – sei es gegenüber direkten Bezugspersonen, Kollegen oder Freunden, sei es gegenüber einem Arzt, Therapeuten oder einem anderen Helfer –, machen Betroffene immer wieder die Erfahrung, dass sie darin nicht ernst genommen werden, und können sich diese mangelnde Resonanz nicht erklären. Ihnen ist meist nicht klar, dass für ihr Gegenüber *keine nonverbalen Signale für ihr Leid* erkennbar sind. Werden vom Gegenüber keine entsprechenden Signale »aufgefangen«, bleibt eine adäquate Reaktion auf die verbal geäußerten Inhalte aus – sei es psychisches Leid oder körperliche Beschwerden. Oder es wird mit wenig Überzeugung reagiert. Es kann den Betroffenen sogar eher geschehen, dass ihnen Simulation oder zumindest Übertreibung und damit manipulative Absichten unterstellt werden. Dies ist nicht nur außerordentlich verletzend für einen Menschen, dem es meist ohnehin schon schwerfällt, Hilfe zu suchen und sich überhaupt zu äußern. Ein solcher Eindruck »manipulativer Absichten« kann seitens des neurotypischen Menschen auch zusätzlich aggressive Reaktionen oder einen Kontaktabbruch hervorrufen – eine Dynamik, der sich der Betroffene selbst hilflos ausgeliefert fühlt.

Diese Dynamik ist es, welche die allermeisten Betroffenen von klein auf wiederholt erleben und die zu einer tiefen Unsicherheit im sozialen Kontakt bis hin zu massiven sozialen Ängsten führt. So ist eine der häufigsten Vor- oder Zusatzdiagnosen autistischer Menschen die der »Sozialphobie«. Hier von einer »neurotischen« Angst zu sprechen, wird der Sachlage allerdings nicht gerecht – denn sie ist keinesfalls unbegründet und kann nicht ohne Weiteres durch positive Erfahrungen aufgelöst werden. So ist die Ermutigung »Trau Dich, geh einfach mehr unter

Menschen – Du wirst sehen, es ist alles gut!« hier eher unpassend. Die Zurückhaltung eines Betroffenen beruht in aller Regel auf wiederholten schmerzlichen Erfahrungen und ist insofern durchaus begründet. Auch muss damit gerechnet werden, dass sich Verletzungen und beunruhigende Erfahrungen wiederholen.

Durch gezielte und individuelle Vorbereitung, Unterstützung oder Vermittlung sind jedoch neue, erfreuliche und ermutigende Erfahrungen durchaus möglich und können zu einer allmählichen Überwindung von Unsicherheit und Ängsten beitragen.

Ein Mangel an Wahrnehmungs- und Deutungsfähigkeit für soziale Signale – und die Folgen

Umgekehrt, das ist an anderer Stelle schon deutlich geworden, fällt ohne einen Sozialen Autopiloten die Wahrnehmung und Deutung nonverbaler Signale ausgesprochen schwer oder ist sogar ganz unmöglich. Ja, manche Betroffene sind sich der Existenz dieser Ausdrucks- und Verständigungsebene überhaupt nicht bewusst. Sie reagieren geradezu ungläubig, wenn ihnen erstmals erklärt und an Beispielen geschildert wird, wie neurotypische Menschen miteinander kommunizieren, ohne auch nur ein Wort zu sagen und ohne deutliche Handzeichen oder Gesten zu benutzen.

Angesichts der gravierenden Diskrepanz zwischen der Bedeutung des nonverbalen Ausdrucks für die Kommunikation bei neurotypischen Menschen einerseits und der grundlegenden Einschränkung im spontanen nonverbalen Selbstausdruck und dessen Dekodierung bei Menschen mit Autismus andererseits wird nachvollziehbar, dass die Verständigung zwischen ihnen schwierig sein muss.

Hinzu kommen recht unterschiedliche Vorstellungen davon, was (sinnvolle) Kommunikation überhaupt ausmacht. Diesen Unterschieden im Grundverständnis von Kommunikation werden wir im Folgenden nachgehen.

12.2 Was verstehen wir unter Kommunikation? – Unterschiedliche Sichtweisen hinsichtlich Funktionen, Sinnhaftigkeit und Gestaltung

Ein genauerer Blick auf Grundannahmen zur Kommunikation erscheint mir an dieser Stelle sinnvoll. Die meisten Menschen halten es für selbstverständlich zu kommunizieren. Sie sind gewohnt, dies ganz unbewusst einfach zu tun, ohne sich darüber Gedanken zu machen. Nur, wenn in der Kommunikation etwas schiefläuft – wenn es beispielsweise Anzeichen dafür gibt, dass ein Missverständnis aufgetreten ist –, beginnen sie vielleicht *bewusst* darüber zu reflektieren, wer was gesagt oder ausgedrückt hat, was »eigentlich« gemeint war und was beim jeweils anderen »angekommen« sein mag.

Und damit sind wir bereits bei den wesentlichen Grundzügen der Kommunikation. Es gibt dabei stets einen »Sender«, der eine Botschaft sendet – sei es verbal oder nonverbal –, und einen »Empfänger«, der diese Botschaft auffängt und entschlüsselt.

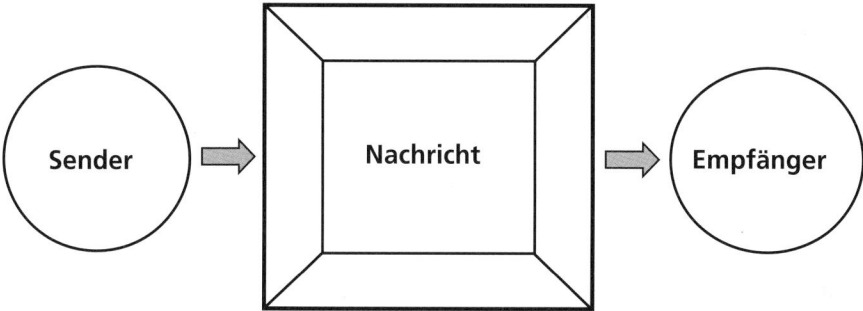

Abb. 23: Grundprinzip der Kommunikation (nach Schulz von Thun)

Das Kommunikationsquadrat nach Friedemann Schulz von Thun

Ich möchte in diesem Kapitel die Ideen und Vorstellungsbilder von Friedemann Schulz von Thun nutzen, um Grundzüge der Kommunikation, aber auch Besonderheiten und Autismus-typische Probleme damit zu beschreiben.

Schulz von Thun hat in seinem Konzept vom Kommunikationsquadrat sehr anschaulich gemacht, wie komplex eine jede Nachricht schon in sich ist. Nach seinem Modell beinhaltet jede Nachricht, oder auch jede Äußerung, vier Botschaften:

Mit jeder Äußerung, die ein Mensch macht, wird er nicht nur einen *Sachinhalt* vermitteln. In jeder Äußerung schwingt auch – ob er will oder nicht – eine Aussage über ihn selbst, seine Sichtweise, sein Erleben mit (*Selbstkundgabe*). Darüber hinaus steckt darin ein Hinweis, wie der Sender den Empfänger und die *Beziehung* zwischen beiden sieht. Und schließlich wird auch mit jeder Äußerung ein *Appell* mittransportiert.

Die verschiedenen »Seiten« einer Äußerung können unterschiedlich gewichtet sein, sowohl bereits auf der Seite des Senders als auch in der Interpretation des Empfängers. Dabei müssen die jeweiligen Schwerpunkte des einen denen des anderen nicht entsprechen. Es kann also sein, dass der Sender durch das, was er äußert, vor allem einen Beziehungshinweis vermitteln möchte, der Empfänger jedoch beim Interpretieren von Nachrichten im Allgemeinen den Schwerpunkt eher auf die Appellseite legt, also in allem, was gesagt wird, einen Appell hört. (Schulz von Thun spricht von vier »Schnäbeln« und »vier Ohren« im Sinne von Schwerpunkten bei der Bedeutungsabsicht des Senders und Deutungsschwerpunkten auf Empfängerseite.)

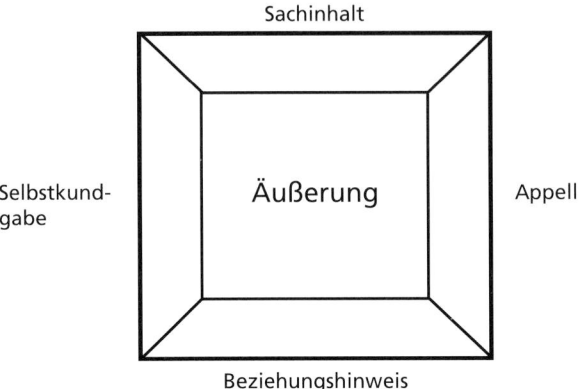

Abb. 24: Das Kommunikationsquadrat (zu finden unter www.schulz-von-thun.de/die-modelle/das-kommunikationsquadrat)

Bei eingehender Betrachtung wird also klar, dass der »Empfänger« durch die Dekodierung und Deutung der Botschaft ebenso viel Verantwortung für das Kommunikationsergebnis trägt wie der »Sender« durch die Formulierung und die Art und Weise, wie er sich ausdrückt. Und wir beginnen zu ahnen, wie viel sowohl bei der Gestaltung seitens des »Senders« als auch bei der Entschlüsselung seitens des »Empfängers« schiefgehen kann.

So dürfen wir davon ausgehen, dass in der ganz »normalen«, alltäglichen Kommunikation eine Menge anders ankommt, als es gemeint war, ja, dass die meisten Botschaften womöglich nur teilweise und ungefähr richtig entschlüsselt werden.

Solange kein auffälliges Fehlverständnis auftritt, genügt dies im Allgemeinen zumindest den meisten neurotypischen Menschen. Zum einen nehmen sie es ohnehin nicht ganz so genau, zum anderen hilft ihnen der Soziale Autopilot dabei, das für sie Entscheidende wahrzunehmen: nämlich ob der Kontakt selbst in Ordnung ist, oder ob es Irritationen gibt, die den Kontakt gefährden. Diese, für sie entscheidenden Aspekte werden dabei vornehmlich durch das *Wie* und weniger über den *Inhalt* einer Aussage oder Frage transportiert.

In dem Moment, da es zur Kommunikation zwischen einem autistischen und einem neurotypischen Menschen kommt, wird es oft problematisch. Es gibt viele Gründe, warum eine Verständigung hier schnell schiefgehen kann oder gar nicht erst zustande kommt. Einer der Gründe dafür ist ein grundlegend anderer Begriff von der *Sinnhaftigkeit* der Kommunikation, der sich am Phänomen des Smalltalks besonders gut beobachten und erläutern lässt.

Sinn-volle und »Sinn-freie« Kommunikation – und Erkenntnisse über den Smalltalk

Ein Mensch auf dem Autismus-Spektrum versteht unter »Kommunikation« die Übermittlung bzw. den Austausch von Informationen:

12 Ausdruck, Kommunikation und Sprache

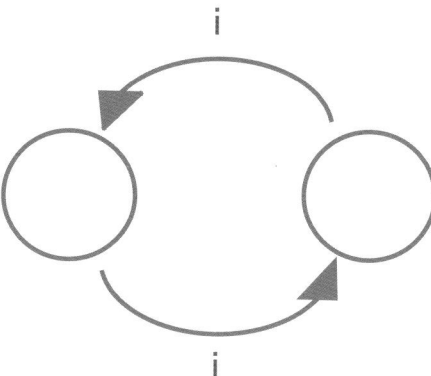

Abb. 25: Sinnvolle Kommunikation aus Sicht von Menschen mit Autismus

Also: Ich erzähle Dir was, was Du noch nicht weißt. Oder ich erhalte von Dir Informationen, die ich noch nicht hatte. Schlimmstenfalls werden wir im Austausch feststellen, dass eine Information für den jeweils anderen nicht neu war. Dann haben wir beide immerhin noch den Informationszuwachs, dass es hier eine Schnittmenge im Wissen gibt. Und das kann auch als positiv erlebt werden. Es wird dann allerdings nicht weiter darüber kommuniziert, denn ein weiterer Austausch über etwas, das beide nachweislich wissen, wäre völlig sinnfrei.

So ist für Menschen auf dem Autismus-Spektrum der eigentliche *Sinn* von Kommunikation also ein Austausch bzw. Zugewinn an Informationen. Und dies insbesondere dann, wenn es sich um jeweils neue (und möglichst auch interessante bzw. relevante) Informationen handelt.

Vor vorneherein *keinen* Sinn macht es aus ihrer Sicht, etwas zu äußern, das offensichtlich oder hinlänglich bekannt ist, oder auch etwas, das in der jeweiligen Situation völlig irrelevant erscheint – eine Einschätzung, über die man sich freilich streiten kann.

Genau dies sind häufig jedoch Themen, welche die Kommunikation von »Neurotypischen« kennzeichnen – ganz besonders zu Beginn eines Kontaktes oder einer Kontaktsituation, das heißt: im Smalltalk.

Sinn und Gestaltung von Smalltalk

Beim Smalltalk geht es in erster Linie eben genau *nicht* um die Vermittlung von relevanten Informationen. Es geht um *Kontaktaufnahme* und *Kontaktgestaltung*. Kurz: Es geht darum, möglichst schnell eine *Schnittmenge* herzustellen.

Die höchste »Trefferquote« bei der Herstellung einer Schnittmenge wird man erreichen, indem man Themen wählt, die eben »offensichtlich« sind. Hier bietet sich beispielsweise das Wetter an. Oder es werden Themen gewählt, von denen man sicher ist, dass deren Inhalte dem anderen längst bekannt sind – an die man also anknüpfen kann. Man erreicht dann beim Gegenüber einen Wiedererkennungseffekt (samt Kongruenzeffekt und Glücksgefühl), erweckt in ihm vielleicht auch das

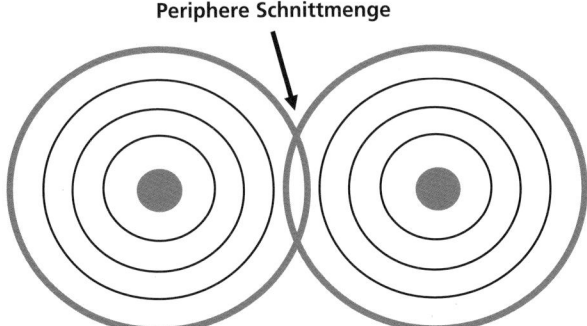

Abb. 26: Peripherer Kontakt

Gefühl, dass man sich an die letzte Begegnung erinnert oder dass man sich vorstellen kann, was ihn interessiert und bereit ist, ihm darin entgegenzukommen.

Allerdings wird sich kaum ein neurotypischer Mensch all dessen bewusst sein oder sich darüber überhaupt Gedanken machen. Der Grund hierfür liegt darin, dass – wir erinnern uns – das gesamte Management von Kontaktaufnahme und Gestaltung in aller Regel ganz unwillkürlich vom *Sozialen Autopiloten* übernommen wird.

Der Autopilot verfügt über einen beträchtlichen Pool an erfahrungsgemäß geeigneten Themen zur Initiierung eines Kontaktes. Zugleich wird er in dem Moment, da Menschen anwesend sind, unmittelbar »anspringen«, den Ausdruck der anderen Person(en) »scannen«, deren Stimmung und Kontaktbereitschaft herauslesen, sich spontan ein »Bild« (also eine Vorstellung oder auch eine »Theory of Mind«) von der Person und ihrem sozialen Hintergrund machen.

Ist – seiner Einschätzung nach – Kontaktknüpfen möglich und in der Situation angemessen oder gar erwartet, wird dann auch sofort (wiederum innerhalb von Bruchteilen von Sekunden)

- ein passendes Thema aus dem Pool gewählt (zum Beispiel: Wetter),
- dieses Thema der Situation angepasst (»Heute ist es aber kalt«) und eventuell mit einer Wertung versehen, die mit hoher Wahrscheinlichkeit vom anderen geteilt wird (»… und ungemütlich!«)
- und – mit dem angemessenen Repertoire an nonverbalem Ausdruck versehen (Andeutung einer unzufriedenen Miene, Schultern hochziehen, Frösteln andeuten, dann wieder lächeln) – in verbale Kommunikation umgesetzt.

Trifft die Person auf eine andere neurotypische Person, so wird deren Autopilot ebenso angesprungen sein und die eben beschriebenen Aufgaben völlig automatisch (das heißt für die Person selbst unbewusst) erledigen. So kann sich spontan ein Kontakt ergeben. Eine Schnittmenge ist geschaffen worden. Und bei dieser – meist recht »peripheren« und damit für die Beteiligten unverfänglichen – Schnittmenge können nun beide Protagonisten beliebig lange verbleiben.

Es kann wohl auch ein »tiefergehendes«, persönlicheres Gespräch daraus erwachsen. Aber dies geschieht in aller Regel erst nach einem langen Vorlauf, in welchem (von den beteiligten Autopiloten) genauestens »gepeilt« und gegenseitig abgestimmt wird, ob, in welchem Tempo und in welche Bereiche der Kontakt sich von der Peripherie her in Richtung des »Kerns« der Persönlichkeiten ausweiten kann.

Wir werden später unter ▶ Kap. 6 noch genauer betrachten, wie sich die Kontaktbedürfnisse und die Gestaltung von Beziehungen von Menschen mit Autismus auch in dieser Hinsicht von denen der meisten neurotypischen Menschen unterscheiden.

Smalltalk aus der Sicht des Menschen mit Autismus

Ein Mensch mit Autismus, der einer solchen Begegnung unter Neurotypischen beiwohnt, nimmt in aller Regel ein paar ganz situationsspezifische Dinge wahr:

1. Da begegnen sich Menschen, die sich vielleicht vorher noch nicht (oder noch kaum) kannten. – Und doch: Innerhalb kürzester Zeit sind sie im Kontakt und im Gespräch miteinander! Dies geschieht mit unbegreiflicher Leichtigkeit und Treffsicherheit.
2. Allerdings sind die Themen, über die sie in Kontakt kommen, und auch die Themen, mittels derer sie dann oft auch länger den Kontakt gestalten, unglaublich trivial, uninteressant oder irrelevant.
3. Wenn man genau beobachtet, stellt man fest, dass die Protagonisten ganz offensichtlich nur bestimmte Aspekte von sich zeigen – oder überhaupt plötzlich wie ganz andere Personen wirken, als die, die man sonst kannte. Was man vielleicht schon über ihr Befinden und ihr Erleben weiß, wird von ihnen zurückgehalten und verborgen. Stattdessen wird eine Fassade aufgebaut oder eine Rolle gespielt, die als »nicht echt«, also nicht authentisch und damit vom Menschen mit Autismus als »nicht ehrlich«, nicht wahrhaftig empfunden wird.
4. Was dabei besonders irritierend sein kann, ist die Beobachtung, dass beide Seiten dieses Spiel mitspielen und sich ganz offenbar dabei auch noch wohlfühlen, obwohl sie sich doch in gewissem Sinne permanent gegenseitig etwas vormachen. – Genau das wird aber aus Sicht eines Menschen mit Autismus eigentlich als etwas sehr Unfreundliches und Negatives bewertet. Die entscheidende Frage, die sich – und auch mir – viele Menschen mit hochfunktionalem Autismus stellen, lautet dann auch immer wieder: »Warum belügen sich die Menschen dauernd? Und warum freuen sie sich auch noch darüber, dass sie so betrogen werden?«

All dies sind Gründe, warum viele Menschen mit Autismus mit Smalltalk nichts anfangen können und auch eine große Abneigung dagegen verspüren, diese Form des Kontaktes zu erlernen. Zugleich ahnen sie – und haben es immer wieder erlebt bzw. beobachtet –, dass es ohne diese Form kaum möglich ist, überhaupt Kontakte zu ihren (neurotypischen) Mitmenschen aufzubauen, diese zu gestalten und aufrecht zu erhalten.

So sind sie nicht selten im Konflikt mit sich selbst: Sie sehnen sich nach Kontakt und Zugehörigkeit und wünschen sich, endlich »normal« zu sein – oder zumindest als gleichwertige Gesprächspartner wahrgenommen zu werden. Und sie sehnen sich danach, dass ihnen der Aufbau und die Gestaltung sozialer Kontakte auch so leichtfallen möge, wie sie es bei den Mitmenschen beobachten.

Andererseits erscheint ihnen das Zugeständnis, das hierzu notwendig wäre, als Selbstaufgabe: »Immer eine Rolle spielen? Nie ich selbst sein? Unnützes Zeug reden, stundenlang? Mich mit dem Unsinn der anderen abfinden? Sinnleere Zeitverschwendung – ist es das, was ich möchte…?«

Wir werden im nächsten Kapitel noch weiter auf diesen Konflikt eingehen. In unserem jetzigen Kontext wird jedoch erkennbar, wie sehr er aus der Unterschiedlichkeit der Welten entspringt und worin diese im Bereich der Kommunikation und des Kommunikations*begriffes* liegen. Wir werden dies nochmals besonders deutlich sehen können, wenn wir uns nun den verschiedenen Seiten des Kommunikationsquadrates im Einzelnen zuwenden.

Allerdings können wir an dieser Stelle als einen Kernpunkt der Unterschiedlichkeit zwischen autistischen und neurotypischen Menschen ihre verschiedenen Ideen von »Kommunikation« festhalten.

12.3 Die vier Aspekte der Kommunikation aus verschiedenen Blickwinkeln

Der Sachinhalt als zentraler und eigentlicher Sinn von Kommunikation?

Nonverbale Signale sind insbesondere für die *Vermittlung* und *Interpretation* von Beziehungs- und Selbstkundgabe-Botschaften einer Nachricht zuständig. Fallen diese Aspekte in der Wahrnehmung und im Ausdruck weg, reduziert sich die Kommunikation weitgehend auf die Übermittlung von Sachinhalten.

Vor dem Hintergrund unserer bisherigen Überlegungen lässt sich bereits erahnen, welch zentrale Rolle dem Sachinhalt einer Botschaft aus Sicht autistischer Menschen zukommt. Sie konzentrieren sich sowohl beim Absenden als auch beim Empfangen und beim Entschlüsseln einer Botschaft in aller Regel auf diesen.

Die anderen Seiten der Nachricht werden nur begrenzt berücksichtigt. Da sie nicht per Autopilot spontan wahrgenommen und gedeutet werden, können entsprechende Hinweise auf Selbstkundgabe, Beziehungshinweise oder versteckte Appelle allenfalls »auf der Dritten Ebene«, also aufgrund bewusster Beobachtung, Analyse und Deutung erschlossen oder zumindest vermutet werden. Selbst bei größtem Bemühen werden sie jedoch kaum mit einer gewissen Sicherheit »gelesen« und entschlüsselt. Wir werden in den folgenden Abschnitten sehen, wie sich dies auf die Kommunikation auswirkt und welche Folgen sich daraus ergeben.

Das »Senden« von Sachinhalten

Gehen wir also davon aus, dass der Sachinhalt in der Kommunikation für einen Menschen mit Autismus die wichtigste, ja manchmal die einzige Rolle spielt. Umso mehr Bedeutung kommt denn auch dem »Wahrheitsgehalt« bzw. der Stimmigkeit und Schlüssigkeit dieses Sachinhaltes zu.

Für das Absenden bedeutet dies, zumindest bei den meisten Betroffenen, dass jede Aussage, ehe sie ausgesprochen wird, erst einmal auf ihren Wahrheitsgehalt überprüft werden muss. Wenn der Betroffene sich nicht sicher ist, dass die geplante Aussage inhaltlich wahr, stimmig und möglichst auch noch vollständig ist, wird er zögern sie auszusprechen.

> Wer sich schon einmal über die so bewerteten »schlechten mündlichen Leistungen« eines offenbar begabten und an sich leistungswilligen autistischen Schülers Gedanken gemacht hat, wird hier eine mögliche Antwort finden: Wenn ich jede Antwort erst umfassend und eingehend auf hundertprozentige Stimmigkeit und Wahrheit überprüfen muss und dabei alle assoziierten Aspekte mitberücksichtigen möchte, werde ich im Schulkontext kaum die Chance haben, rechtzeitig auf eine Frage zu antworten. Es wird der (gründlich falsche) Eindruck der Unwissenheit oder gar der mangelnden geistigen Beteiligung entstehen – mit oft weitreichenden Folgen für die Leistungsbewertung und damit auch den weiteren Bildungs- und Lebensweg!

Eine andere Strategie zur Sicherstellung von Wahrheitsgehalt und Vollständigkeit besteht darin, jede Aussage durch viele andere – inhaltliche, also »sachliche« – Aspekte zu ergänzen, was leicht in einen hochkomplexen, nicht enden wollenden Redeschwall münden kann. Dies kann übrigens insbesondere auch dann geschehen, wenn sich der Betroffene gerade »auf sicherem Terrain« fühlt, da er über ein Thema spricht, mit dem er sich schon eingehend beschäftigt hat (weil es beispielsweise sein Spezialinteresse betrifft).

> Wenn sich ein Schüler seiner Sache ganz sicher ist, dann wird er sie vertreten, auch gegen die jeweilige Meinung der Lehrkräfte. Autorität hat für ihn allenfalls der, der die Wahrheit spricht; niemand hat sie nur aufgrund seiner Rolle. Auch diese Tendenz zu »Rechthaberei« und scheinbar mangelndem Respekt hat schon so manche Schullaufbahn und Karriere sehr ungünstig beeinflusst.

Gerade die Diskrepanz zwischen hoher, ja unerschütterlicher Sicherheit und dem daraus folgenden Redeschwall bei bestimmten »Lieblings«-Themen einerseits und Schweigen oder mangelnder Beteiligung bei (womöglich allen) anderen Themen andererseits lässt von außen betrachtet schnell den Eindruck einer bewussten Selektivität oder Verweigerung entstehen. – Und diese nehmen neurotypische Menschen oft sehr übel, da sie darin wenig schmeichelhafte Beziehungsbotschaften vermuten, wie etwa »Deine Themen sind öde – damit bist Du selbst ein langweiliger Mensch.«, »Ich interessiere mich überhaupt nicht für Dich.« oder »Du bist mir egal.«

Diese Dynamik ist ein Beispiel dafür, wie neurotypische Menschen dazu neigen, aus jeder »Nachricht«, ja selbst noch aus Schweigen, Beziehungs- und Selbstkundgabe-Botschaften sowie Apelle herauszuhören oder solche hineinzuinterpretieren. Ich verweise hier auch auf die berühmte Feststellung des Kommunikationsexperten Paul Watzlawick »*Man kann nicht nicht kommunizieren.*«

Für einen Menschen mit Autismus ist ein solcher Gedanke absurd und die darin vermittelte Idee geradezu bedrohlich. Die Vorstellung (und oft auch schon die Erfahrung), nichts sagen, tun oder lassen zu können, ohne dass daraus Schlüsse über einen selbst oder über die sozialen Beziehungen herausgelesen werden (einschließlich Beurteilung) und darüber hinaus auch noch mögliche Wünsche oder Forderungen hineininterpretiert werden, ist aus seiner Sicht schon sehr befremdlich. Zumal dies offenbar völlig unabhängig davon geschieht, ob irgendetwas davon überhaupt vorhanden ist oder nicht. Und dabei wollte er selbst doch nur eine sachliche Information mitteilen – oder hat sich bewusst jeglicher Aussage enthalten.

Empfangen von Sachinhalten

Umgekehrt besteht beim Empfangen von »Nachrichten« die Tendenz, sich hier ebenfalls auf den Sachinhalt zu konzentrieren. Solange man davon ausgeht, dass andere Menschen ebenso großen Wert auf Wahrheitsgehalt, Stimmigkeit und Vollständigkeit einer Aussage legen – und sich sonst nichts weiter dabei denken –, geschieht es schnell, dass diese wörtlich und für bare Münze genommen wird. Die nonverbale »Verpackung«, welche ja Selbstkundgabe-, Beziehungs- oder Appellbotschaften mittransportiert, wird entweder gar nicht erst wahrgenommen oder kann nicht gedeutet werden. Dabei ist es gerade diese nonverbale Verpackung, die, zusammen mit dem aktuellen Kontext, aber auch mit den »mitgedachten« Kontexten, der Äußerung erst ihre eigentliche Bedeutung gibt. Aus dieser Diskrepanz zwischen den Kommunikationsstilen ergeben sich viele Missverständnisse und gegenseitige Fehleinschätzungen.

Oft stellt es sich dem Betroffenen allerdings auch so dar, dass derjenige, der da spricht, inhaltlich gar nicht so viel Ahnung vom Thema hat oder sich gar keine wirkliche Mühe gibt, sich ehrlich und umfassend dazu zu äußern. Denn seine Aussage bleibt entweder vage; oder sie ist aus Sicht des Empfängers »halb wahr« oder gar falsch.

Und schließlich stellt sich – vor allem beim Smalltalk – die Frage, warum jemand Aussagen über Sachverhalte macht, die hinlänglich bekannt oder offensichtlich sind (wie eben beispielsweise das Wetter). Oder warum er sich zu Themen äußert, die mit der aktuellen Situation überhaupt nichts zu tun und auch keinerlei relevanten Informationswert haben.

Da hingegen für neurotypische Menschen der Sachinhalt in vielen Situationen entweder nebensächlich ist und nur als ein Mittel zum Zwecke der Kontaktaufnahme und Kontaktgestaltung dient, kommt es für sie auf dessen Wahrheitsgehalt, seine Genauigkeit oder seine aktuelle Relevanz gar nicht so sehr an – zumindest in solchen Situationen, in denen die Anbahnung oder Gestaltung von Kontakt im Vordergrund steht.

Leider entsteht damit aber beim autistischen »Empfänger« nicht selten der Eindruck, dass der Absender entweder »dumm« ist oder unüberlegt daherredet – oder dass er sogar womöglich absichtlich die Unwahrheit sagt oder Teile der Wahrheit verschweigt. Umgekehrt kann der Betroffene aber auch den Eindruck gewinnen, dass er selbst womöglich zu dumm ist, um die Wahrheit dessen zu erkennen, was gesagt wurde (nach dem Motto: »Es kann nicht sein, dass da nicht *mehr* dahinter ist – ich bin nur zu blöd zu verstehen, was«).

Insbesondere jedoch, wenn es um ein Thema geht, über das der Betroffene selbst gut Bescheid weiß, wird er Unwissenheit, »unausgegorene« Halbwahrheiten oder gar falsche Sachinhalte nur sehr schwer tolerieren können. Schnell kann es hier zu einem Aufbegehren, ausführlichen Berichtigungen oder zu einem stillen, erschütterten Rückzug kommen – denn mit einem solchen Eindruck ist meist zugleich auch ein Verlust des Vertrauens in die betreffende Person verbunden (wovon diese möglicherweise nie etwas erfahren wird).

Schlussfolgerungen für die Kommunikation

Aus solchen Erkenntnissen und Erfahrungen lässt sich ableiten, dass es wenig sinnvoll ist, sich einem Betroffenen dadurch annähern zu wollen, dass man selbst versucht, »etwas Schlaues« zu seinem Spezialinteresse zu sagen. In aller Regel wird man nicht nur den Kürzeren ziehen, man wird auch als Heuchler dastehen und erreicht das Gegenteil dessen, was eigentlich erhofft und beabsichtig war: ein Kontaktangebot zu machen und eine Brücke bauen.

Wenn ich möchte, dass der Betroffene sich sicher fühlt und sich auch in einem neuen Kontakt traut, etwas zu sagen – und damit auch etwas von sich und seiner Welt zu zeigen – macht es viel mehr Sinn, ihn zunächst nach seinem Spezialinteresse zu *fragen* und ihm Raum und Zeit für seine Ausführungen zu geben. Mir hat noch kein Klient übelgenommen, wenn ich bezüglich seines Spezialinteresses hoffnungslos unwissend bin – und bleibe.

> Alle noch so geduldigen Versuche – verschiedener Klienten –, mir den Unterschied zwischen einem ICE 1 und einem ICE 2 zu erklären und nachhaltig beizubringen, sind kläglich gescheitert. Aber das hat sich auf die Beziehungen nie negativ ausgewirkt. Im Gegenteil: Es fiel offenbar viel leichter, etwas neues, Unbekanntes von mir anzunehmen, wenn hinsichtlich des Informationsaustausches eine gewisse Gegenseitigkeit erlebt werden konnte. Er kennt sich mit Zügen aus, ich mit Menschen. – Das gleicht sich aus.

Das bedeutet mit anderen Worten: Die Möglichkeit, sich gemeinsam einem Thema zuzuwenden und sich gegenseitig Raum zu geben, um Informationen dazu zu vermitteln, wird als Basis für eine vertrauensvolle Beziehung erlebt.

Soll also die Beziehungsbotschaft sein: »Ich respektiere dich und habe Interesse an dir«, werde ich dem anderen Raum geben, über Themen zu sprechen, die ihm wichtig sind. Und ich werde ihm Informationen anbieten, die für ihn neu und relevant sind (wobei ich die Relevanz mitunter für ihn logisch herleiten und erklären muss, da sie sich ihm nicht unbedingt unmittelbar erschließt).

Beziehungsbotschaften

Es erscheint mir gar nicht so einfach, zu den Aspekten der Beziehungsseite und auch später zur Selbstkundgabe-Seite eine generalisierende Aussage zu machen. Dies hat wohl damit zu tun, dass die Erfahrungen jedes Menschen und damit auch jedes Individuums mit Autismus natürlich individuell und damit einzigartig und nicht zu verallgemeinern sind. Dennoch möchte ich hier versuchen, einige entscheidende Aspekte zu beleuchten, welche die gegenseitige Vermittlung von Beziehungsbotschaften betreffen.

Das Empfangen von Beziehungsbotschaften

Dass es ohne einen Sozialen Autopiloten schwieriger ist, eine Beziehungsbotschaft wahrzunehmen und zu entschlüsseln, als *mit* einem gut differenzierten, versierten Autopiloten, erscheint zunächst nachvollziehbar und logisch.

Vor einem solchen Hintergrund überrascht es daher nicht, wenn man feststellt, dass Beziehungsbotschaften beim Betroffenen oft gar nicht ankommen – beispielsweise Anzeichen von Interesse und Sympathie oder auch von Langeweile oder wachsendem Ärger.

Oder es wird etwas »wahrgenommen« und gedeutet, das vom »Sender« so in keiner Weise gemeint war oder das ihm zumindest nicht bewusst war. Dass die Wahrnehmung – und die *Deutung* dieser Wahrnehmung – jedoch tatsächlich immer falsch wäre, ist damit nicht gesagt. Hier werden wir – auch vor dem Hintergrund dessen, was wir zu Emotionen und dem »seismographischen Empfinden« überlegt haben, – differenzierter herangehen müssen, um die Unterschiedlichkeit und das daraus entstehende Potential an Problemen und Lösungen zu erahnen.

Wir haben hinsichtlich der Wahrnehmung und Deutung von Emotionen angenommen, dass wir von drei Ebenen ausgehen können:

- das »seismographische« Empfinden von Spannung und Entspannung – ohne Deutung und ohne Wertung,
- die differenzierte Wahrnehmung und Deutung von Stimmungen und Emotionen bei sich selbst und bei anderen mithilfe des Sozialen Autopiloten
- und die Ebene der bewussten Beobachtung und Deutung von Ausdruck, Zusammenhängen und Situationen.

Aufgrund der Erfahrungen, die ich im Umgang mit Betroffenen aller Altersstufen und Ausprägungen gemacht habe, und auch aufgrund dessen, was mir Angehörige und andere Bezugspersonen immer wieder berichten, möchte ich davon ausgehen, dass das seismographische Empfinden bei ihnen allen durchaus vorhanden oder sogar besonders fein ausgeprägt ist. Bereits kleinste Spannungen bei anderen Menschen werden »aufgefangen«. Dies geschieht insbesondere dann, wenn der Betroffene im direkten Kontakt mit einem für ihn bedeutsamen Menschen steht und aus Gründen eines Kontaktwunsches oder auch aus Angst vor unvorhergesehenen Konflikten oder Ablehnung sehr offen für entsprechende »Schwingungen« ist.

So kommt auf dieser Ebene sicherlich einiges bei ihm an, was der Beziehungsseite zuzuordnen wäre: Erwartungen (einschließlich *positiver* Erwartungen!), Irritation, aber auch Gelassenheit und Offenheit (meist spürbar in Form von Entspanntheit) – all dies kann also durchaus in Form von unterschiedlichen Schwingungen und »Spannungspegeln« *erspürt* werden.

Schwierigkeiten bereiten dann – wie bereits beschrieben – die spontane und differenzierte *Deutung* sowie das spontane »Einschwingen« in eine ähnliche Stimmung und damit die *Anpassung* an die Stimmung des Gegenübers. Der Eindruck, der beim Betroffenen entsteht, ist: »Ich spüre, dass du etwas von mir erwartest, aber ich habe nicht die geringste Ahnung, was.«

Aus den aufgefangenen Schwingungen dann gar Botschaften abzuleiten darüber, wie der andere zum Betroffenen steht, wie er ihn bewertet, ob er ihn gut findet (oder blöd), ob der andere Kontakt wünscht oder nicht – all das ist dem Betroffenen spontan nicht möglich.

Das heißt: Beziehungsbotschaften können nicht *spontan* entschlüsselt werden, selbst wenn eine gewisse vom Anderen ausgehende Spannung wahrgenommen wird. Solche Botschaften können allenfalls über die »Dritte Ebene« der bewussten Beobachtung und Deutung, unter ebenso bewusstem Einbezug vorangegangener (bewusster) Erfahrungen, mühsam erschlossen werden. Dabei bleibt allerdings stets eine grundlegende Unsicherheit hinsichtlich der Richtigkeit der gewählten Interpretation bestehen. Man könnte auch sagen: Dem Betroffenen ist stets bewusst, dass es sich bei seiner Interpretation um eine *Hypothese* handelt. Der Richtigkeit dieser Hypothese *sicher* sein, kann er sich jedoch nicht.

Erst auf der Grundlage einer solchen bewussten Interpretation kann dann im dritten Schritt – wiederum aus einer Fülle von Möglichkeiten – *bewusst* eine hoffentlich angemessene eigene Reaktion oder Verhaltensweise ausgewählt und in Sprache und Handlung umgesetzt werden. (»Ich glaube, ich sollte jetzt mal meine Mundwinkel hochziehen, damit der andere nicht meint, ich mag ihn nicht.«)

Dieser Verarbeitungsprozess benötigt Zeit – Zeit, die man in einer sozialen Situation eigentlich nicht hat. Denn der andere – sofern es sich um einen neurotypischen Menschen handelt – erwartet *spontanes* Einschwingen und *unmittelbare* Reaktionen. Und: Die »Trefferquote« ist bei diesem Verfahren wesentlich geringer als bei der autopilotgesteuerten unbewussten Verarbeitung und Gestaltung sozialer Situationen (zumindest, wenn es sich dabei um zwei Individuen handelt, die der gleichen Kultur oder gar Subkultur entstammen).

Hier wird einmal mehr ein entscheidender Unterschied zwischen den Erlebenswelten offenbar, der ausgesprochen folgenschwer sein kann und von den meisten Betroffenen schon recht früh registriert wird – ohne freilich zu wissen, worin diese Unterschiedlichkeit wirklich besteht.

Dass (fast) alle anderen Menschen »auf Autopilot« laufen, weiß der Betroffene ja nicht. Es wird ihm auch nicht gesagt – denn die neurotypischen Menschen wissen es ja in aller Regel selbst nicht. Sie kennen es nicht anders. Und ein Fisch wird sich höchstwahrscheinlich erst des Wassers bewusst, wenn er es verlässt...

Das Senden von Beziehungsbotschaften

Umgekehrt weisen Beziehungsbotschaften von Seiten eines Betroffenen meist ein hohes Maß an Ehrlichkeit auf, welches von anderen entweder als erfrischende Unverblümtheit, sehr häufig aber leider auch als Taktlosigkeit empfunden wird. Da kein Autopilot regulierend eingreift, wird das, was am anderen oder im Kontakt wahrgenommen wird, genauso auch rückgemeldet.

Da es allerdings unter neurotypischen Menschen nicht üblich ist, derart direkt und ohne Filter/Zensur und Beschönigung zueinander zu sprechen, kann es leicht geschehen, dass das mit einer so ehrlichen Beziehungsbotschaft konfrontierte Gegenüber sich verletzt und/oder provoziert fühlt. Dem »Sender« wird entweder eine böse Absicht oder komplette Gefühllosigkeit unterstellt.

Dass ein Mensch bestimmte Sachverhalte – wie beispielsweise eine auffallend große Nase, eine gewisse Leibesfülle, graue Haare und andere Alterserscheinungen – oder ein bestimmtes Verhalten beim anderen einfach als Tatsache feststellt und anspricht, ohne sie jedoch zu bewerten oder daraus womöglich auf den Wert des ganzen Menschen zu schließen, – auf diese Idee kommen neurotypische Menschen kaum. Sie kennen es nicht anders, als dass der Autopilot darauf programmiert ist, bestimmte Themen und Fakten zu tabuisieren, zu verdrängen oder zumindest in der Kommunikation zu zensieren. Spricht jemand ein solches Thema an, wird spontan daraus erschlossen, dass solche Tabus bewusst und absichtlich gebrochen werden, um den anderen bloßzustellen oder zu erniedrigen.

Fettnäpfchen – oder veritable Tretminen! – lauern für den Betroffenen jedoch auch bei durchaus positiv gemeinten Beziehungsbotschaften, wie beispielsweise bei Komplimenten. Tony Attwood hat – wie er immer wieder in seinen Vorträgen berichtet – zusammen mit einer Kollegin vor Jahren versucht, eine Übersicht darüber zu erstellen, welche Komplimente in welcher Anzahl pro Tag welchen Mitmenschen gegenüber zulässig und erwünscht sind und welche als unpassend empfunden werden. Als Beispiel dafür gibt er an, dass es sicherlich als freundlich empfunden wird, einem Kollegen ein Kompliment zu seinem neuen Hemd zu machen. Macht man ihm aber ein Kompliment zu seinen schönen Augen, wird dies mit hoher Wahrscheinlichkeit schnell fehlinterpretiert und als Anzüglichkeit und Grenzüberschreitung empfunden werden.

Selbstkundgabe

Nun könnte man annehmen, der fehlende Autopilot mache auch die Wahrnehmung und Deutung von Selbstkundgabe-Botschaften unmöglich. Wenn man den Ausdruck des anderen nicht zu deuten vermag – wie soll man dann entschlüsseln, was er implizit über sich selbst kundtut?

Tatsächlich liegt hier sicher eine Schwierigkeit. Besonders bei einer fremden Person ist für einen Menschen mit Autismus in aller Regel schwer einzuschätzen, was sie über sich selbst aussagt. Dies geht ja auch neurotypischen Menschen untereinander oft so. Umso schwerer dürfte es sein, wenn jemand grundsätzlich nicht weiß, wie der andere »funktioniert«.

Was ich jedoch in meiner Arbeit immer wieder feststellen konnte: Schon bei autistischen Kindern, auch solchen, die keine Sprache entwickelt haben, aber auch bei meinen erwachsenen Klienten mit hochfunktionalem Autismus –, besteht ein bemerkenswert klarer Blick auf ihre Mitmenschen. Ich vermute, dass gerade ihr »seismographisches« Gespür für Menschen in Kombination mit einer weitgehend »ungetrübten« Beobachtungsgabe es ihnen ermöglicht, unmittelbar und untrüglich wahrzunehmen, ob jemand authentisch ist oder widersprüchlich. Vor allem aber spüren sie, ob er offen ist für das, was kommt, oder ob er Erwartungen hat, die seine Offenheit einengen und eine gewisse Spannung erzeugen.

Darüber hinaus ermöglicht die im hohen Maße *bewusste* Beobachtung – ohne »Trübungen« durch Wertung, Zensur, Verschleierung und andere »soziale Automatismen« – die Erkennung von Zusammenhängen und Widersprüchen im Verhalten anderer, die neurotypischen Menschen oft entgehen. Dies gilt ganz besonders dann, wenn der Betroffene eine reine Beobachterrolle innehat und nicht unmittelbar in eine soziale Interaktion oder einen komplexeren sozialen Kontext eingebunden ist.

Das soziale Umfeld eines autistischen Menschen berichtet nicht selten darüber, wie klar der Betroffene Dinge »auf den Punkt bringt«, wie beeindruckend, wenn auch manchmal unangenehm, diese Klarheit ist, und dass sie wie ein Spiegel wirkt, in dem die Beteiligten erkennen, was sie sonst bei sich selbst oder untereinander so nicht wahrnehmen würden.

Daher lässt sich sagen, dass »Botschaften« auf der Selbstkundgabe-Seite von Betroffenen oft tatsächlich wahrgenommen werden – manchmal schärfer und unmittelbarer als von den neurotypischen Mitmenschen. Übrigens oft auch solche Aspekte, die dem betreffenden »Sender« selbst gar nicht bewusst sind.

Allerdings fällt es dem Betroffenen im direkten Kontakt oft schwer, all diese Informationen zu empfangen, nach Relevanz zu sortieren, sie zu deuten, Zusammenhänge herzustellen und dann noch zu wissen, welches Verhalten von ihm selbst erwartet wird, also welches in der Interaktion fruchtbar und welches destruktiv wirken wird.

Einige Menschen auf dem Autismus-Spektrum sind übrigens so überaus sensibel für die »Schwingungen« anderer Menschen und nehmen so viele Signale wahr, dass sie sich davon überflutet fühlen und schon allein deshalb soziale Situationen meiden möchten.

Senden von Selbstkundgabe-Botschaften

Für viele Betroffene ist es erst einmal schwer, sich selbst wahrzunehmen und die eigenen Stimmungen und Gefühle differenziert zu deuten und zu benennen. Auch haben sie oft die Erfahrung gemacht, dass es ungünstig ist, wenn andere etwas über sie selbst erfahren. So ist ihnen der Gedanke gar nicht recht, dass andere etwas über sie erfahren könnten, wovon sie womöglich selbst gar nichts wissen oder womit wieder einmal ihre Unterschiedlichkeit zutage treten könnte, die ja schon so häufig Ärger oder Ablehnung oder auch einen Verlust von Würde eingebracht hat.

Schon allein deshalb ist den meisten Betroffenen ein direkter Blickkontakt in der Regel unangenehm bis unerträglich: Er wird als sehr unmittelbar und intensiv erlebt, so als könne das Gegenüber tatsächlich in die eigene Seele schauen. Wenn man den Eindruck gewonnen hat, für andere nie »richtig« und in seinem Kern auf unerklärliche Weise unwert zu sein, dann wird ein solcher »Blick in die Seele« als sehr bedrohlich empfunden – und daher lieber vermieden oder auf ein Minimum reduziert. Nur bei sehr vertrauten Menschen kann er zugelassen werden.

Zugleich stelle ich im Umgang mit den Betroffenen fest, dass sie den »glasklaren Blick«, den sie für andere Menschen haben, durchaus auf sich selbst richten können und dadurch eine außergewöhnlich differenzierte Introspektionsfähigkeit entwickeln: Wenn sie erst einmal etwas bei sich beobachtet haben, können sie es oft mit unglaublicher Schärfe und Genauigkeit beschreiben (was übrigens die psychotherapeutische Arbeit sehr befördert).

Voraussetzung hierfür ist jedoch erst einmal der Aufbau einer Vertrauensbasis – möglicherweise noch viel mehr als bei neurotypischen Klienten, die sich auch im psychotherapeutischen Kontext auf die Schutz- und »Verschleierungsfunktionen« ihres Autopiloten verlassen können.

Ein Klient mit Autismus, der solche Verschleierungstaktiken nicht kennt und auch nicht billigen würde, wird, sobald eine Vertrauensbasis hergestellt ist, in der bereits beschriebenen Unmittelbarkeit und Offenheit ganz unverblümt das beschreiben, was er erlebt, welche Gedanken er sich dazu bereits gemacht hat und welche Assoziationen ihm in der gemeinsamen Reflexion dazu einfallen.

Appell

Appelle empfangen

Appelle werden in der Alltagssprache der neurotypischen Menschen meist eher verschlüsselt und »verpackt«, um auf der Beziehungsseite den Eindruck von Dominanz, Bevormundung und Gängelung zu vermeiden. Diese wohlgemeinte und als sozial empfundene »Verpackung« macht es autistischen Menschen allerdings oft schwer oder gar unmöglich, den versteckten Appell in einer Frage oder Aussage überhaupt wahrzunehmen, geschweige denn, diesem Folge zu leisten.
Was der Betroffene dennoch wahrnehmen mag, ist die »Erwartungsspannung«, die bei seinem Gegenüber einsetzt und steigt – die er jedoch überhaupt nicht zu deuten vermag, da er den impliziten Appell nicht wahrgenommen oder verstanden hat.
Das heißt: Appelle werden nur dann sofort als solche wahrgenommen und gedeutet, wenn sie explizit als solche formuliert sind, das heißt ohne Umschweife oder gar Umformulierungen in eine – als höflich oder freundlich gemeinte – Frageform.

> T. berichtet von der immer wieder scheiternden Kommunikation zwischen ihm selbst und seinem Vater. Dieser unterstütze ihn verlässlich und tatkräftig im Alltag, wofür er ihm sehr dankbar sei. Allerdings brächten die Unterschiede in der

Kommunikationsweise regelmäßig Konflikte mit sich, die letztlich für beide ärgerlich und schmerzlich seien. Als Beispiel führt T. die Situation an, dass sein Vater zu ihm komme und frage: »Wollen wir heute mal Wäsche waschen?«, worauf T. ehrlich mit »Nein« antwortet. Dies ärgere seinen Vater sehr – was T. wiederum trifft, da er ja nur wahrheitsgemäß auf eine Frage geantwortet hat. »Wenn mein Vater möchte, dass wir heute Wäsche waschen, dann soll er das einfach direkt sagen. Er könnte sagen: ›Ich will heute mit dir Wäsche waschen.‹ oder er könnte sagen: ›Hol die Wäsche, damit wir sie waschen können.‹« Dann, so T., würde er nicht widersprechen, da er seinem Vater durchaus vertraue und seinen Vorschlägen nach Möglichkeit auch Folge leiste, wissend, dass sie stets gut gemeint und in seinem Sinne seien.

Appelle absenden

Betroffene selbst werden hingegen eher dazu neigen, Apelle sehr direkt als solche zu formulieren und auszusprechen – sie werden sie also gleichsam »ohne Verpackung« absenden – was beim neurotypischen Gegenüber den sonst vermiedenen Eindruck der Dominanz, der Gängelung, des Befehlstons, ja der Tyrannei hervorruft. Dies kann zu Fehleinschätzungen und Stigmatisierungen und auch zu Widerstand und Aggression auf Empfängerseite führen.

Der Betroffene selbst wird den Grund für einen so entstandenen unvorhergesehenen Widerstand und Angriff oder für eine folgenschwere Stigmatisierung und Ablehnung nicht erkennen können. Er wird immer wieder nur den Eindruck gewinnen, dass andere Menschen auf ihn in unerklärlicher Weise abweisend oder gar aggressiv reagieren, ohne zu wissen, was er selbst dazu beigetragen haben könnte. Infolgedessen hat er aber auch keine Ahnung, wie er dem vorbeugen, wie er sich anders verhalten könnte.

12.4 Sprachentwicklung, Sprachverständnis und Sprachgebrauch

Bemerkungen zur Sprachentwicklung

Die Entwicklung von Sprache und Kommunikationsfähigkeit spielte bislang vor allem in der Autismus-Diagnostik eine Rolle, weil der Verlauf der Sprachentwicklung als *das* kritische Unterscheidungsmerkmal zwischen dem Asperger-Syndrom und anderen autistischen Störungen, insbesondere dem Frühkindlichen Autismus nach Kanner, galt: Nur derjenige, dessen Sprachentwicklung ohne Probleme und spezifische Auffälligkeiten verlaufen ist, kann demnach die Diagnose »Asperger-Syndrom« bzw. »Asperger-Störung« erhalten (siehe DSM-IV 299 Kriterium D). Als

Autimus-spezifische Auffälligkeiten in der Entwicklung und beim Gebrauch der verbalen Sprache gelten insbesondere

- eine stark verzögerte Sprachentwicklung;
- Echolalie – also die reine Wiederholung sprachlicher Einheiten, wie einzelne Worte, Sätze oder ganze Textpassagen ohne inhaltlichen Bezug zum jeweiligen Kontext;
- Pronomenvertauschung – »ich« statt »du« verwenden oder von sich selbst in der dritten Person sprechen;
- eigenartige Sprachschöpfungen bis hin zu einer eigenen »Geheimsprache« als Ersatz für die Sprache des Umfeldes;
- oder einfach eine eigenartige Sprech- und Ausdrucksweise (in der deutschen Übersetzung des DSM-IV als »idiosynkratische Sprache« bezeichnet, was korrekt übersetzt schlicht »eigenartig, merkwürdig« bedeutet).

Inzwischen hat sich herausgestellt, dass auch Besonderheiten in der Sprachentwicklung keine klare Abgrenzung zwischen den früheren Kategorien der Autismus-Diagnostik zulassen. Wenn ein Kind beispielsweise erst mit deutlicher Verzögerung spricht, heißt das nicht unbedingt, dass die Sprachentwicklung selbst verzögert stattgefunden hätte. Gar nicht selten kommt es vor, dass ein Kind tatsächlich lange kein Wort spricht – wenn es sich dann jedoch erstmals verbal äußert, dann perfekt in Grammatik und Artikulation. Dies ist ein Hinweis darauf, dass die Sprache »im Kopf« bereits länger gereift ist, das Kind jedoch erst etwas sagt, wenn ihm dies sinnvoll erscheint.

Auch vermute ich hinter einer solchen – gar nicht so selten berichteten – Verzögerung des verbalen Sprachbeginns den an anderer Stelle beschriebenen Perfektionismus: Es werden »keine halben Sachen« gemacht, sondern es wird sich erst geäußert, wenn es so klingen wird, wie das Kind es von den anderen hört.

> Ein für mich sehr eindrückliches Beispiel für eine Verzögerung der gesprochenen Sprache, während die diesbezügliche Entwicklung im Gehirn offenbar schon fortgeschritten gewesen sein muss, ist ein junger Mann türkischer Abstammung, der in Deutschland geboren ist. Dieser hat als Vorschulkind, ehe er überhaupt ein Wort sprach, die deutschen Videotexte zu seinen Lieblings-Zeichentrickfilmen aus dem Fernsehen abgeschrieben. So berichtete er es mir selbst und so bestätigte es mir auch seine ältere Schwester. Erst später hat er begonnen, türkisch und deutsch zu sprechen. Beide Sprachen spricht er fließend.

Darüber hinaus gibt es durchaus Betroffene, deren Sprachentwicklung tatsächlich verzögert verlaufen ist – das heißt, sie haben spät begonnen überhaupt zu lautieren oder einzelne Worte zu sprechen –, die dann jedoch einen gewaltigen Entwicklungssprung vollzogen haben und in ihrer sprachlichen Ausdrucksfähigkeit keinerlei Auffälligkeiten mehr zeigen. Sie wären nach diesem Kriterium dann nicht mehr von einem Asperger-Betroffenen zu unterscheiden.

Interessant – und auch von einer gewissen Relevanz hinsichtlich des individuellen Erlebens und der spezifischen Herausforderungen – ist jedoch, dass für viele Betroffene die Bildung der Sprache auch bei völliger Unauffälligkeit nach außen keine Selbstverständlichkeit geworden ist. Sie beschreiben, wie sie selbst noch im Erwachsenenalter sehr bewusst Sprache bilden und in Artikulation umsetzen müssen, immer in der Hoffnung, dass man ihnen dies nicht anmerkt. Sie haben die »richtige Sprache« und das Sprechen tatsächlich bewusst erlernen müssen, haben es nicht vollständig automatisiert und erleben es als harte Arbeit.

Übersetzungsarbeit vom jeweils ganz eigenen Denken in verbale Sprache

Viele Menschen mit hochfunktionalem Autismus beschreiben, dass der sprachliche Austausch mit anderen für sie nicht ohne Tücken sei. Vornehmlich scheinen mir hier die Probleme eigentlich in der jeweiligen *Denkweise* zu liegen, die ja sehr bildhaft oder sehr systematisch sein kann und bei vielen von ihnen offenbar nicht in erster Linie sprachlich verläuft. Dies mögen die folgenden Zitate von Klienten veranschaulichen:

J.: »Ich denke ja eigentlich in Punkten, die sich zu ständig neuen Bildern formen. Und die muss ich dann erst in Sprache übersetzen.«

R.: »Ich denke in Sphären, denen bestimmte Attribute zugeschrieben sind und die zueinander in Beziehung stehen. Sie können auch ineinander sein, also eine Sphäre kann mehrere kleinere enthalten. So kann ich extrem schnell denken und immer neue Zusammenhänge und Konstellationen herstellen. Das lässt sich nicht immer alles so in Worte fassen. Aber ich habe gelernt, die Sprache der anderen zu benutzen. Reden kann ich also ganz gut. Aber es ist eine ständige Übersetzungsarbeit.«

T.: »Eigentlich denke ich so, wie ich auch programmiere. Bestimmte Zeichen stehen für bestimmte Sinneinheiten. In der Programmierung geht es darum, diese möglichst reduziert und effektiv zu fassen, also möglichst wenig Zeichen für ein und denselben Sinninhalt zu brauchen. So würde ich Sprache auch am sinnvollsten finden: Wenn ich die Butter haben will, sage ich »Butter« – und der andere weiß dann doch was gemeint ist. Wenn nicht, kann man ja noch sagen: ›Gib mir Butter‹. Aber es wird erwartet, dass man lange, umständliche Sätze oder gar Fragen bildet, mit vielen überflüssigen Worten und Floskeln, wie ›Bitte‹. Das geht mir viel zu langsam. Ich finde es furchtbar, dass ich nicht so schnell reden kann wie ich denke. Schon allein deshalb verhaspele ich mich oft.«

»Oft passiert es mir, dass ich Formulierungsschwierigkeiten habe. Ich komm in Stress und dann gehen alle Worte durcheinander und ich verhaspele mich oder kriege kein Wort heraus.«

Überblick: Besonderheiten beim Sprachverständnis und beim verbalen Ausdruck

- Bei Menschen auf dem Autismus-Spektrum herrscht meist ein sehr konkretes bzw. »wortwörtliches« Sprachverständnis vor.
- Es treten Probleme bei der Interpretation von Äußerungen auf, da der nonverbale Anteil, der den Worten die eigentliche Bedeutung gibt, nicht wahrgenommen oder entschlüsselt werden kann.
- Dies trifft insbesondere bei Ironie zu, wobei der Betreffende oftmals sehr wohl weiß, was Ironie ist und sie auch selbst anwenden kann. Er kann also deren Komplexität und Vielschichtigkeit verstehen. Schwer zu erkennen ist für ihn nur die ironische »Verschlüsselung« und damit die Unterscheidung, wann eine Äußerung ernst oder ironisch gemeint ist.
- Es besteht eine ausgeprägte Assoziationsfähigkeit, wobei die Assoziationen des Betroffenen aufgrund seiner ganz eigenen Wahrnehmungs- und Erlebenswelt sich inhaltlich erheblich von denen des neurotypischen Gegenübers unterscheiden können.
- Ein hohes Maß an Lebendigkeit in der Assoziation bedingt, dass die hervorgerufene Assoziation – sei es ein bestimmtes Bild oder auch eine erlebte Situation – sehr intensiv und nachhaltig wirkt und sich auch nicht so schnell auflöst oder überdecken lässt.
- Metaphern – oder auch Redewendungen, die Metaphern enthalten – bereiten daher vielen Betroffenen Schwierigkeiten. Sie bleiben gleichsam am konkreten Bild der Metapher hängen und schaffen den Schritt zum »übertragenen Sinn« nicht ohne Weiteres.
- Ebenso verhält es sich mit Witzen. Witze funktionieren in aller Regel durch das Hervorrufen ganz bestimmter Assoziationen und damit einhergehender Erwartungen, die dann gebrochen werden. Wenn jedoch bereits die Assoziationen andere sind als beim Erzähler, oder wenn ein solcher »Bruch« nicht als reizvoll, sondern als höchst irritierend erlebt wird, kann ein Witz nicht als »witzig« empfunden werden.
- Es fällt bei einigen Menschen mit hochfunktionalem Autismus ein eigenwilliger Sprachgebrauch auf, der pedantisch bis »hochgestochen« wirkt. Insbesondere bei jungen Menschen wird er von anderen als nicht altersgemäß erlebt. Die ausgesuchte und unbeirrbare Höflichkeit, mit der manche Betroffenen ihre Mitmenschen begrüßen und behandeln, kann Befremden, Amüsement, aber auch Aggressionen auslösen. Ein Beispiel: Ein Klient erzählte mir von der für ihn sehr befremdlichen und unerklärlichen Aussage eines früheren Chefs: »Wenn Sie sich dieses ›Guten Morgen‹ nicht abgewöhnen, gibt es Ärger!« Hier sollte man sich nicht vom äußeren Schein täuschen lassen. Die ausgesuchte Ausdrucksweise ist in aller Regel kein Ausdruck von Arroganz oder gar Snobismus. Eher ist hier Perfektionismus im Spiel sowie der ehrliche Wunsch, freundlich und höflich zu sein.
- Es kommt zu Wortneuschöpfungen, die ausgesprochen treffend sein können, manchmal jedoch das unmittelbare Verständnis des Gegenübers überfordern. Hier bedarf es der Rückfrage, wie genau ein bestimmter Begriff gemeint sein

könnte – was übrigens bereits schon ein wertvoller Schlüssel zum Austausch zwischen den Welten sein kann.
- Der verbale Ausdruck kann erheblich verzögert werden durch sehr komplexe Formulierungs-, Prüf- und Zensurprozesse, die der eigentlichen Äußerung vorgeschaltet sind. So kann es durchaus vorkommen, dass die Antwort auf eine Frage erst nach einigen Minuten, oder gar nach Stunden oder Tagen erfolgt.
- Auch die Notwendigkeit zur Übersetzung des eigenen Denkens und Erlebens in verbale Sprache kann zu solchen Verzögerungen beim verbalen Ausdruck oder Austausch führen. Auf jeden Fall wird sie Konzentration und Kraft kosten.

13 Das Bedürfnis nach Kontakt – Aufbau und Gestaltung von Beziehungen

Nachdem wir uns nun sehr viel mit den Unterschiedlichkeiten zwischen den Welten beschäftigt haben, kommen wir nun zu einem Thema, das aller meiner Erfahrung nach beiden Welten gemeinsam ist und das, bei aller Unterschiedlichkeit, letztlich beide zueinander führt und verbindet. Es ist das grundlegende menschliche Bedürfnis nach Kontakt und Zugehörigkeit.

Dies mag dem Bild widersprechen, das viele Menschen vom Autismus haben, und auch dem Anschein, den manche Betroffene bereits als Kinder nach außen hin geben. Bedeutet »Autismus« nicht »extreme Selbstbezogenheit«? Und ist nicht »Autismus« sogar zu einem Begriff, ja Inbegriff für eine Haltung geworden, sich nicht um andere Menschen zu scheren, sie zu ignorieren und sich nur um sich selbst zu kümmern?

Und auch der eine oder andere Mensch auf dem Autismus-Spektrum mag meinen Thesen zum Kontaktbedürfnis zunächst aus eigener Erfahrung heraus widersprechen wollen und von sich sagen: »Ich nicht – ich brauche keine Kontakte zu Menschen.«

Natürlich ist mir bewusst, dass die Außenwirkung autistischer Menschen durchaus zu einem solchen Schluss führen kann. Auch bin ich über entsprechende Selbstaussagen Betroffener nicht verwundert und glaube ihnen wohl, dass es ihnen im Kontakt mit den anderen Menschen so schlecht geht, dass sie am liebsten nichts mehr mit ihnen zu tun haben möchten.

Nichtsdestotrotz habe ich in den vergangenen 29 Jahren keinen einzigen getroffen, der nicht – trotz Frustration, ja selbst Resignation – ein tiefes und letztlich sogar quälendes Bedürfnis nach Kontakt und Zugehörigkeit gehabt hätte. Und ich habe, je länger ich mit Betroffenen arbeite, immer mehr den Eindruck gewonnen, dass genau hier ein Kernpunkt des eigentlichen Leidens, der eigentlichen inneren Spannung liegt, die in vielen Fällen sogar zum Ursprung unterschiedlichster sekundärer psychischer und somatischer Beschwerden wird.

13.1 Das existenzielle Bedürfnis nach Kontakt und Zugehörigkeit

Ein Blick zurück – Exkurs in die Evolutionsbiologie

Woher kommt dieses offenbar zutiefst menschliche Bedürfnis nach Kontakt und auch Zugehörigkeit, das auf unbeirrbare und in gewissem Sinne beinahe tragische Weise selbst bei denjenigen bestehen bleibt, die in der Begegnung mit anderen Menschen von klein auf eher überfordernde, frustrierende oder gar bedrohliche Erfahrungen gemacht haben?

Wenn wir zurückschauen auf die Situation und Entwicklung von uns »Primaten« und dann den frühen Menschen stellen wir fest, dass sie nur aufgrund der Fähigkeit, sich in Gruppen zu organisieren, überhaupt überleben und sich weiterentwickeln konnten.

Erinnern wir uns an unsere Betrachtungen im ersten Teil dieses Buches: Ein Mensch alleine in der Wildnis war (und ist) verloren. Nur im Gruppenverband gibt es eine Überlebenschance. Sind der Anschluss an und die Einbindung in diesen Gruppenverband gefährdet, bedeutet dies tatsächlich eine existentielle Bedrohung.

Um das Überleben zu sichern, mussten also Fähigkeiten entwickelt werden, mit Hilfe derer Beziehungen hergestellt, gepflegt und notfalls wiederhergestellt werden können. Hierzu gehört die Fähigkeit, Bedürfnisse, Intentionen und Erwartungen anderer zu erkennen und sich ihnen anzupassen. Das heißt: Im Zweifelsfall musste für die Erhaltung oder Wiederherstellung einer bedeutsamen Beziehung zu einem Menschen oder überhaupt zur ganzen Gruppe das eigene Bedürfnis zurückgestellt und den Bedürfnissen oder Forderungen des anderen oder der ganzen Gruppe untergeordnet werden. Wer nicht mitkommt, bleibt allein zurück, wer nicht – nach den jeweils geltenden internen Regeln – mitmacht, wird aus der Gruppe ausgestoßen. Beides muss um jeden Preis verhindert werden, will das Individuum überleben.

So haben wir Menschen offenbar auch »feine Antennen« dafür entwickelt, ob die Einbindung intakt ist, ob die Beziehungen tragfähig sind oder ob vielleicht die Beziehung zu einzelnen, bedeutsamen Gruppenmitgliedern gefährdet ist. Denn dann muss gehandelt werden, um Schlimmeres zu verhindern.

Psychischer Schmerz gleicht körperlichem Schmerz

Diese Empfindsamkeit für Störungen bzw. Spannung und Entspannung in sozialen Systemen, für die Intaktheit von Beziehungen sowie vor allem für Anzeichen von Konflikten, drohenden Brüchen oder gar Gruppenausschluss scheint sich als Muster auch in unserer Neurobiologie niedergeschlagen zu haben.

Mittlerweile gibt es Studien, die zeigen, wie der »psychische Schmerz«, den wir empfinden, wenn wir abgelehnt oder ausgegrenzt werden oder wenn ein bedeutsamer Kontakt gefährdet scheint, im Gehirn beinahe exakt das Gleiche auslöst wie körperlicher Schmerz und dass dieser psychische Schmerz auch genauso verarbeitet wird.

»Wir stellten fest, dass das Auslösen von starken Gefühlen der sozialen Ablehnung Regionen im Gehirn aktiviert, die auch für das Gefühl des physischen Schmerzes zuständig sind und die nur sehr selten in Studien der Emotionen aktiviert werden.« (Sozialpsychologe Ethan Kross, Universität von Michigan, zit. n. Scinexx, 2011)

Die Forscher hoffen, dass ihre Ergebnisse auch neue Einblicke dahingehend liefern, wie die Erfahrung sozialer Verluste körperliche Schmerzsymptome auslösen kann. Auf jeden Fall zeigt sich bereits jetzt, dass die in vielen Sprachen und Kulturen gleiche Bezeichnung für seelische und körperliche Schmerzen auch biologisch gesehen kein Zufall ist (ebd.).

Dies ist bei genauerer Betrachtung der Zusammenhänge und der Bedeutung von Schmerz an sich nicht verwunderlich. Körperlicher Schmerz ist schließlich eine lebenswichtige Funktion: Er gibt Alarm, wenn etwas nicht in Ordnung ist – wenn wir etwa einer Hitzequelle zu nah kommen, in einen Dorn getreten sind oder wenn sich eine Zahnwurzel entzündet hat. Er bringt uns dazu, uns vorrangig darum zu kümmern, dass das Problem beseitigt wird und gegebenenfalls eine Verletzung heilen kann. Schmerz ist also lebenswichtig. Ohne ihn würden wir versäumen, auf Gefährdungen aufmerksam zu werden, darauf zu reagieren und uns im Falle einer Verletzung um diese zu kümmern, so dass eine Heilung möglich wird.

Und so ist es offenbar auch mit dem psychischen Schmerz. Intakte soziale Beziehungen und die Zugehörigkeit zur Gemeinschaft sind ebenso existenziell bedeutsam wie ein intakter Organismus. Gibt es Hinweise, die so gedeutet werden können, dass ein Kontaktabbruch oder gar der Ausschluss aus der Gemeinschaft droht, wird »Alarm« gegeben. Somit hat das Individuum die Möglichkeit, sich vorrangig dieser Bedrohung oder auch dieser bereits erfolgten »Verletzung« zuzuwenden. Der Betreffende hat dann die Chance, eine bedeutsame soziale Verbindung oder Zugehörigkeit doch noch zu »retten« oder sich durch andere Kontakte zu stabilisieren (beispielsweise durch den Anschluss an einen anderen Menschen oder eine andere Gruppe).

Dabei wird der »Alarm« – der Schmerz – sinnvollerweise so lange aufrechterhalten, bis die Gefahr des Alleinseins eingedämmt oder ganz gebannt ist. Dies also scheint der Sinn hinter dem »psychischen Schmerz« zu sein, der durch Ablehnung und Ausschluss aus einer bedeutsamen Gruppe ausgelöst wird.

Die prägende oder gar traumatische Wirkung von Kontaktabbrüchen und Gruppenausschluss

Zugleich prägen sich Schmerzerfahrungen und die damit verbundenen Situationen besonders deutlich ins Gedächtnis ein – als Präventionsmaßnahme dafür, dass einem so etwas nicht noch einmal passiert, dass man der Gefahr ausweichen oder ihr rechtzeitig entgegenwirken kann. Auch dies gilt für psychische Schmerzerfahrungen ebenso wie für körperliche (wobei man sicherlich zwischen »bewussten« und »unbewussten« Gedächtnisinhalten unterscheiden muss).

Und es lässt sich daraus ableiten, welcher Sinn auch hinter sozialen Ängsten stecken mag: Gefahren sollen vermieden werden, der Mensch soll in bestimmten Situationen besonders wachsam und achtsam sein sowie sein Verhalten auf die Situation hin richtig einstellen und anpassen.

Verhaltensmuster, die in dieser Hinsicht wirksam und »erfolgreich« waren, werden ebenfalls gespeichert und – zumindest bei neurotypischen Menschen – in ähnlich wahrgenommenen Situationen spontan und unwillkürlich wieder aufgerufen, aktiviert und umgesetzt. Bei ihnen laufen sie »automatisch« ab. Hier hat der »Soziale Autopilot« also nicht nur eine »scannende« und deutende Funktion, sondern auch eine spontan und unwillkürlich steuernde.

Was, wenn der soziale Autopilot fehlt?

Vor diesem Hintergrund wird klar, wie problematisch es sein muss, wenn dieses »Sich Einstellen« auf soziale Situationen – und überhaupt auf andere Menschen – so sehr erschwert ist, wie eben bei Menschen auf dem Autismus-Spektrum. Und wenn aufgrund dessen *überwiegend* schmerzhafte oder bedrohliche Erfahrungen mit anderen Menschen und insbesondere mit Gruppen gemacht werden:

> Das sozusagen ur-menschliche Bedürfnis nach Kontakt und Zugehörigkeit, das unbewusste »Wissen«, dass man alleine verloren ist, ist wohl vorhanden und treibt latent oder ganz deutlich dazu an, Kontakt und Anschluss an das umgebende soziale System herzustellen und auf deren Erhalt zu achten.

Grundlegende Antennen für Kontaktabbruch und Ausschluss sind ebenso vorhanden und aktiv wie bei anderen Menschen auch – und sie melden eine Bedrohung nach der anderen. Ja, man könnte in sehr vielen Fällen sagen: Sie stehen unter Daueralarm, denn eine gescheiterte Kontaktaufnahme, eine Irritation, eine (unvorhersehbare aber deutlich wahrnehmbare) Ablehnung folgt der anderen – zumindest vom Beginn der bewussten Beobachtung des Betroffenen an.

Die vielen alarmierenden und schmerzhaften Erfahrungen können dazu führen, dass der Betroffene in ständig erhöhter Alarmbereitschaft ist, ganz besonders dann, wenn er Menschen begegnet oder längere Zeit mit ihnen zusammen ist. (Hier ist eine deutliche Parallele zur PTBS, also zur Posttraumatischen Belastungsstörung zu sehen, die nicht außer Acht zu lassen ist. Wir werden unter ▶ Kap. 15 nochmals genauer darauf eingehen.)

Vor diesem Erfahrungshintergrund manifestieren sich soziale Ängste. Die Betroffenen finden aus sich heraus jedoch keine fruchtbaren oder verlässlichen Lösungen, wie sie Kontakte gestalten und erhalten können. Ihrer Erfahrung nach kann jederzeit selbst ein als gut und stabil erlebter Kontakt zerbrechen, auch ein bisher freundlicher Mensch sich unerwartet gegen den Betroffenen wenden, und zwar ohne dass dieser wüsste warum, und aus dieser Erkenntnis heraus zukünftig sein Verhalten ändern und der Situation anpassen könnte. Das heißt verkürzt gesagt: Es wird zwar die (schmerzhaft-bedrohliche) Erfahrung gespeichert, ohne jedoch eine Erkenntnis darüber, was die auslösenden Bedingungen hierfür waren und wie eine solche Erfahrung selbstwirksam in Zukunft verhindert werden könnte. Wiederholen sich solche Erfahrungen, kann durchaus ein grundsätzliches Gefühl des Ausgeliefert-Seins entstehen wie auch ein erhöhtes Bedürfnis nach (bewusster) Kontrolle in sozialen Kontexten.

Das Erleben, abgewiesen bzw. aus Gruppen ausgeschlossen zu werden, wird im Übrigen noch verstärkt durch die beobachtete Diskrepanz zwischen den vielfältigen Kontakten und (Ein-)Bindungen anderer Menschen und den eigenen Misserfolgen im Bemühen, diese herzustellen.

Wenn ein Individuum immer wieder wahrnimmt, wie schnell und leicht anderen Menschen die Kontaktaufnahme selbst zu fremden Personen, die Erhaltung und Gestaltung von Kontakten sowie die Herstellung von Gruppenzugehörigkeiten fällt, ihm selbst dies bei allem Bemühen jedoch nicht gelingt, wird es den logischen Schluss daraus ziehen, dass mit ihm selbst etwas nicht stimmen muss. Oder zumindest, dass da wohl etwas Grundsätzliches, aber nicht Erkennbares unvereinbar ist. Dies wird durch wiederholte Erfahrung ins Selbstbild integriert oder in manchen Fällen auch in abgewandelter Form als »feststehende, unveränderliche Wahrheit« eingeprägt, im Sinne von Überzeugungen wie: »Andere Menschen und ich – das passt einfach nicht zusammen.« Oder auch: »Ich habe das Gefühl, ich komme von einem anderen Stern.« Aus einer solchen, unter Betroffenen recht verbreiteten Wahrnehmung heraus ist dann auch der englische Begriff »Wrong-Planet-Syndrome« entstanden, in dem sich viele wiederfinden.

13.2 Das Ideal vom Kern-Kontakt gegenüber einem peripheren Kontakt und Smalltalk

Schließlich kommt beim Aufbau und in der Gestaltung sozialer Kontakte noch etwas erschwerend hinzu: Kontakt ist nicht gleich Kontakt. Die Vorstellungen davon, was ein gelungener Kontakt sein könnte, gehen weit auseinander. Im Gespräch mit meinen Klienten stelle ich fest, dass ihre Vorstellung von Kontakt in etwa folgendermaßen aussieht:

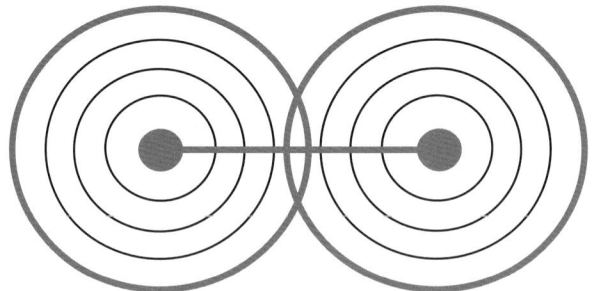

Unmittelbarer Kontakt von Kern zu Kern

Abb. 27: Kern-Kontakt

»Kontakt« bedeutet für sie: »Ich sehe Deinen Kern und Du siehst meinen, und die Kerne sind miteinander in Verbindung«. Dies erklärt, warum sie selbst Kontakt als so ungemein intensiv erleben – und warum andere Menschen angesichts der Kontaktintensität, die sie herstellen, oft überrascht oder auch beunruhigt sind.

Peripherer Kontakt und Smalltalk

Hingegen stellt sich der »normale« Kontakt zwischen neurotypischen Menschen in aller Regel erst einmal so dar (wir erinnern uns an die Darstellung der peripheren Schnittmenge beim Thema Smalltalk):

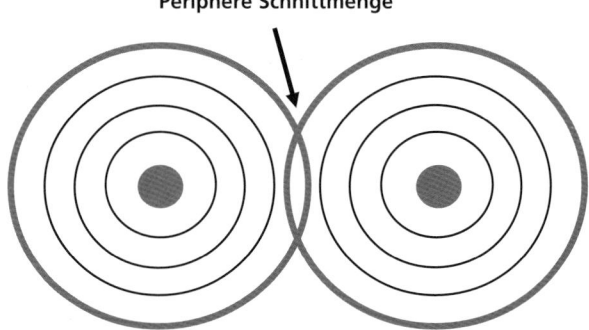

Abb. 28: Peripherer Kontakt

Die Schnittmenge, die – vom Autopiloten geleitet – so schnell und leicht hergestellt werden kann, verbindet tatsächlich nur peripher. Ja, die so hergestellte und im Smalltalk gepflegte Schnittmenge ist in ihrer Funktion gar nicht im Kern verbindend. Sie dient – bei näherer Betrachtung – im Grunde sogar dazu, bei relativ peripheren, »kern-fernen« Themen zu bleiben und *den eigentlichen Kern zu verbergen und zu schützen*. Und nicht nur der innerste Kern der Person wird geschützt, sondern auch ihre Intimsphäre, ihre Privatsphäre und eine nur einigen Menschen zugängliche Sphäre, die etwa guten Bekannten und Freunden vorbehalten ist.

> So kann ich mit unterschiedlichsten Leuten über unterschiedliche Themen sprechen, und ich kann diese Menschen über Jahre kennen und immer wieder Kontakt mit ihnen anknüpfen, ohne dass sie jemals erfahren, wie es mir wirklich geht, was mich, mein Leben und meinen Kern ausmacht.
> Ein Nebeneffekt davon, viele solcher peripheren Kontakte zu haben, ist, dass ich mich dadurch auch selbst nicht mit mir, meinen eigentlichen Bedürfnissen, Fragen, Konflikten, Fähigkeiten beschäftigen muss, sondern mich über periphere Kontakte immer in der – als leicht und unverfänglich erlebten – Peripherie aufhalten kann.
> Begegnet mir dann aber ein Mensch, der »auf den Kern aus ist« und womöglich gar mit klarem Blick durch die Peripherie hindurchsieht, dann kann das

> faszinierend und sehr attraktiv sein. Es kann jedoch auch Ängste oder Aggressionen hervorrufen.

Und diese Erfahrung machen viele meiner Klienten immer wieder: Eigentlich möchten sie »einfach nur Kontakt«, und zwar in der Form, die ihrer Meinung nach die einzig denkbare oder die einzig sinn-volle Form ist: nämlich ehrlichen, authentischen (Kern-)Kontakt, bei dem man einander sieht, vielleicht auch die Schattenseiten wahrnimmt, aber den Menschen selbst deshalb nicht wertet.

Was sie allerdings oft erleben, ist, dass Menschen aggressiv auf sie reagieren oder sich zurückziehen, gerade wenn ein solch unmittelbarer Kontakt angeboten wird oder spontan zustande kommen könnte.

Umgekehrt können Menschen mit autistischer Grundstruktur mit der peripheren Kontaktform nichts anfangen (wir erinnern uns an die Bemerkungen zum Smalltalk in ▶ Kap. 12 und können nicht begreifen, wie Menschen so viel Zeit mit so viel »Unsinn« vergeuden können.

Unter Kontakt stellen sich Menschen mit Autismus also zunächst einmal eine ehrliche, authentische Begegnung zwischen Menschen vor. Dabei sind deren jeweiligen »Kerne« gegenseitig sichtbar, erlebbar und in Verbindung miteinander, ohne dass über die jeweils andere Person wertend geurteilt würde. Wobei es allerdings aufgrund des digitalen Denkens und Erlebens geschehen kann, dass ein Mensch in ihren Augen als unerträglich empfunden und dann rigoros und nachhaltig abgelehnt wird. Dies geschieht meiner Erfahrung nach jedoch in diesem extremen Ausmaß relativ selten und ist in aller Regel doch auch noch veränderbar.

Entscheidende Kriterien dafür, wie ein Mensch empfunden und wie auf ihn reagiert wird, sind aller Erfahrung nach Präsenz und Authentizität. (Ich möchte hier auf das Buch »Buntschatten und Fledermäuse« von Axel Brauns (2004) verweisen, in dem er sein Erleben anderer Menschen sehr eindringlich beschreibt. Einige meine Klienten berichten, dass sie sich darin recht gut wiederfinden.)

13.3 Der Grundkonflikt: Gefangen zwischen den Welten

Fassen wir also zusammen: Mit dem Autismus verhält es sich nicht einfach so, dass die Betroffenen schlicht kein Interesse an Kontakt haben, Menschen grundsätzlich ablehnen und am besten dran wären, wenn sie völlig isoliert in ihrer Welt leben könnten.

Die Komplexität ihrer Situation liegt vielmehr darin, dass sie – wie jeder andere Mensch auch – Kontakt und Zugehörigkeit brauchen, jedoch immer wieder erleben, dass dies kaum zu erreichen ist, wenn sie »sie selbst« sind. So stellt es sich ihnen infolge vieler schmerzhafter Erfahrungen dar. Viele wünschen daher sehnlichst, sie seien »normal«. Sie haben das Gefühl, jemand anders sein zu müssen als sie sind, dann würde alles ganz einfach, Kontakte wären ein Kinderspiel, sie würden endlich dazugehören...

Lassen Sie uns, um uns den Konflikt, ja die Tragik der Situation zu verdeutlichen, an dieser Stelle nochmals auf das »Zwei-Welten-Modell« schauen.

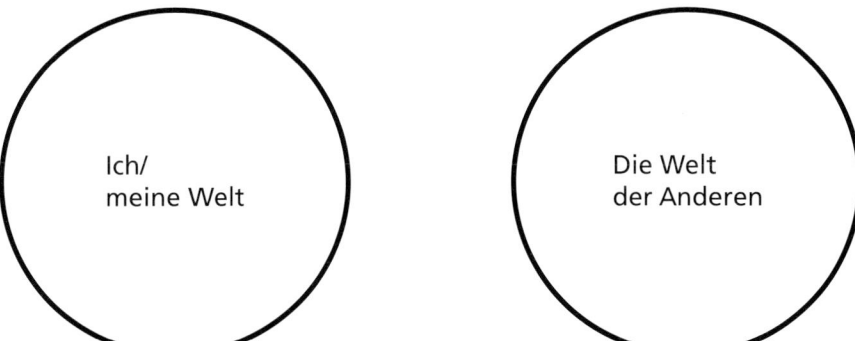

Abb. 29: Unterschiedlichkeit – Die eigene Welt unterscheidet sich von der Welt der Anderen

Im Erleben der meisten Betroffenen stellt es sich so dar, dass die eigene Welt mit der Welt der anderen nicht kompatibel ist. Die Unterschiedlichkeiten werden als so gravierend und unüberwindbar erlebt, dass sich keinerlei spontane und authentische Schnittmengen ergeben oder dass solche auch nur denkbar erscheinen.

Unterschiede, so haben wir in den vorhergehenden Kapiteln nachvollzogen, bestehen bereits auf der basalen Eben der *Reizverarbeitung*, so dass solche Reize nicht, verzerrt oder übersteigert wahrgenommen werden, die »alle anderen« Menschen jedoch offenbar ähnlich wahrnehmen, so dass sie sich darüber schnell einig sind.

Da sie ähnlich wahrnehmen, finden sie auch eher zu einem Konsens in ihrer *Bewertung* (»unangenehm kalt«, »angenehm warm«, »schön sonnig/hell«, passende Lautstärke von Sprache oder Musik, angenehme oder unangenehme Gerüche, Geschmacksrichtungen und Geschmacksintensitäten), wohingegen durch die unterschiedliche Wahrnehmung bei Betroffenen auch eine andere Bewertung erfolgt: Kälte wird vielleicht als angenehm empfunden, die Sonne ist viel zu grell, Sprache und Musik sind viel zu laut oder unangenehm »schräg«, Gerüche viel zu intensiv und so weiter.

Daraus wiederum ergeben sich folgerichtig Unterschiede in den Interessen und im *Verhalten* (Annäherung oder Meiden bestimmter Situationen/Reizquellen).

Aus diesem Erleben der grundlegenden und unüberbrückbaren Unterschiedlichkeit heraus gibt es scheinbar nur zwei Möglichkeiten einer Lösung:

- **»Lösung« 1:** Ich entscheide mich für meine eigene Welt, bleibe mir selbst treu und verzichte dafür auf Kontakt und Zugehörigkeit, und das nicht nur »mal«, sondern grundsätzlich.

Wenn ich mich für diese Variante entscheide, werde ich letztendlich in der Isolation landen – und damit, aller Erfahrung nach, in der Depression. Denn, wie oben bereits postuliert: Kein Mensch kann auf Dauer ganz alleine ohne jeglichen Kontakt leben. Ich erinnere hier an die bereits in Teil I beschriebene Idee, dass Kontakt tatsächlich eine Nahrung ist, auf die wir nicht verzichten können.

Bliebe als Alternative also die andere Variante:

- **»Lösung« 2:** Ich entscheide mich für die Welt der anderen, weil ich auf Kontakt und Zugehörigkeit nicht verzichten kann und will. Dann muss ich aber mich und meine eigene Welt aufgeben und mich ganz und gar anpassen, ja jemand anders sein als ich tatsächlich bin. Und auch das nicht nur »mal«, sondern grundsätzlich.

Wenn ich mich für diese Variante entscheide und diese Anpassung einschließlich Selbstverleugnung durchziehe, werde ich im Selbstverlust landen. Und damit ebenfalls in der Depression. Denn wenn ich mich selbst verloren habe, habe ich keinen Zugang mehr zu meinen Quellen, zu dem, was mich ausmacht. Auch werde ich feststellen, dass ein wirklicher Kontakt zu Menschen eigentlich nur möglich ist, wenn die Beteiligten als eigene Individuen präsent und tatsächlich beteiligt sind. Mit anderen Worten: Wenn ich den Weg der Selbstverleugnung und »gnadenlosen Anpassung« wähle, werde ich nicht nur mich selbst verlieren, sondern nicht einmal das gewinnen, wonach ich mich eigentlich gesehnt habe: ehrlichen Kontakt und echte Zugehörigkeit.

Die »inneren Alarmanlagen« gegen Kontaktverlust und Selbstverlust

Die allermeisten meiner Klienten stehen genau in der Mitte dieses Spannungsfeldes. Sie entscheiden sich nicht für eine der beiden Varianten, da sie – eigentlich zum Glück – intakte »Alarmanlagen« haben für die Gefahren des einen wie des anderen Extrems. Viele haben dadurch jedoch die Erfahrung gemacht, dass es aus dieser Position keinen Ausweg gibt:

Wendet sich der Betroffene auch nur für einen Moment in die eine Richtung und sagt: »Ich bleib mir selbst treu, kümmere mich jetzt um mich, richte es mir so ein, dass es mir gut geht und verzichte dafür auf Kontakt und Zugehörigkeit«, dann wird schnell der Alarm anspringen, der sagt: »Du willst auf Kontakt und Zugehörigkeit verzichten? Das ist gefährlich! Du musst doch alles tun, um den Anschluss nicht zu verlieren!«

Der Stress, der von diesem Alarm ausgeht, ist als erheblich einzuschätzen (siehe dazu die oben dargestellten evolutionsbiologischen und neurobiologischen Zusammenhänge). Der Rückzug in die eigene Welt ist also keine Lösung, auch wenn er spontan und kurzfristig Erleichterung und Erholung bieten mag.

Wendet sich der Betroffene hingegen in die andere Richtung und sagt: »Kontakt und Zugehörigkeit sind mir so wichtig – dafür verleugne ich mich und meine Welt. Hauptsache ich finde Kontakt oder verliere zumindest den Anschluss nicht«, dann wird – aufgrund einschlägiger Erfahrungen – der andere Alarm losgehen, der sagt:

»Vorsicht! Du bist dabei, dich selbst zu verleugnen, dich zu aufgeben! Du wirst dich verlieren und das darf nicht passieren!«

Der Betroffene wird also im Spannungsfeld eines doppelten Konflikts hängen und sich schließlich kaum mehr rühren können, da jede Wendung in die eine oder die andere Richtung einen heftigen, als existentiell erlebten Alarm (und damit erheblichen Stress) auslöst. Die existentiellen, menschlichen Sehnsüchte nach Identität einerseits sowie Kontakt und Zugehörigkeit andererseits drängen aber ungemindert weiter. So kommt es zu einer inneren Lähmung in Kombination mit einer extremen Anspannung, aus welcher der Betroffene für sich oft keinen Ausweg findet.

Gerade dann, wenn es um die Sehnsucht nach gelingenden Kontakten geht, ist es daher besonders wichtig, sich des grundlegenden Lösungsansatzes des Zwei-Welten-Modells zu erinnern.

Die Lösung bzw. der Weg aus dem Dilemma

Es gilt zunächst, die eigene Welt zu explorieren oder überhaupt wiederzufinden, diese zu würdigen, zu pflegen und sie als Basis zu nutzen für *Expeditionen* in die Welt der Anderen – von denen ich jederzeit wieder zurückkehren kann. Damit muss ich *keine Grundsatzentscheidung* mehr treffen, muss nicht eine Welt für die andere aufgeben, sondern kann beides (er-)leben – und schließlich beide Welten miteinander verbinden.

Zusammenfassung

Als Basis für ein Verständnis von Menschen auf dem Autismus-Spektrum, ihrer Kontaktbedürfnisse und ihrer Kontaktgestaltung ist es meines Erachtens wichtig, Folgendes zu wissen:

Auch Menschen mit Autismus haben ein Bedürfnis nach Kontakt und Zugehörigkeit und können sehr darunter leiden, wenn bedeutsame Kontakte gefährdet sind oder gar abgebrochen werden oder wenn sie von einer für sie bedeutsamen Gruppe abgelehnt oder ausgeschlossen werden.

Bei einem hohen Prozentsatz der Betroffenen ziehen sich entsprechende Erfahrungen von Isolation und/oder Mobbing durch die gesamte Kindheit und Jugend, bei einigen durch das ganze Leben. Die psychischen Folgen sind beträchtlich. Sie können bis zu Posttraumatischen Belastungsstörungen reichen und das psychische Erleben und das Verhalten zusätzlich zum Autismus stark beeinflussen.

Entsprechende Erfahrungen sowie Trauma-Symptome sollten in der Anamnese und auch in einer folgenden Psychotherapie unbedingt berücksichtigt und ernstgenommen werden. Hierzu gehört auch die Würdigung des entstandenen Leids (das den Betroffenen aufgrund mangelnder spontaner und nonverbaler Ausdrucksfähigkeit oft nicht anzumerken ist!) sowie der bisherigen Bemühungen und »Strategien« zur Bewältigung des Spannungsfeldes.

Viele Betroffene haben jedoch auch schon freundschaftliche Kontakte erlebt oder pflegen lebendige und langjährige Freundschaften. Allerdings sehen diese anders aus als bei vergleichbaren Personen der jeweils gleichen Altersstufe. Die Gestaltung von Kontakten kann sich in Form, Qualität und Dosierung unterscheiden. Sie können jedoch durchaus als genauso wertvoll und auch bei einer geringen Dosierung als völlig ausreichend erlebt werden.

Kontakt zu älteren oder jüngeren Personen fällt häufig leichter: Jüngere Kinder erwarten von den älteren nicht viel – sie freuen sich, wenn ein Älterer sich mit ihnen abgibt, und Ältere stellen sich eher auf den Jüngeren ein oder zeigen ihm wo's lang geht. Es sind die Gleichaltrigen, die die höchsten Erwartungen hinsichtlich spontaner und intuitiver Erfassung von Stimmungen, Intentionen, sozialen Regeln und Erwartungen haben. Aufgrund solcher Erfahrungen kann sich die Tendenz zu Kontakten mit Älteren oder Jüngeren auch im Erwachsenenalter fortsetzen.

Meistens wird ein Eins-zu-eins-Kontakt bevorzugt, da dieser leichter zu bewältigen ist als eine komplexere soziale Konstellation von mehreren Personen. Drei können schon einer zu viel sein. So berichten viele, dass sie in der Schulzeit immer jeweils *einen* Freund zur gleichen Zeit hatten, seien es nun mehrere hintereinander oder immer derselbe gewesen.

Ist eine Person zum »Andocken« gefunden, kann sich ein betroffener Mensch oft auch weitgehend problemlos und unauffällig in einer größeren Gruppe bewegen und sich gewissermaßen »wie über ein Zwischenstück« integrieren. Fällt diese Möglichkeit weg, fühlt sich der Betroffene hingegen »verloren«.

Ein häufiges Problem ist ein Mangel an gemeinsamen Interessen mit Gleichaltrigen. Dieser kann dazu führen, dass der Betroffene gar nicht erst Interesse an Gleichaltrigen entwickelt, weil er sie »doof« oder »albern« oder auch sich selbst einfach als zu »anders« empfindet. Er mag sich deshalb lieber Erwachsenen oder Tieren oder Objekten seines Spezialinteresses zuwenden. Es kann aber auch geschehen, dass er zwar einen starken Wunsch verspürt, »dazuzugehören« oder einen Freund zu finden, jedoch keinerlei Anknüpfungspunkte findet oder wiederholt scheitert, weil einfach keine Schnittmenge zustande kommt.

Ist jedoch eine Person gefunden, mit der ein Interesse geteilt werden kann, kann es zu einer engen Freundschaft kommen. Dabei steht dann meist das gemeinsame (Spezial-)Interesse im Mittelpunkt. Man schaut gemeinsam in eine Richtung und genießt auf diese Weise die Gemeinschaft, das Teilen, das gemeinsame Erleben, die gemeinsame – und dadurch verbindende – Aktivität. Hierfür sind nicht viele Worte notwendig. Es ist hierfür auch nicht notwendig (und damit nicht gefordert), viel von der Person des anderen mitzubekommen oder von sich selbst auszudrücken. Es geht dann um das gemeinsame Thema, mit dem sich beide auskennen. Und das funktioniert gut. Dabei kann übrigens durchaus ein so empfundener »Kern-zu-Kern-Kontakt« zustande kommen. Und mir wird häufig berichtet, dass solche Freundschaften, die bereits in der Kindheit geknüpft wurden, ein Leben lang halten.

Entgegen weit verbreiteter Vorstellungen wird sozialer Kontakt von den meisten Betroffenen als sehr intensiv erlebt – zumal sie selbst meist einen möglichst unmittelbaren und authentischen Kontakt (»Kern-zu-Kern-Kontakt«) anstreben. So wird beispielsweise auch ein direkter Blickkontakt von vielen Betroffenen als viel zu intensiv und daher als überfordernd und unangenehm empfunden. Die meisten haben gelernt, dass die Menschen von ihnen erwarten, angeschaut zu werden, und sie haben dies auf irgendeine Weise trainiert und für sich Lösungen gefunden.

Einige schauen auf einen Punkt im Gesicht, andere schauen ihrem Gegenüber über die Schulter oder stellen ihren Blick etwas weiter und schauen »irgendwie ins Gesicht«, um nicht auf die Augen fokussieren zu müssen.

Die hohe Intensität im Kontakt wird meist nicht in einer so hohen Frequenz benötigt beziehungsweise ertragen. Zudem wird die Gestaltung der Interaktion dem Betroffenen einiges an Konzentration abverlangen, um soziale Signale bewusst zu verarbeiten und das eigene Verhalten zu steuern. Kontakt wird daher als anstrengend erlebt, auch wenn er durchaus gewünscht ist. So kenne ich viele, die mir sagen: »Es genügt mir, meinen besten Freund einmal pro Woche/alle paar Monate/einmal im Jahr zu sehen. Dann muss ich mich erst einmal wieder vom Kontakt erholen.« Allerdings sind sie sich bewusst darüber, dass die meisten Menschen andere Bedürfnisse hinsichtlich Frequenz oder Kontinuität freundschaftlicher Kontakte haben, und wissen die Toleranz und Treue ihrer Freunde diesbezüglich ausdrücklich zu schätzen.

Umso interessanter wird es, wenn es um die Gestaltung von partnerschaftlichen Beziehungen geht. Hier können die Bedürfnisse doch sehr stark auseinandergehen – was dann einiges an Konfliktstoff bietet und immer wieder auch zum Scheitern von Beziehungen führen kann.

Dennoch finden sehr viele Menschen mit hochfunktionalen Formen des Autismus einen Partner, gründen eine Familie, erziehen Kinder. Und das kann durchaus sehr gut funktionieren. Merke also: Eine gute Ehe oder Partnerschaft, ein intaktes Familienleben stellen keinesfalls ein Ausschlusskriterium für Autismus dar. Und umgekehrt darf nicht angenommen werden, dass eine Partnerschaft oder die Erziehung der Kinder missglücken muss, nur weil einer der Beteiligten – oder gar beide Partner – auf dem Autismus-Spektrum sind.

14 Identität

Besonderheiten in der Wahrnehmung, vor allem jedoch ein wiederholtes Erleben der Unterschiedlichkeit gegenüber anderen Menschen hat unweigerlich Auswirkungen auf die Entwicklung der Identität eines Menschen. Welche Zusammenhänge hier bestehen und welche Auswirkungen dies auf das Selbstbild Betroffener hat, soll in diesem Kapitel nachgegangen werden.

14.1 Überlegungen zum Begriff der Identität

Wenn wir uns mit dem Begriff der Identität beschäftigen, stellen wir interessanterweise fest, dass er eine gewisse Widersprüchlichkeit zu beinhalten scheint.

Zum einen steht er für die »Wesenseinheit« eines Individuums, das heißt für seine unverwechselbare Einzigartigkeit – die im psychologischen Sinne zum einen von vorneherein »angelegt« ist, zum anderen sich erst im Laufe der Entwicklung herausbildet. Und zum anderen steht der Begriff »Identität« für eine völlige Gleichartigkeit mit einem anderen Individuum. Wenn etwas *identisch* ist, ist es exakt gleich.

So können wir uns mit etwas oder jemandem »identifizieren« – was im ursprünglichen Sinne wohl hieße, eine Gleichartigkeit zu »machen«, das heißt herzustellen zwischen mir und einem anderen, oder zumindest zwischen *bestimmten Aspekten, die ich als gleich erkenne.* Wir erleben demnach eine Identifikation mit jemandem als eine Feststellung bzw. als eine »Herstellung« von Gleichartigkeit. Wir denken »Das ist wie bei mir!«, wenn wir »Ankerpunkte« zur Wiedererkennung eigener Aspekte beim anderen wahrnehmen. Oder es entsteht aufgrund der Wahrnehmung vieler bedeutsamer Parallelen gar generell der Eindruck: »Der/die/das ist wie ich.«

Diese Überlegungen kommen mir in den Sinn, wenn ich über Fragen der Identitätsentwicklung bei meinen Klienten nachdenke. Der scheinbare Widerspruch des Begriffs in seiner Bedeutung als Einzigartigkeit und Gleichartigkeit trifft für mich auf ein Grundproblem, mit dem viele Menschen mit Autismus zu kämpfen haben und das auch ein zentraler Gegenstand der gesamten Betrachtung dieses Buches ist. Denn sowohl die Unterscheidung des eigenen Ichs von anderen bzw. das Erkennen der Unterschiedlichkeit der eigenen Welt von der eines anderen Menschen als auch die Wiedererkennung ähnlicher Aspekte bzw. tatsächlicher Gemeinsamkeiten weist in der Entwicklung der Betroffenen spezifische Besonderheiten auf. Diese zu erkennen und zu berücksichtigen, wird wertvolle Erkenntnisse ermöglichen und Hinweise geben für den weiteren Entwicklungs- und Lösungsprozess.

Die Unterscheidung zwischen »Ich« und »Du«

In der tiefenpsychologisch orientieren Entwicklungspsychologie nach Margret Mahler (1996) wird die erste Entwicklungsphase als »autistische Phase« bezeichnet – eine Bezeichnung, die ich schon zu Beginn meiner Ausbildung nur bedingt brauchbar fand, da sie meinem Eindruck nach allen autistischen Menschen unterstellte, in der hierfür definierten Art und Weise zu empfinden, ja, zeitlebens auf dieser Ebene stehenzubleiben. Dies finde ich von der Begrifflichkeit her immer noch problematisch. Allerdings lohnt es sich, sie vor dem Hintergrund unserer bisherigen Betrachtungen und der Erfahrungen Betroffener nochmals genauer anzusehen.

Das Zustandsbild, das durch den Begriff »autistische Phase« erfasst und beschrieben werden soll, ist eines der noch kaum ausgeprägten Differenzierung. Das neugeborene Kind lebt demnach in einer Welt aus Eindrücken, bei denen es noch nicht zwischen innen und außen, zwischen einzelnen Objekten und schon gar nicht zwischen »Ich« und »Du« unterscheidet.

Nach den Beobachtungen und Forschungen Margret Mahlers (1996) beginnt es jedoch sehr bald, zumindest zwischen der »Zwei-Einheit« aus Mutter und Kind und der Außenwelt zu unterscheiden. Es tritt in die sogenannte »symbiotische Phase« ein. Da es natürlicherweise jedoch auch Strebungen hin zur Individuation, zur Ablösung und letztlich zur Autonomie hat, wird es sich zunehmend auch von der Mutter unterschieden wahrnehmen und sich – verschiedene Phasen durchlaufend – immer weiter tatsächlich von ihr ablösen. Im Laufe dieser Entwicklung wird es sich mehr und mehr als Individuum erleben, das (erst) dann – eben als eigene Entität – in *Beziehung* zur Mutter, aber auch zu anderen Objekten und zur Umwelt treten kann.

So problematisch ich Erklärungsmodelle finde, wenn sie als absolut und linear verstanden und zur Betrachtung von Menschen undifferenziert angewendet werden – bestimmte Aspekte und Beobachtungen, die zu ihrer Konstruktion geführt haben, können meines Erachtens durchaus erhellend und wegweisend sein, gerade auch zum Verständnis der autistischen Entwicklung und bestimmter sich daraus ergebender Schwierigkeiten.

Denn wenn wir uns mit der Identitätsentwicklung und dem frühen Erleben autistischer Menschen beschäftigen, werden wir feststellen, dass – aufgrund der beschriebenen Besonderheiten bei der Reizverarbeitung – die Entwicklung in mancher Hinsicht ja tatsächlich »anders« verläuft. Ausbleiben tut sie jedoch definitiv nicht.

Die Differenzierung einzelner Muster aus der äußeren und inneren Reizflut und damit die Unterscheidung zwischen innen und außen, zwischen einzelnen Objekten und letztlich auch zwischen einem »Ich« und einem »Du« ist tatsächlich erschwert. Eine entsprechende Entwicklung erfolgt daher zumindest in vielen Fällen langsamer und weniger selbstverständlich. Dies lässt sich aus den Beschreibungen vieler Betroffener entnehmen, die sich an ihr Erleben in der Kindheit erinnern und ihre

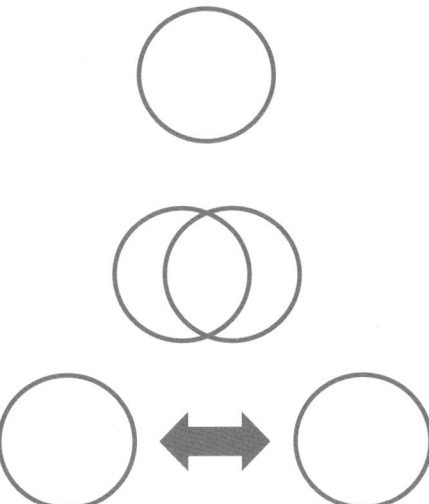

Abb. 30: Das Individuationsmodell nach Margaret Mahler

eigene Entwicklung und ihr aktuelles Erleben sehr genau reflektieren und beschreiben können.

Besonders deutlich wird die Unterschiedlichkeit bei der Entwicklung der Fähigkeit zur Theory of Mind. Offenbar gehen autistische Kinder sehr lange – wesentlich länger als neurotypische Kinder – davon aus, dass das, was sie selbst erleben und wissen, selbstverständlich alle anderen auch genauso erleben und wissen. Das betroffene Kind kann sich nicht vorstellen, dass im Geiste eines anderen Menschen womöglich etwas anderes vor sich geht als im eigenen, dass also der andere etwas nicht wissen könnte, was es selbst weiß.

Konkrete Folgen im Erleben und Verhalten

Die konkrete Folge davon ist, dass es zum einen keinen Sinn darin sehen wird zu kommunizieren, beispielsweise etwas zu berichten, was es erlebt hat. Wozu soll man etwas erzählen, was im Kindergarten oder in der Schule passiert ist, wenn man davon ausgeht, dass alle anderen das längst wissen, ja dass sie genau das alles auch selbst genau so erlebt haben? Dies ist ein Grund dafür, warum autistische Kinder meist kaum auf die Idee kommen, etwas zu erzählen. (Ein Phänomen, das Eltern große Sorgen machen kann und auch in bzw. mit dem System Schule erhebliche Probleme mit sich bringt.)

Eine weitere konkrete Folge ist das lange Ausbleiben der Funktion des Lügens oder Schummelns. Lügen macht nur dann Sinn, wenn ich weiß, dass der andere nicht »meine Wahrheit« kennt. Insofern ist – wie auch Tony Attwood gerne immer wieder betont – die Fähigkeit bzw. der Versuch des Kindes, zu lügen, als bedeutender Entwicklungsschritt zu bewerten. Allerdings fehlt es hier dann meist an einer Einschätzung, wie viel oder wenig der andere doch von meiner Wahrheit weiß oder leicht herausfinden kann. So werden Lügen oder Schummel-Versuche eher plump ausfallen – und auf die Mitmenschen dreist wirken, nach dem Motto: »Für wie dämlich hält der mich eigentlich – das ist doch so offensichtlich.« Für das betroffene Kind ist genau das so jedoch nicht einschätzbar. Es weiß gerade einmal, dass die anderen oft nicht dasselbe wissen wie es selbst, es hat beobachtet, dass auch die anderen oft nicht die Wahrheit sagen – und dies dann meist mit einigem Erfolg.

All dies wird im Erwachsenenalter gerade bei Menschen mit hochfunktionalem Autismus in dieser Form nicht mehr zu beobachten sein. Sie haben inzwischen ausreichende Erfahrungen gemacht und können die Unterschiedlichkeit der Wahrnehmungen besser einschätzen. Die Entwicklung ist insofern fortgeschritten. Nichtsdestotrotz beschreiben mir viele Erwachsene, dass es oft noch eines *bewussten Aktes der Reflexion* bedarf, um sich klar zu machen, dass der andere nicht weiß, was man selbst weiß und erlebt, inwieweit eine Unwahrheit schnell »auffliegen« wird und an welchen Stellen sie zum Erfolg führen wird oder eher zur Katastrophe... Aufgrund dieser Unsicherheit bleiben das Lügen, das Verbergen und das Spielen von Rollen autistischen Menschen in der Regel zeitlebens suspekt – zumal Wahrhaftigkeit von den allermeisten von ihnen ohnehin als einer der höchsten Werte angesehen wird.

14.2 Das Erleben grundlegender Unterschiedlichkeit – und die Auswirkungen auf die Identitätsbildung

Wie wir bereits festgestellt haben, machen die meisten Betroffenen bei wachsendem Bewusstsein die Beobachtung, dass sie sich in ihrer Wahrnehmung, ihrem Erleben sowie ihren Bedürfnissen, Interessen und in ihrem Verhalten von ihren Mitmenschen, insbesondere von den Gleichaltrigen, unterscheiden.

Eine *Identifikation* mit anderen, also das Wiedererkennen eigener Erlebensaspekte oder Wesenselemente im anderen – und sei es nur zur Bestätigung des eigenen Erlebens – ist unter diesen Bedingungen ausgesprochen schwierig. Umgekehrt scheint es in einer solchen Situation mangelnder Vergleichs- und Identifikationsmöglichkeiten im Außen auch schwerer zu sein, überhaupt eine eigene Identität bei sich zu erkennen – und diese dann auch zu würdigen.

Hinzu kommt, dass ja gerade zu Beginn der Entwicklung der »Spiegel« des menschlichen Gegenübers kaum wahrgenommen und genutzt werden kann, um darin etwas über sich selbst zu erfahren. Dies findet erst später, auf einer bewussten Ebene, statt, ist dann jedoch schon stark mitgeprägt von der Erkenntnis und dem Erleben des »Anders-Seins«. So wird die Unterschiedlichkeit in der Wahrnehmung (auf beiden Seiten) oft viel deutlicher herausgestellt als das Gemeinsame.

So stelle ich in Gesprächen mit meinen Klienten immer wieder fest, wie wenig sie tatsächlich darüber wissen, was bei »uns Neurotypischen« ganz genauso ist wie bei ihnen selbst, welche Erfahrungen und Bedürfnisse, welche Probleme und Konflikte wir ebenso kennen wie sie.

Allein schon die Erkenntnis, dass auch für uns »Neurotypische« nicht »alles einfach« ist, dass auch wir unter Missverständnissen, Einsamkeit, unerfüllbaren inneren und äußeren Ansprüchen leiden, dass auch wir Ängste vor Verlust, vor dem Neuen, vor dem Nichts kennen und uns Veränderungen schwerfallen, kann einen »Knoten zum Platzen« bringen, das heißt den Blick und den Weg frei machen für eine neue Sicht der Welt der anderen – und im Zuge dessen auch der eigenen. Warum? Weil vielleicht erstmals Identifikation möglich ist, die Erkennung eigener Aspekte im anderen und umgekehrt.

Die Bildung einer Vorstellung von der eigenen Identität wird also erschwert, wenn zum einen die bestätigende Spiegelung durch den anderen ausbleibt und zum anderen die Möglichkeit des Wiedererkennens seiner selbst im anderen durch das vordergründige Erleben der Unterschiedlichkeit stark eingeschränkt ist.

Umso stärker fällt mir bei meinen Klienten ihre Neigung und ihre oft herausragende Fähigkeit zur *Reflexion* im Allgemeinen und zur *Selbst-Reflexion* im Besonderen auf. Was sie an äußerer Reflexion missen müssen, versuchen sie, so scheint es, durch eigene Gedanken und die *bewusste* Suche nach Hinweisen und Zusammenhängen auszugleichen.

Identifikation mit anderen auf dem Autismus-Spektrum

Vor dem Hintergrund dieser Überlegungen beginnen wir zu ahnen, welche Erschütterung viele Betroffene erleben, wenn sie erstmals Berichte von anderen Menschen auf dem Autismus-Spektrum (oder über sie) lesen oder hören und erstmals das Gefühl haben: »Das kenne ich!« Ja, nicht selten wird dieser Moment mit den Worten beschrieben: »Ich hatte das Gefühl, da beschreibt jemand mein Leben.« Und es erscheint mir wenig verwunderlich, dass sie von diesem Moment an danach streben, diesem Eindruck nachzugehen, ihn zu verifizieren bzw. von außen »offiziell« und möglichst objektiv bestätigen zu lassen.

In diesem Sinne kann sich schon alleine die Diagnosestellung identitätsstiftend auswirken. So habe ich mehr als einmal erlebt, dass Betroffene mir sagten: »Meine Identität habe ich ja erst seit der Diagnose.« Und es wird dann berichtet von Depressionen, die sich »seither bereits verflüchtigt«, Konflikten, die sich aufgelöst, und Lebenswegen, die sich neu eröffnet haben – schon ehe die »eigentliche« Psychotherapie überhaupt begonnen hat.

Allerdings darf nicht davon ausgegangen werden, dass alle Menschen auf dem Autismus-Spektrum sich untereinander in allem gleichen und dass sie sich sofort miteinander verstehen werden. Nicht umsonst sprechen wir ja mittlerweile von einem »Autismus-Spektrum«. Zudem ist und bleibt jeder Mensch ein Individuum und dies gilt auch für diejenigen »auf dem Spektrum«.

Für einige wird es eine Erleichterung und Bereicherung sein, mit anderen Betroffenen in Kontakt zu kommen – sei es im Internet oder persönlich in einer Selbsthilfegruppe, bei Veranstaltungen oder privat. Es kann dann ein Austausch darüber stattfinden, wo Gemeinsamkeiten liegen, welche Lösungen für den einen oder die andere funktioniert haben. Es können und werden jedoch auch Unterschiede festgestellt werden, was nicht unbedingt trennend wirken muss, sondern das Bewusstsein über das Spektrum beim Einzelnen erweitern und vertiefen kann. All dies kann durchaus identitätsstiftend wirken.

Dennoch sollte nicht der Schluss gezogen werden, dass die beste Lösung für jeden darin liegt, sich mit anderen Betroffenen zusammenzufinden. Manchmal passt es einfach nicht. Und die Unterschiedlichkeiten im Wesen, in den individuellen Lebenssituationen aber auch bei den Interessen und Zielen und schließlich hinsichtlich der Lösungs- und Bewältigungsstrategien können die Gemeinsamkeiten so weit überwiegen, dass es sinnvoll ist, sich jeweils andere Kontakte, Bezugspunkte oder Gruppen zu suchen, mit denen eher eine »Schnittmenge« hergestellt werden kann – was dann auch zur eigenen Identitätsfindung beiträgt.

In jedem Falle erlebe ich in meiner Arbeit, welch großen Stellenwert dieses Thema der Identitätsfindung aus Sicht der Betroffenen hat. Lassen Sie uns daher im Folgenden einige Aspekte des Identitätserlebens betroffener Menschen herausgreifen und genauer betrachten.

14.3 Spannungsfelder zwischen verschiedenen Entwicklungsbereichen

Immer wieder höre ich von meinen Klienten Aussagen wie: »Ich fühle mich schon so alt – und dabei bin ich in vielen Dingen doch noch wie ein Kind.« Tatsächlich können die Entwicklungsprofile sehr heterogen aussehen, was für die Betroffenen selbst wie auch für ihr soziales Umfeld verwirrend und konfliktreich sein kann. Schließlich erscheint es unlogisch und letztlich ja für *alle* Beteiligten schwer verständlich, wie ein Mensch nachweislich intelligent (sei es durchschnittlich, sei es überdurchschnittlich), eloquent und in seinen Ansprüchen perfektionistisch, zugleich jedoch unfähig sein kann, sich in andere hineinzuversetzen, alltägliche Abläufe und Handlungen zu planen und/oder umzusetzen oder bestimmte Zusammenhänge zu erfassen, die für andere selbstverständlich sind. Das Bild vom zerstreuten Professor, der zwar auf seinem Fachgebiet genial, jedoch im sozialen Miteinander »unmöglich« und ohne Hilfe völlig lebensuntüchtig ist, drängt sich hier gerne auf, wird der Problematik jedoch nur sehr begrenzt gerecht. Denn es wird damit das Bild eines Menschen vor Augen gestellt, der es immerhin bis zum Professor gebracht hat und der womöglich mit der größten Selbstverständlichkeit »seine Leute hat«, die für ihn den »niederen, alltäglichen Kleinkram« erledigen. Dies mag zwar durchaus hin und wieder vorkommen, ist jedoch keinesfalls die Regel. Hier ist anzumerken, dass das Gros meiner Klienten kein eigenes Einkommen hat und eine berufliche Integration bei vielen schon im Ansatz gescheitert oder immer wieder von Brüchen und Enttäuschungen durchzogen ist. So fehlt auch bei diesem Bild den allermeisten Betroffenen die Möglichkeit zur Identifikation!

Auch Bilder vom liebenswerten, inselbegabten Trottel oder vom sozialblinden Nerd, wie sie in den letzten Jahren vermehrt in Filmen und Serien auftauchen und, wie mir scheint, geradezu genüsslich ausgemalt werden, sind – bei allem Sinn für Humor, den die meisten meiner Klienten durchaus aufweisen – wenig dazu geeignet, sich in positiver Weise darin wiederzufinden und gar eine menschenwürdige Identität daraus abzuleiten.

Dass das Spannungsfeld zwischen verschiedenen Aspekten der Entwicklung auffällig ist und Interesse, aber auch Argwohn weckt, ist den Betroffenen durchaus bewusst. Ich möchte hier zur Veranschaulichung exemplarisch einige Beispiele für solche Spannungsfelder aufführen.

Der Musiker

Er ist Musiker mit Leib und Seele, ist jedoch auch literarisch und lyrisch sehr begabt und kreativ. Er komponiert, schreibt eigene Stücke und Songs und interpretiert sie selbst gesanglich und auf verschiedenen Instrumenten. Er hat zugleich auch breite und detaillierteste Kenntnisse auf bestimmten Fachgebieten der Musik. Die Bewältigung des Alltags jedoch bedeutet für ihn eine ständige, kaum vorstellbare Herausforderung. Alleine die Vorstellung, Brot kaufen zu müssen, kann ihm den Tag verderben, denn die Auswahl an möglichen Brotsorten und der Bäckereien, die für den Kauf in Frage kommen, sowie die Wege, die dorthin führen, stellen ihn vor eine hochkomplexe Aufgabe. Und dann kommt ja noch die Konfrontation mit dem Verkaufspersonal hinzu, das ihn unweigerlich nach seinen Wünschen befragen, jedoch nicht die Geduld aufbringen wird, den dann ablaufenden hochkomplizierten und von vielen Reflexionen und Hinterfragungen zusätzlich verzögerten Entscheidungsprozess in Ruhe abzuwarten. Arztbesuche enden in Verzweiflung, da seine ernsthaft, aber wenig ausdrucksstark vorgetragenen Symptomschilderungen kaum Resonanz hervorrufen und in der Folge schlicht nicht ernst genommen werden.

Der IT-Spezialist

Er löst jedes technische Problem oder PC-Problem, programmiert, gestaltet nach Wunsch Webseiten und übernimmt ähnliche Aufgaben. In der Schule jedoch scheiterte und verzweifelte er an ganz bestimmten Aufgabenbereichen, wie z. B. dem Einmaleins. So sehr er sich anstrengte, er konnte es sich einfach nicht merken. Er ist im sozialen Umfeld bekannt für seine Hilfsbereitschaft – und muss immer wieder feststellen, dass diese schamlos ausgenutzt wird. Die Alltagsbewältigung ist ihm alleine allerdings nicht möglich. Hier ist er auf die Hilfe von Eltern und Alltagsassistenz angewiesen. Denn bereits die Planung und Umsetzung einfacher Handlungssequenzen wird häufig torpediert: Reizüberflutung, eine hohe Ablenkbarkeit durch Details in der Umgebung und die Tendenz, bei äußerer oder innerpsychischer Überforderung in eine komplette Handlungslähmung zu verfallen, erschweren ihm die Umsetzung seiner eigenen Pläne.

Der Student

Als er noch ein Kind war, wurde ein IQ von 158 festgestellt. In PC-Spielen bewegt er sich auf einem Niveau, das für andere kaum nachvollziehbar ist – und ist darin dann allein. Er ist hochgradig eloquent und an unterschiedlichen Themen interessiert. Die Gestaltung von Alltagskontakten fällt ihm jedoch sehr schwer. Seine Beobachtungsgabe ist glasklar und messerscharf, seine Introspektionsfähigkeit differenziert bis zur Schmerzgrenze (und darüber hinaus). Das Einkaufen, abgesehen von den vertrauten Routine-Einkäufen, ist ihm unmöglich, da ihn die Fülle an Objekten und der unvermeidliche Kontakt zum Verkaufspersonal überfordern. In seiner Wohnung ist seit dem Einzug nichts ausgepackt oder bewegt worden. Aufräumen, Sortieren und überhaupt Ordnung halten überfordert ihn, da die vielen Details, Ansatzpunkte, assoziierten Themen und erforderlichen Handlungsabfolgen sich wie eine undurchdringliche Mauer auftürmen und ihn lähmen. Genauso ergeht es ihm mit den notwendigen Formalitäten oder alltäglichen Aufgaben im Studium. Er hat das Grundstudium absolviert, kommt jedoch nicht weiter, weil es ihm unmöglich ist, in die Uni zu gehen und an die Türen der Professoren oder deren Sekretärinnen zu klopfen, um die Scheine abzuholen. All das sieht er glasklar – und verzweifelt an den für ihn unlösbaren Diskrepanzen. Letztendlich gelingt es ihm jedoch, mit Hilfe einer Alltagsassistenz und einer Reinigungskraft, die zeitweise für ihn Teile des Riesenbergs an Aufgaben übernehmen, nicht nur sein Studium erfolgreich abzuschließen und seine Wohnung in Ordnung zu bringen. Er nimmt auch sein weiteres Leben in die Hand, findet eine Stelle, zieht dafür in eine andere Stadt und organisiert sich dort von vorneherein die Hilfen, die er nach seinem Ermessen für die Alltagsbewältigung noch benötigt.

Die Lebenskünstlerin

Als sie zu mir kommt, wirkt sie in ihrem ganzen Sein und Ausdruck wie ein weises Kind – und sie selbst formuliert diese von ihr selbst so wahrgenommene Diskrepanz auch so: »Auf der einen Seite habe ich alle anderen in der Schule oft so kindisch und albern gefunden – und das geht mir heute oft noch mit Leuten so. Auf der anderen Seite fühle ich mich selbst so sehr wie ein Kind, das vieles nicht begreift und das sich hilflos fühlt, weil es so vieles nicht versteht.« Sehr bald schon nimmt sie jedoch ihr Leben in die Hand, gestaltet es so, wie es für sie stimmig ist, holt den Schulabschluss nach – und hält dabei sich selbst und zwischenzeitlich auch noch ihren Lebenspartner durch den einen oder anderen Job mit über Wasser. Dabei hilft ihr ihre Lebensklugheit in vielen Situationen weiter – wofür sie auch von ihren Altersgenossen durchaus Anerkennung erfährt. Zugleich holt sie das Gefühl der Verzagtheit, des Nicht-Verstehens immer wieder ein. Inzwischen hat sie die Erfahrung gemacht, dass es ihr am besten geht, wenn sie genau dieses Spannungsfeld in ihrer Identität zulässt und sich selbst so nimmt, wie sie ist.

Aus Beispielen wie diesen lassen sich *Diskrepanzen zwischen unterschiedlichen Entwicklungsbereichen ableiten:*

Besonders weit entwickelt sind bei Menschen mit Autismus meist bestimmte kognitive und reflektorische Fähigkeiten, so dass sie hochgradig logisch und – im Rahmen ihres Wissens und ihrer Erfahrung – meist auch ausgesprochen »vernünftig« denken. Die Abstraktionsfähigkeit kann jedoch zugleich nachhaltig beeinträchtigt sein. Hingegen ist auf der Ebene der sozio-emotionalen Entwicklung – einschließlich solcher Funktionen wie Frustrationstoleranz, Objektkonstanz und Theory of Mind – die Entwicklung erschwert, woraus sich Aspekte des Erlebens und Verhaltens ergeben können, die eher an ein Kind erinnern. (Unter Objektkonstanz wird die Fähigkeit bezeichnet, auch dann noch mit Sicherheit zu wissen, dass ein Objekt – ein Gegenstand oder eine Person – existiert, wenn dieses gerade nicht sichtbar oder anderweitig wahrnehmbar ist.)

Besonders auffällig werden jedoch Einschränkungen in den Handlungsfunktionen und der Alltagsbewältigung sein, woraus sich Gefühle kindlicher Unfähigkeit und Hilflosigkeit sowie auch tatsächliche, ganz konkrete Abhängigkeiten ergeben können.

Hier darf allerdings keinesfalls verallgemeinert werden. Jeder Mensch auf dem Autismus-Spektrum, auch jeder mit hochfunktionalem Autismus, weist sein ganz eigenes Profil und ganz eigene Kompensationsfähigkeiten auf, so dass bei vielen von ihnen zunächst keine der genannten Schwierigkeiten tatsächlich zu Tage treten muss. Allenfalls lassen sich dann bei eingehender Exploration in ihrem persönlichen Erleben solche Spannungsfelder wiederfinden. Oder sie treten erst auf, wenn die Anforderungen so weit steigen, dass die Kompensationsstrategien nicht mehr ausreichen. Oder wenn umgekehrt sich eine bereits erarbeitete, sichere Basis verändert oder ganz wegbricht, von der aus bislang alles andere kompensiert und bewältigt werden konnte.

Freilich können entsprechende Diskrepanzen im persönlichen Entwicklungsprofil nicht im Umkehrschluss als diagnostisches Kriterium gewertet werden. Wahrscheinlich werden sich viele Menschen mit oder ohne Autismus in einigen Beschreibungen wiederfinden oder entsprechende Spannungsfelder von sich kennen. Sie gehören, in gewissem Maße, wohl zum Menschsein dazu. Der Grund, warum ich hier explizit darauf eingehe, liegt vielmehr wiederum in der Ausprägung solcher Diskrepanzen.

Ich hoffe daher, dass vor dem Hintergrund der bisherigen Ausführungen nachvollziehbar geworden ist, wie die starken Diskrepanzen in der Entwicklung der Betroffenen zustande kommen – und welche Auswirkungen diese sowohl auf das Selbstbild als auch auf die Fremdwahrnehmung und auf den jeweiligen konkreten Lebensweg haben.

14.4 Autonomieentwicklung

Dass die beschriebenen Diskrepanzen auch einen starken Einfluss auf die eigentliche Autonomieentwicklung haben, wird, so denke ich, nach diesen Schilderungen verständlich. Die anhaltende Abhängigkeit von Eltern und Familie sowie von professionellen Helfern in der Alltagsbewältigung und bei der sozialen und beruflichen Integration erweckt nicht nur nach außen, sondern auch in den Betroffenen selbst einen Eindruck von Unreife, von »ewigem Kind-Sein«. Dies wird von einigen durchaus auch als Aspekt ihrer Identität akzeptiert oder in mancher Hinsicht sogar kultiviert. Aussagen wie »Ich will gar nicht erwachsen sein« entspringen damit nicht nur einem trotzigen Festhalten am Gewohnten, sondern sind auch ein Versuch, sich zum einen im eigenen Sein wertzuschätzen und zu erhalten und zum anderen sich von den als unlogisch und »un-authentisch« empfundenen »Erwachsenen« abzugrenzen, welche »die Welt der Anderen« mit all ihren Ungereimtheiten und Erwartungen repräsentieren.

Dennoch darf auch bei solchen Lösungsversuchen das Spannungsfeld zwischen Autonomiestreben und tatsächlicher Abhängigkeit nicht unterschätzt werden. Natürliche Impulse hin zur Eigenständigkeit und das Scheitern oft schon in anscheinend unbedeutenden, alltäglichen Situationen bringen immer wieder starke innerpsychische Konflikte mit sich, die freilich durch die expliziten oder impliziten Forderungen oder Erwartungen der Umwelt noch verschärft werden.

Umso bedeutender und drängender ist bei den meisten Betroffenen die Suche nach einer stimmigen Identität, in welche die so unterschiedlichen Aspekte integriert werden können. Wir werden im Folgenden sehen, welche Themen hier aufgrund der autistischen Grundstruktur eine besondere Rolle spielen.

14.5 Sinn, Würde und Fremdbestimmung

Was macht Sinn?

Bereits in den obigen Kapiteln über Kommunikation und Kontaktbedürfnisse zeigen sich Unterschiedlichkeiten zwischen dem, was neurotypische Menschen unter fruchtbarer und damit sinnvoller Begegnung verstehen, und den Vorstellungen und Idealen von Menschen mit Autismus.

Kommunikation, wir erinnern uns, erscheint ihnen dann sinnvoll, wenn (neue) Informationen gegeben oder ausgetauscht werden oder wenn zumindest der Informationsstand in sachlicher Weise gegenseitig abgeglichen werden kann. Smalltalk wird hingegen als vollkommen »sinnfrei« erlebt.

Peripherer, von Selbstschutz und Fassade geprägter Kontakt – wie wir ihn oben mit Blick auf eher »neurotypisches Kontaktverhalten« beschrieben haben – und die dazugehörigen »Rollen«, die in verschiedenen Situationen wie selbstverständlich gespielt oder einfach eingenommen werden, sind für Betroffene nicht nur befremdlich und unverständlich, sondern wirken mitunter auch irritierend bis sogar bedrohlich.

Die Frage nach der Sinnhaftigkeit stellt sich allerdings freilich nicht nur im Hinblick auf Kommunikation und Kontakt, sondern gerade auch in Bezug auf das eigene Leben und die eigene Bestimmung in der Welt.

»Was ist meine Bestimmung?«

Einen ähnlich hohen Anspruch wie an die Authentizität im Kontakt und die Wahrhaftigkeit in der Kommunikation haben Betroffene auch hinsichtlich ihrer eigenen Bestimmung. Sie sehnen sich danach, etwas Wertvolles in diese Welt einzubringen, jedoch sollte dies etwas sein, das ihnen tatsächlich entspricht. Die Vorstellung, anderen etwas vorzumachen oder andererseits auf Dauer etwas tun zu müssen, was mit ihrer eigenen Welt überhaupt nichts zu tun hat, ist ihnen gleichermaßen unerträglich.

Leider steht ihr Wunsch oft im krassen Widerspruch zu ihren realen Erfahrungen. Denn die Grunderfahrung, die sich bei vielen von ihnen durchs Leben zieht, ist ja genau diese: dass sie so, wie sie sind, in der Welt der anderen nutzlos, befremdlich oder gar bedrohlich erscheinen. Oder auch, dass ihre Fähigkeiten zwar für sich genommen bewundert werden, im Alltag jedoch nutzlos sind, und dass ganz andere Fähigkeiten und Leistungen erwartet werden, als sie tatsächlich erbringen können.

Darüber hinaus treibt die Diskrepanz zwischen den eigenen hohen Ansprüchen auf Authentizität und Perfektion und dem ständig wieder erlebten Scheitern nicht wenige Betroffene in die Depression.

Zugleich liegt genau hier ein wertvoller Ansatzpunkt für die individuelle Entwicklung und Lebensgestaltung: Die Erkenntnis, gerade in seinem »So-Sein« einzigartig und in seinem – ganz eigenen – Beitrag unverzichtbar für die Welt zu sein, war schon für so manchen meiner Klienten ebenso ein Durchbruch wie die Erfahrung, dass er tatsächlich *aktiv* etwas einbringen kann und dass dies auch von anderen wahrgenommen und »auf einmal« auch wertgeschätzt wird.

Tony Attwood weist in Vorträgen und Veröffentlichungen darauf hin, dass es vielen Menschen mit hochfunktionalem Autismus spontan besser geht – und sie auch keiner Psychotherapie mehr bedürfen –, sobald sie »ihre Nische« finden, sei es beruflich oder in einem anderen Bereich. Einige finden ihre besondere Bestimmung in der Kunst, andere in einem ehrenamtlichen Engagement.

Aber auch bei denen, die vom Autismus wesentlich stärker in ihren Handlungs- und Ausdrucksmöglichkeiten eingeschränkt werden und die noch keine solche Nische und keinen Weg gefunden haben, sich »Sinn-voll« einzubringen, wird bei genauerer Betrachtung eine tiefe Sehnsucht danach feststellbar sein, anderen zu helfen, etwas zu geben oder zumindest Aufgaben erfüllen zu können, die in beiden Welten als wertvoll erachtet werden.

Auch hier liegt also eine zutiefst menschliche Gemeinsamkeit, nämlich der Wunsch, im eigenen Leben und Dasein einen Sinn zu sehen, der über das reine Überleben und die eigene Welt hinausreicht.

Einem Betroffenen diesen Wunsch und diese Gemeinsamkeit abzusprechen, indem man ihm Egoismus, Gleichgültigkeit oder gar Boshaftigkeit unterstellt, wird nicht umsonst als Grausamkeit erlebt. Denn eine solche Annahme spricht ihm seine Menschlichkeit ab. Und damit auch seine Würde.

Würde

So tauchen als ein weiteres ganz zentrales Thema – oft bereits während des diagnostischen Gesprächs – die Würde und deren Verletzungen auf. Würdeverletzungen geschehen durchaus nicht nur durch direkte und explizite Ablehnung, Verachtung oder Mobbing, sondern vielfach sehr viel subtiler.

Im therapeutischen Prozess stellt sich heraus, auf welch vielfältige Weise die Würde der Person infrage gestellt werden kann – und wie empfindlich, ja geradezu allergisch Betroffene auf entsprechend interpretierbare Hinweise reagieren.

Allein schon falsche oder verzerrte Bilder, die sich Menschen im Umfeld von einem Betroffenen machen, oder generell kursierende Vorstellungen über »Autisten« und ihre Fähigkeiten oder Unfähigkeiten führen dazu, dass sich ein betroffener Mensch nicht oder falsch *gesehen* fühlt. Leider geht damit meist auch eine Entwertung einher – sei dies nun tatsächlich aus der Sicht der Mitmenschen oder sei es vor allem in der Befürchtung und Interpretation des Betroffenen.

Das Wort »Respekt« geht zurück auf das lateinische »respicere«, was »beachten«, »berücksichtigen«, »für etwas sorgen« bedeutet. Und diese Begriffe haben schließlich ihre Wurzeln im Wort *specere* – sehen. Nicht gesehen zu werden, insbesondere nicht in seinem wahren Wesen, wird als Entwürdigung empfunden – und das nicht nur von autistischen Menschen.

Das mit dem »Sehen« des anderen und vor allem auch mit dem »richtig Gesehen-Werden« ist jedoch eine knifflige Sache. Und dies trifft – aus Gründen, die wir ja bereits oben beleuchtet haben – in besonderer Weise für die Erfahrung von Menschen auf dem Autismus-Spektrum zu.

- Wenn der eigene Selbstausdruck für andere kaum wahrnehmbar oder zutreffend interpretierbar ist,
- wenn das eigene Verhalten nicht den Erwartungen der umgebenden Sozialen Autopiloten entspricht und von ihnen mit nicht kompatiblen »Deutungsprogrammen« (fehl-)interpretiert wird
- und wenn darüber hinaus noch Missverständnisse generalisiert werden, die zu Stigmatisierungen (festlegenden Vorurteilen) führen,

ist die Wahrscheinlichkeit, falsch gesehen und eingeschätzt zu werden, sehr hoch – mit allen ungünstigen Folgen. Wer jedoch von klein auf immer wieder entwürdigende Erfahrungen macht, der wird an diesem Punkt besonders empfindlich werden. Die Reaktionen darauf können vielfältig sein.

Die von außen erfahrene Entwürdigung kann der Betroffene übernehmen und in depressiver Weise gegen sich selbst richten. Sie kann jedoch auch zu einer ausgesprochen misanthropischen, also Menschen gegenüber ablehnenden Einstellung, einer dementsprechenden Abwehrhaltung und zu Aggressionen führen.

Fremdbestimmung

Ein weiterer Faktor, der einen starken Einfluss auf die Identitätsentwicklung hat, ist das Erleben von Fremdbestimmung. Nun ist auch dies nichts, was nur Menschen mit Autismus erleben. Allerdings habe ich im Umgang und Austausch mit ihnen den Eindruck gewonnen, als würde für sie das Leben zu mindestens 95 Prozent aus Fremdbestimmung bestehen – und auf Anfrage wird mir dies auch von vielen bestätigt.

Dieser Eindruck steht im krassen Gegensatz zu dem, den viele andere Menschen von ihren autistischen Mitmenschen, speziell von autistischen Kindern, gewonnen haben. Wirken sie auf Außenstehende nicht manchmal wie kleine Tyrannen? Versuchen sie nicht mit aller Kraft, ihren Willen durchzusetzen – auch wenn dieser für alle anderen Beteiligten nicht nur unerklärlich, sondern auch ungünstig bis unmöglich ist?

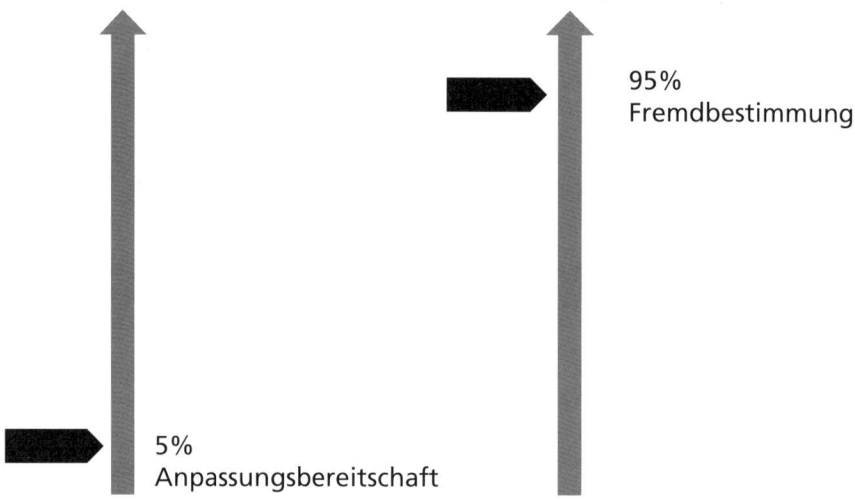

Abb. 31: Außensicht vs. Innensicht – mangelnde Anpassungsbereitschaft vs. ständige Fremdbestimmung

Von außen gesehen besteht also (grob geschätzt) nicht mehr als fünf Prozent Anpassungsbereitschaft, während die Betroffenen selbst sich zu 95 Prozent fremdbestimmt fühlen und sich erst dann (notfalls vehement) verweigern, wenn das Maß der Anforderungen auch noch darüber hinaus geht.

Wie lässt es sich erklären, dass gerade in diesem Punkt die Selbst- und Fremdwahrnehmung so weit auseinanderklaffen? Lassen Sie uns hierfür nochmals ein paar

Überlegungen heranziehen, die wir bereits zum grundlegenden Verständnis autistischen Erlebens angestellt haben.

Reizverarbeitung und Erlebenswelt generell

Ein Mensch, der eine andere Reizwahrnehmung und Reizverarbeitung hat, wird natürlicherweise andere Bedürfnisse, Grenzen, Interessen und Abneigungen haben als die meisten Menschen in seinem Umfeld. Was die anderen – einvernehmlich – angenehm finden an Lichtverhältnissen, Geräuschen, Materialien, Berührung, Umgebungstemperatur, Gerüchen und Geschmack, aber vor allem an der Kombination und Fülle aller Reize in einer Situation, das kann für einen Menschen mit Besonderheiten in der Reizverarbeitung unangenehm bis unerträglich sein.

Da er, idealerweise, bestimmte Reizmuster und Objekte, bestimmte Situationen und Konstellationen für sich entdeckt hat, die ihm erträglich oder sogar angenehm sind und die ihm helfen, sich in einen schützenden Trancezustand zurückzuziehen, wird er irritiert bis verzweifelt reagieren, wenn eben diese ihm entzogen werden. Oder wenn er sich gar ungeschützt Situationen mit viel zu großer Reizfülle ausgesetzt sieht. Gerade Kinder, die meist ja noch auf der Suche nach Schutz- und Kompensationsmöglichkeiten sind, werden besonders heftig reagieren, wenn ihnen die einzigen »Anker« und die mühsam erarbeiteten, schützenden Hüllen entzogen werden.

Auch hat ein Kind meist noch nicht erkannt, dass alle anderen Menschen sich in ihrer Wahrnehmung und ihren Bedürfnissen so stark von ihm unterscheiden. So wird es den Eindruck gewinnen, dass die Mitmenschen es »wissentlich« quälen, wenn sie es an seinen für es so notwendigen Bewältigungsstrategien hindern, am Schaukeln etwa, an »endlosen« Wiederholungen bestimmter Stellen im Lieblingsmusikstück oder am stereotypen Drehen eines Bindfadens. So kommt es, dass viele Angehörige von ihren betroffenen Kindern immer wieder Sätze hören wie: »Du weißt doch genau, dass ich das brauche!« Formulierungen wie diese verdeutlichen die Empörung und Verletzung eines Menschen, der den Eindruck hat, es werde ihm aus purer Willkür und Schikane das Unerträgliche abverlangt.

Kontrolle, Gleicherhaltungstendenzen und Vorhersehbarkeit

Zu den besonderen Bedürfnissen auf der Ebene der Reizverarbeitung kommen Bedürfnisse hinsichtlich Vorhersehbarkeit, Verlässlichkeit, Gleicherhaltung und Kontrolle, die freilich sehr schnell umgekehrt vom Umfeld als »Schikane« empfunden werden. Wenn – ohne von außen erkenntlichen Grund – die kleinste Änderung im gewohnten Ablauf, jede Abweichung von gewohnten Wegen oder Ordnungen, jede »Ausnahme« von sonst gültigen Regeln Panik oder Wutausbrüche auslösen, führt das schnell dazu, dass die Mitmenschen sich von einem autistischen Kind tyrannisiert oder zumindest gegängelt fühlen. Und selbst wenn sie um seinen Hintergrund wissen, sind entsprechende Bedürfnisse nach Gleicherhaltung und Kontrolle letztlich für alle Beteiligten eine Herausforderung.

Allerdings kann das Wissen um die Hintergründe durchaus dabei helfen, gemeinsam Lösungen zu finden, mit denen alle leben können. Entscheidend ist dabei die gemeinsame Erkenntnis, dass es keinem der Beteiligten ums reine »Bestimmen« geht. Es geht also nicht um Macht – wie bei tatsächlicher Tyrannei –, sondern um grundlegende Bedürfnisse. Und das auf beiden Seiten. Dies zu erkennen, ermöglicht einen Umgang in gegenseitigem Respekt – und das schützt die Würde aller Beteiligten.

Mangelnde »Sinnhaftigkeit« von Verhaltensweisen, Forderungen und Regeln der »anderen«

Jedes Kind macht die Erfahrung, dass die Dinge, die Spaß machen, oft verboten sind, und die Dinge, die man machen soll, »doof« sind und noch dazu sinnlos erscheinen. Neurotypische Kinder haben allerdings einen Vorteil: Sie werden jedes Mal spontan belohnt, wenn sie einem »Nein« oder einer Anordnung folgen.

Dies braucht bei ihnen noch nicht einmal explizit verbal oder gar mit einer greifbaren Belohnung erfolgen. Das neurotypische Kind sieht, wie die Mutter sich spontan entspannt – oder gar sichtlich freut –, wenn es den Finger von der Steckdose lässt oder brav die Spielsachen in die große Kiste packt. Auch dann, wenn die Steckdose es sehr gereizt hätte und es einen echten Verzicht bedeutet, sie nicht eingehend zu erforschen, und auch wenn das Einräumen von Spielsachen, mit denen man eben noch schön gespielt hat, für das Kind erstmal keinen Sinn macht – allein schon, dass die Stimme der Mutter sich verändert, ihre Mimik sich entspannt oder gar Freude und Stolz zeigt, wirkt unmittelbar auf das (neuronale) Belohnungssystem des Kindes. Dafür lohnt es sich schon einmal, schöne bzw. interessante Dinge sein zu lassen oder »doofe«, sinnfreie Dinge zu tun.

Für ein autistisches Kind bleiben solche Belohnungen allerdings aus. Nicht, weil ihre Eltern und sonstigen Mitmenschen ihnen keine anbieten würden, sondern weil sie schlicht nicht ankommen. Da kann Mama lächeln oder stolz sein, so viel sie will – im neuronalen Belohnungssystem des Kindes tut sich nichts.

Autistische Kinder lernen daher vor allem, dass es – ohne erkenntliche Vorwarnung – irgendwann massiven, deutlichen und dadurch auch erschreckenden Ärger gibt. Da diese Momente tatsächlich sehr erschreckend, ja gar traumatisch wirken, prägen sie sich stark ein. Die Kinder lernen so bestenfalls, was sie besser lassen sollten, um Ärger zu vermeiden.

Fatalerweise können sie auf diese Weise jedoch kaum lernen, was – da für neurotypische Menschen sinnvoll und angenehm – gewünscht ist und was unerwünscht – weil für die anderen unangenehm, verletzend, empörend. Was von ihnen erwartet wird, wissen sie nicht.

Stattdessen lernen gerade Menschen mit hochfunktionalem Autismus, ständig mit plötzlichem, heftigem Ärger in Form von (lautem) Schimpfen, Ablehnung, Kontaktabbruch oder auch mit drastischen Strafen rechnen zu müssen. Infolgedessen konzentrieren sie sich darauf, sich Situationen zu merken, in denen sie solchermaßen bestraft wurden oder die schiefgegangen sind – und diese möglichst zu vermeiden. Ja, die meisten von ihnen berichten, dass sie eigentlich ständig damit beschäftig sind, darüber nachzudenken, wie sie sich »richtig« verhalten sollten, nicht nur im »Hier und Jetzt«, sondern auch in bevorstehenden Situationen. Umgekehrt werden vergangene Situationen hinsichtlich möglicher Hinweise auf eigenes Fehlverhalten oder negative Reaktionen anderer Menschen analysiert. Meist jedoch mit wenig Erfolg.

Ein junger Mann beschrieb mir sein Denken in sozialen Situationen wie eine Kette von Stoppschildern und jeweils alternativen Möglichkeiten. Jedes Stoppschild stehe für eine negative Erfahrung, die er gemacht habe, im Sinne eines Fehlers, den er gemacht, oder Ärger, den er bekommen habe. Diese seien fest gespeichert. Eigentlich sei er froh, dass er die negativen Erfahrungen gemacht habe. Durch die dadurch entstandenen »Stoppschilder« habe er wenigstens irgendeine Orientierung – nämlich, wo es nicht langgehe. So könne er Ärger weitgehend vermeiden.

Ein anderer Mann klagte jedoch darüber, dass er immer nur gesagt bekomme, wenn etwas nicht in Ordnung sei an seinem Verhalten:
»Da kommen die und sagen: ›Nun ging das ein paar Wochen so gut mit dir. Und jetzt wird es wieder so schlecht wie vorher.‹ Können die mir nicht mal sagen, wenn ich was richtig mache? Das würde mir viel mehr helfen herauszufinden, was sie erwarten!«

Die große Diskrepanz zwischen innerem Erleben und Außensicht

Wir stellen also fest, dass Menschen auf dem Autismus-Spektrum letztendlich sehr viel Energie in Anpassungsbemühungen stecken. Darüber hinaus erleben sie von klein auf, dass sie Erwartungen und Regeln Folge leisten müssen, die ihnen nicht nur sinnfrei erscheinen, sondern die sie nicht selten auch bis über ihre Grenzen hinaus fordern.

Was aber allein schon das Erleben von Sinnlosigkeit in Regeln und Forderungen an Spannung mit sich bringt, mag das folgende Vorstellungsbild veranschaulichen.

Vorstellungsbild: Geschwindigkeitsbegrenzung

Wer Auto fährt, kennt sicherlich die Situation: Man fährt auf einer gut ausgebauten Landstraße, hat es vielleicht auch ein wenig eilig, an sein Ziel zu kommen – und dann taucht da auf einmal diese Schilder auf: Geschwindigkeitsbegrenzung 30 Kilometer pro Stunde, Rollsplit, vielleicht noch mit einem kleinen Zusatzschild: auf sechs Kilometer.

Nun werden die meisten Autofahrer sicherlich nicht sofort auf 30 Stundenkilometer heruntergehen und die folgenden sechs Kilometer in dieser Geschwindigkeit zurücklegen. Je nach Temperament, Erziehung und situativem Befinden wird man vielleicht abbremsen. Schließlich will man sich nicht den

Lack ruinieren. Und man weiß ja auch nicht, ob nicht vielleicht kontrolliert wird. Aber mit 30 fahren wohl die wenigsten, und schon gar nicht die gesamte Strecke.

Wenn da allerdings noch ein weiteres Schildchen darunter angebracht ist, auf dem steht »Vorsicht Radarkontrolle«, dann sieht es bei den meisten Menschen sicherlich anders aus. Immerhin kann es teuer werden, wenn man »geblitzt« wird. So werden die meisten Autofahrer in diesem Fall ihre Geschwindigkeit doch etwas weiter drosseln.

Fährt man dann aber wirklich sechs Kilometer weit völlig entspannt mit etwa 35 Stundenkilometern? Erfahrungsgemäß eher nicht. Die meisten Autofahrer werden genervt sein. Die Spannung steigt von Kilometer zu Kilometer.

Ganz besonders dann, wenn weit und breit kein Rollsplitt mehr zu sehen ist, entsteht das Gefühl, sinnlos gegängelt, ja veräppelt zu werden. Man kann nicht so, wie man möchte. Man tut zähneknirschend, was geboten wurde, auch wenn es offenkundig keinen Sinn macht und man selbst lieber ganz anders wollte. Das heißt: Es stellt sich ein Gefühl der Schikane ein. Man fühlt sich fremdbestimmt. Und schon allein ein solcher Gedanke kann an der Würde nagen. Wir bestimmen einfach lieber selbst. Es sei denn, uns werden plausible Gründe aufgezeigt.

Im übertragenen Sinne könnte man sagen, dass Menschen mit Autismus ihr Leben lang genau in diesem Erleben von Sinnfreiheit und Fremdbestimmung, ja sogar Schikane verbringen. Tatsächlich finde ich es vor dem Hintergrund dieser Überlegungen und von ihrer Perspektive aus betrachtet bewundernswert, wie stoisch sie diese Situation zumindest die meiste Zeit ertragen. Die »Ausraster« und »Einbrüche«, die letztlich doch zu Tage treten, sind insofern eher die Momente, in denen es selbst über diese Grenzen hinausgeht.

Die Tragik der Situation liegt darin, dass die neurotypische Umwelt nicht ahnt, wie das betroffene Individuum empfindet. Das heißt: Die Mitmenschen sehen eine Person, die auf ihnen unerklärlichen Forderungen besteht, die »ausrastet« oder zusammenbricht, wenn ihren Wünschen nicht Folge geleistet, ihre Bedürfnisse nicht in jedem Punkt berücksichtigt werden. Das Umfeld fühlt sich von einer solchen Person manipuliert oder eben gar tyrannisiert, erlebt die ständig vorgebrachten Bedürfnisse ihrerseits als sinnfrei und daher schließlich ebenfalls als Schikane.

Dass es auf Seiten des Betroffenen genau andersherum aussieht, ist von außen eben kaum zu ahnen. Dabei könnte man sagen: Bis 95 Prozent sinnfreie »Schikane« und Quälerei durch Reizüberflutung – das wird irgendwie ertragen. Man lernt, das auszuhalten. Schon alleine um Ärger zu vermeiden (Achtung, Radarkontrolle) – der Preis ist zu hoch. Aber man hält auch durch, um überhaupt die Chance auf soziale Kontakte und auf Zugehörigkeit zu haben. So werden sinnlose Regeln befolgt und sinnlose Verhaltensweisen an den Tag gelegt (Smalltalk usw.). Aber was über diese Grenze noch hinausgeht, das kann nicht mehr ertragen, nicht mehr toleriert werden.

Was also nach außen sichtbar wird, wären damit die verbleibenden fünf Prozent an Fremdbestimmung, die nicht mehr hingenommen werden (können). So ist so mancher »Ausbruch« oder »Ausraster« auch unter dem Aspekt von Würde und Fremdbestimmung zu sehen und zu verstehen.

»Entschärfung« durch Würdigung

Erfahrungsgemäß genügt oft bereits die Feststellung, dass dieser Aspekt gesehen und das Bemühen gewürdigt wird, um eine Situation zu entschärfen: Immer wieder durfte ich erleben, wie sich ein Betroffener spontan beruhigen konnte und ein ganz neuer Kontaktansatz entstand in dem Moment, als nur ausgesprochen wurde: »Ich weiß, dass das für Dich unerträglich ist. Das macht alles gar keinen Sinn. Du weißt nicht, wozu das gut sein soll. Dafür hast Du das bislang echt tapfer ertragen.«

So kann das Gefühl, zumindest *gesehen* zu werden, auch in seinen Bemühungen und seiner Geduld – das Wort kommt von »(er-)dulden« – bereits erheblich zu einem Nachlassen von Spannung und zu einem neuen *gegenseitigen* Verständnis beitragen.

Dasselbe gilt übrigens auch umgekehrt. So hat auch jeder betroffene Mensch die Möglichkeit, durch Anerkennung der Geduld seiner Mitmenschen Situationen zu entschärfen und zu einem respektvolleren Umgang miteinander beizutragen. Dies erscheint mir insofern wichtig, genau an dieser Stelle zu bemerken, da es hier ja letztlich um das Thema Fremdbestimmung gegenüber Selbstbestimmung geht.

Ich fände es schlimm, wenn jeder Betroffene nur darauf angewiesen wäre, dass ihm von Seiten der Mitmenschen Verständnis entgegengebracht würde. Meistens haben diese ja wesentlich weniger Anlass dazu, sich über Unterschiedlichkeit Gedanken zu machen. Denn sie sind zumindest in dem extremen Ausmaß viel seltener damit konfrontiert als Menschen mit Autismus. So besitzen Betroffene meist mehr Erkenntnisse über die Unterschiedlichkeiten zwischen Menschen, und sie haben daher auch schon mehr »Übung« darin, damit umzugehen.

Es liegt daher durchaus eine Chance darin, wenn zumindest ein Mensch mit hochfunktionalem Autismus, der sich gut ausdrücken kann und schon viele Gedanken gemacht hat, von seiner Seite aus auf den neurotypischen Menschen zugeht und ihn auf die Unterschiedlichkeit von Bedürfnissen und Sinnerleben anspricht.

Ich gebe zu, dass das oft nicht leicht ist. Und es gibt keine Garantie dafür, dass der andere das Angebot – und die darin liegende Würdigung – als solche annehmen kann. Dennoch erscheint es mir wichtig, um diese Option zu wissen und sie zumindest hin und wieder in Betracht zu ziehen. Denn auch darin liegt die Chance, dem Gefühl ständiger Fremdbestimmung und Abhängigkeit von anderen Menschen etwas entgegenzusetzen – und *selbstbestimmt* Situationen in die Hand zu nehmen.

15 Krise und Trauma – Momente von Kontrollverlust und Haltlosigkeit

Im Verlauf dieses Buches haben wir festgestellt, mit welcher Fülle von Herausforderungen sich Menschen mit Autismus von Beginn ihres Lebens an konfrontiert sehen. Da ist es nicht verwunderlich, wenn es immer wieder Momente gibt, in denen »alles zu viel« wird. Es kommt zu Einbrüchen oder auch Ausbrüchen – zu Situationen also, die allgemein gern als »Krisen« bezeichnet werden. Diesen Begriff gilt es allerdings genauer unter die Lupe zu nehmen.

Herausforderungen gehören zum Leben dazu. Dies gilt wohl ausnahmslos für alle Menschen, ja vielleicht sogar für alle Lebewesen. In gewisser Weise können Herausforderungen sogar als unerlässlich für Lebendigkeit und (Weiter-)Entwicklung angesehen werden. Sie können aber auch zu viel werden und letztlich zu einer Eskalation oder einem Zusammenbruch führen – mit weitreichenden Folgen für ein Individuum wie auch für sein Umfeld.

Die entscheidenden Fragen scheinen zu sein:

- Unter welchen Bedingungen können Herausforderungen zu einer Weiterentwicklung führen?
- Welche Basis ist hierfür jeweils notwendig?
- Wo sind Grenzen erreicht oder gar überschritten, so dass es zur Stagnation oder zu Einbrüchen mit nachhaltigen Folgen kommt?

Hierzu möchte ich einige Aspekte zusammentragen und gerade im Hinblick auf Menschen auf dem Autismus-Spektrum betrachten. Denn die Erfahrung zeigt, dass gerade sie besonders häufig Situationen erleben, die sie fordern oder die überfordernd oder gar traumatisch wirken.

15.1 Begriffsklärung: »Krise«, »Katastrophe«, »Trauma«

Lassen Sie uns zunächst eine Begriffsklärung vornehmen. Denn gerade die Begriffe »Krise«, »Katastrophe« und »Trauma« werden meiner Beobachtung nach häufig unreflektiert und geradezu inflationär gebraucht, ohne sich ihre ursprüngliche und eigentliche Bedeutung bewusst zu machen.

Krise oder Katastrophe

Mit dem Begriff der »Krise« wird ursprünglich ein Moment höchster Anspannung definiert, der zugleich einen *Wendepunkt hin zu Entspannung, Lösung und Besserung der Situation* darstellt. Findet keine Wende zum Besseren statt, sondern endet die Zunahme an Spannung in destruktiver Weise, kann also nicht mehr von einer »Krise« gesprochen werden. Hier wäre der Begriff »Katastrophe« angemessener.

Trauma

Als »Trauma« wird in der Medizin eine schwere Verletzung bezeichnet, die bleibende Schäden oder Narben hinterlässt. Dieser Begriff wurde dann auch auf die Psyche übertragen. Von einem »psychischen Trauma« sprechen wir demnach dann, wenn es zu einer tiefen seelischen Verletzung gekommen ist, die nachhaltige psychische Folgen nach sich zieht.

15.2 Entwicklungspsychologische Betrachtungen zum Konzept »Krise«

In der Entwicklungspsychologie gibt es einige Modelle, die davon ausgehen, dass jeder Mensch natürlicherweise bestimmte Entwicklungskrisen durchläuft und auch durchlaufen muss, um sich überhaupt weiterzuentwickeln und seine Potentiale zu entfalten. Entscheidende Entwicklungsschritte werden demnach erst durch und mit diesen Krisen vollzogen. Beispiele hierfür sind die Herausforderungen des Laufen-Lernens, die Trotzphase, Krisen in der Pubertät, später dann beispielsweise der Schritt in den Ruhestand.

Mit Blick auf die Etymologie stellen wir fest, dass die Begriffe »Krise«, »Kritik« sowie daraus abgeleitet »kritisch« aus der selben Wortwurzel und Grundidee entspringen: Es geht um Unterscheidung und Entscheidung. Wir sprechen von »kritischen Lebensereignissen«, wenn plötzlich eine neue Situation eintritt, die uns erschüttert, beispielsweise durch die Trennung von bedeutsamen Menschen, eine schwere Krankheit oder den Tod eines Angehörigen oder auch bei einem Verlust des Arbeitsplatzes.

Hier sehen wir uns unvorbereitet mit großen Herausforderungen konfrontiert, die unser bisheriges Leben mit seinen Zielen und bewährten Lösungen in Frage stellen, ja uns unsere bisherige Lebensgrundlage zu entziehen scheinen. Viele Menschen erleben solche Situationen nicht nur als extreme Herausforderung, sondern auch als Zusammenbruch alles dessen, was ihnen bislang Halt gegeben hat. Sie müssen – zumindest in vieler Hinsicht – von vorne anfangen. Gerade dabei erfahren manche vielleicht erstmals eine bleibende Basis, die bereits gewachsen ist und auch durch die größte Krise hindurchträgt. Und mancher entdeckt eben in einer solchen

Situation, in der jeglicher äußerer Halt weggebrochen ist, seine eigenen, tatsächlich unerschütterlichen Potentiale. Nicht wenige jedoch fühlen sich einfach nur überfordert und zerbrechen an der Aufgabe eines Neubeginns oder einer Weiterentwicklung. Vielleicht leben sie irgendwie weiter, sie erholen sich jedoch nie von den Folgen dieses Zusammenbruchs. Ein solchermaßen *traumatisches* Erlebnis kann dazu führen, dass ein Mensch – sei es bewusst oder unbewusst – fortan in Angst vor der nächsten Katastrophe lebt.

Unterstützende und erschwerende Bedingungen

Es scheint Bedingungen zu geben, die dazu beitragen, dass Herausforderungen die Entwicklung, das Wachstum und die Reifung eines Menschen begünstigen, und solche, die sich eher hinderlich oder gar destruktiv auswirken. Dabei spielen sowohl jeweils aktuelle Rahmenbedingungen eine Rolle als auch Voraussetzungen, die ein Individuum aufgrund seiner bisherigen Geschichte und Entwicklung mitbringt.

In manchen Modellen wird davon ausgegangen, dass erst ganz bestimmte Entwicklungsschritte vollzogen sein müssen, und damit auch bestimmte Fähigkeiten bereits zur Verfügung stehen, ehe man den nächsten Schritt bewältigen kann. Hieraus ergibt sich die Idee aufeinander aufbauender Entwicklungsstufen.

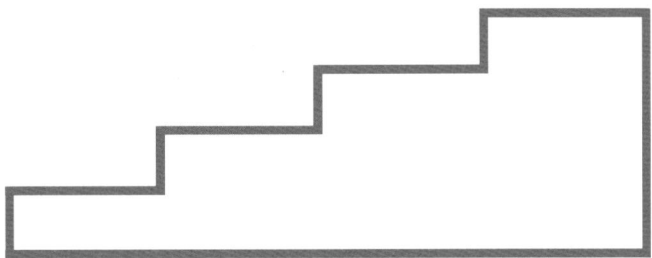

Abb. 32: Stufenmodell aus der Entwicklungspsychologie

Werden bestimmte Herausforderungen zu früh an einen Menschen herangetragen, wird er diese nicht bewältigen, die nächste Stufe nicht erklimmen können. Stattdessen stagniert er in seiner Entwicklung. Oder er fällt sogar auf der »Treppe« zurück – es kommt zu einer sogenannten »Regression«, einem Rückschritt. Dies kann situativ oder nachhaltig geschehen, je nachdem, wie gravierend die Überforderung war.

> So ergibt sich letztlich die »Formel«, dass Entwicklung dann am besten stattfinden kann, wenn Herausforderungen auf ausreichende Voraussetzungen treffen und unterstützende Bedingungen herrschen, die die Bewältigung begünstigen.

Umgekehrt gibt es auch erschwerende Bedingungen, die dazu führen, dass vorhandene Potentiale nicht ausreichend genutzt werden können, so dass trotz guter Voraussetzungen die Entwicklungsaufgabe nicht bewältigt werden kann.

Insgesamt ergibt sich das Bild, dass Anforderung einerseits und Potential und gute Bedingungen andererseits sich die Waage halten müssen, damit eine angemessene Entwicklung stattfinden und vorhandene Potentiale ausgeschöpft werden können.

15.3 Die besondere Situation bei Menschen auf dem Autismus-Spektrum

Wir haben in den vorigen Kapiteln bereits festgestellt, dass Menschen auf dem Autismus-Spektrum sich von Anfang an mit wesentlich größeren Herausforderungen konfrontiert sehen als solche mit neurotypischer Reizverarbeitung.

Vor diesem Hintergrund lässt sich erklären, warum krisenhafte Eskalationen und Zuspitzungen bei vielen von ihnen häufiger zu beobachten sind – aber auch, warum Betroffene in manchen Bereichen ihrer Entwicklung oft weiter sind als ihre Alternsgenossen: Sie hatten mehr Krisen zu bewältigen und sind daran gewachsen.

Auch wird nachvollziehbar, wie viele Faktoren sich auf die Entwicklung hinderlich auswirken können, so dass es in manchen Bereichen immer wieder auch zu Verzögerungen, Stagnationen und Rückschritten kommt.

Besonders wenn wir uns die Gesamtheit der Anforderungen sowie der Bedingungen und Voraussetzungen anschauen, wird schnell klar, dass die Ausgangslage für die Betroffenen anders aussieht als bei den allermeisten Menschen – und sie daher auch anders bewertet und unterstützt werden müssen, damit sie ihre Potentiale entwickeln und auf ihrem jeweils ganz eigenen Weg vorangehen können.

Die Folgen von Überforderung

Die Folgen eines Ungleichgewichts zwischen Voraussetzungen und Anforderungen sind vielfältig. Für die Betroffenen resultiert daraus das Erleben von Überforderung und Scheitern. Womöglich kommen auch noch Vorwürfe und Stigmatisierungen von außen hinzu.

Entsprechende Erfahrungen können in Resignation und Depression führen – was übrigens gewünschte und potentiell mögliche Entwicklungen zusätzlich behindert. Es kann aber auch zu erhöhter Anspannung und daraus resultierenden »Ausbrüchen« von Verzweiflung, Aggression und Autoaggression kommen.

Bei der Betrachtung der folgenden Tabelle wird schnell klar, wie leicht die oben beschriebene »Waage« zwischen Anforderung und erschwerenden Bedingungen einerseits und Bewältigungspotential und günstigen Bedingungen andererseits aus dem Gleichgewicht geraten kann. Ohne Anspruch auf Vollständigkeit seien hier zumindest einige grundlegende Aspekte aufgeführt:

Tab. 1: Das fragile Gleichgewicht: Anforderungen, Potentiale, Bedingungen

Anforderung	Notwendige Potenziale	Unterstützende Bedingungen	Erschwerende Bedingungen
Vielfältige Sinnesreize	Filterfunktionen Verarbeitungsfunktionen	Dosierung reizarme Umgebung klare Strukturen	Reizfülle häufig wechselnde Reize spezifische aversive Reize
Veränderungen	Flexibilität Vorausschau	Regelmäßigkeiten Vorhersehbarkeit Vorbereitung auf Veränderungen	plötzliche Veränderungen Unregelmäßigkeiten
Soziale Anforderungen (Angemessene Kontaktgestaltung, Soziales Verhalten, Einfügen in Gruppen)	soziale Wahrnehmung Erfahrung im Erkennen und Deuten sozialer Signale Empathie Erfahrung mit sozialen Regeln	verlässliche Beziehungen Verständnis Sozialtraining Vermittlung in Kontakten Transparenz explizite Regeln Rückzugsmöglichkeiten	selbstverständliche Voraussetzung sozialer Kompetenzen Gruppensituationen ohne Rückzugsmöglichkeit
Leistungsanforderungen (Alltag/Haushalt, Schule, Ausbildung, Arbeit)	kognitive und motorische Fähigkeiten Selbststeuerung	strukturierte Anleitung und Training Visualisierte bzw. schriftliche Hilfen	Voraussetzung von Potentialen, ohne Berücksichtigung des individuellen Profils und spezifischer Beeinträchtigungen

15.4 »Trauma« – Was verstehen wir darunter im klinischen Sinne?

Im klinisch-psychologischen Verständnis des Begriffs ist ein *psychisches Trauma* durch folgende Aspekte gekennzeichnet:

- Ein Trauma entsteht durch ein unvorhergesehenes, hochgradig verstörendes Ereignis, das vom Individuum als überwältigend erlebt wird und somit von Gefühlen des Kontrollverlusts, von Macht- und Hilflosigkeit geprägt ist: Es fühlt sich ausgeliefert.
- Bisherige Konzepte von sich selbst und der Welt werden teilweise oder ganz zerstört. Damit greifen auch bisherige Bewältigungsstrategien nicht mehr.

- Vielfach ist es für das Individuum schwer, das Erlebte zu kommunizieren – zum einen weil es schwer ist, Worte dafür zu finden. Zum anderen kann es aber auch sein, dass die Kommunikation darüber mit Schuldgefühlen verbunden und daher tabuisiert ist.

Folgen: »Posttraumatische Belastungsstörung«

Das klinische Bild, das sich aus einem solchen Erleben ergeben kann, wird in der klinischen Psychologie als »Posttraumatische Belastungsstörung« bezeichnet und ist von folgenden Auffälligkeiten gekennzeichnet:

- Ständig erhöhte Anspannung, Reizbarkeit und Unruhe bis hin zu unvorhersehbaren Impulsdurchbrüchen
- Erhöhtes bis »zwanghaft« wirkendes Kontrollbedürfnis
- Schlafstörungen und Neigung zu Alpträumen
- Andere Störungen des vegetativen Nervensystems
- Plötzliche Erinnerungsdurchbrüche (»Flashbacks«), die zu plötzlichen, extremen Stimmungsschwankungen führen. In ihnen wird das traumatische Erlebnis unversehens wiedererlebt, mit allen dazugehörigen Gefühlen
- Psychosomatische Störungen, das heißt vielfältige auch körperliche Symptome, die auf das erhöhte Stresserleben zurückzuführen sind
- »Dissoziative« Symptome, das heißt: das Erleben von Wahrnehmungen, die nicht »real« sind (was die betreffende Person auch so wahrnimmt; sie behält also ihren Sinn von Realität und nimmt etwas davon Getrenntes wahr) – bis dahin dass sich die Person von sich selbst getrennt erlebt oder in mehrere Persönlichkeiten aufspaltet.

Der Grund, warum ich an dieser Stelle auf die Symptomatik traumatisierter Menschen eingehe, liegt auf der Hand: Vieles von dem, was wir bei autistischen Menschen an Auffälligkeiten beobachten – und was sie bei sich selbst erleben – ähnelt der Symptomatik einer Posttraumatischen Belastungsstörung.

Das heißt nicht, dass wir beides gleichsetzen können. Das heißt auch nicht, dass – wie früher angenommen wurde – ein Trauma die *Ursache* von Autismus ist. Es heißt meines Erachtens vielmehr, dass es Ähnlichkeiten im Erleben gibt, die in jedem individuellen Fall ernst genommen und genau auf ihre Hintergründe hin untersucht werden sollten.

15.5 Traumatisches Erleben vor dem Hintergrund des Autismus

Bei genauer Betrachtung stellt sich heraus, dass sich in sehr vielen Fällen die besondere Situation des Betroffenen in vielerlei Hinsicht tatsächlich traumatisierend ausgewirkt hat:

Auf der Ebene der Wahrnehmungsverarbeitung

Schon als Säugling wird das Kind immer wieder überwältigt von Sinnesreizen, die es völlig überfordern und vielleicht gerade sich entwickelnde Strukturen wieder durcheinanderbringen oder zerstören. Zugleich kann das Kind nicht auf Sicherheit gebende, stabilisierende Faktoren, wie Blick- und Körperkontakt mit Bezugspersonen, zurückgreifen. Es ist in diesem Sinne tatsächlich ganz allein der Reizflut und dem immer wieder hereinbrechenden Chaos ausgeliefert.

Selbst wenn ein Kind irgendwann soweit ist, dass es sich verbal mitteilen kann, wird es oft erleben, dass ihm nicht geglaubt wird, dass andere sein Leid und seine Überforderung nicht nachvollziehen können. Es bleibt damit allein, was die Problematik noch verschärft.

Momente der Reizüberflutung (»Overload«) und in der Folge davon womöglich eines sogenannten »Melt-downs« (eines Zustandes der völligen Überlastung und Haltlosigkeit, der sich in Ausbrüchen von Verzweiflung und Wut äußern, oder auch zu einer »Implosion«, einer Schreckstarre oder auch einem körperlichem Zusammenbruch führen kann) können jederzeit wieder vorkommen; sie brechen unvorhersehbar über das Individuum herein und es wird sich ihnen dann völlig ausgeliefert fühlen.

Umso mehr wird es versuchen, Situationen zu vermeiden, die mit einem solchermaßen traumatisierenden Erleben verknüpft werden.

In diesem Sinne werden viele für andere unverständliche Ängste und Vermeidungsstrategien autistischer Menschen verstehbar als ein ständiger Versuch, weitere traumatische Erfahrungen zu vermeiden.

Auf der Ebene der sozialen Interaktion

Mangels eines ausreichenden Sozialen Autopiloten wird ein Mensch mit Autismus von klein auf erleben, dass andere Menschen sich plötzlich und unvorhersehbar von ihm abwenden oder sich gar gegen ihn wenden. Beides sind verletzende Erfahrungen, die sich traumatisierend auswirken können.

Da er nicht versteht, warum solche Kontaktabbrüche oder Angriffe geschehen, erlebt er diese als völlig unberechenbar und von ihm selbst nicht beeinflussbar – wiederum fühlt er sich ausgeliefert.

Erzählen Betroffene, was sie erlebt haben, stoßen sie bei anderen Menschen oft auf Unverständnis. Nicht selten erfahren sie sogar zusätzlichen Ärger sowie Vorwürfe und Strafen, wenn sie von dem berichten, was ihnen beispielsweise im Kontakt mit ihren Mitschülern widerfahren ist.

Das Scheitern in der sozialen Interaktion ist bei vielen Betroffenen schambesetzt. Sie erleben es als ihr Verschulden – wenngleich sie nicht wissen, was sie hätten anders machen können. So versuchen sehr viele, alleine mit ihrem Erleben und dem Erlebten klarzukommen, was die Bewältigung allerdings sehr erschwert oder sogar unmöglich macht.

Erhöhte Gefahr, tatsächlich Opfer von Mobbing und Übergriffen zu werden

In vielen Gruppen gilt: »Wer auffällt, wird gemobbt. Wer sich nicht spontan einfügt, wird entweder ›zurechtgestutzt‹ oder ausgeschlossen.« Die Gefahr, allein durch ihr »So-Sein« oder durch nicht-konformes Verhalten aufzufallen und aus der Gruppennorm herauszufallen, ist für Menschen auf dem Autismus-Spektrum deutlich erhöht. Dies gilt vor allem im Kinder- und Jugendalter, wenn die Möglichkeiten, sich zu wehren, gering sind. Auch die Fähigkeit, über die gemachten Erfahrungen zu reflektieren und sich so auch davon zu distanzieren, sind noch nicht ausgeprägt. Aber auch noch später, als Erwachsene, machen viele Betroffene Erfahrungen, die sie tief verletzen und erschüttern, ohne dass sie auch nur im Nachhinein eine für sie nachvollziehbare Erklärung für die Reaktionen der anderen finden könnten.

Ein weiterer Risikofaktor, der zu einer erhöhten Wahrscheinlichkeit von Mobbing oder Übergriffen beiträgt, ist die Schwierigkeit, erste Warnsignale bei anderen wahrzunehmen. So kann das eigene Verhalten nicht rechtzeitig verändert und angepasst werden oder es wird nicht rechtzeitig die Flucht ergriffen, wenn sich Ärger zusammenbraut. Für den Betroffenen kommen Angriffe so aus heiterem Himmel und bleiben auch im Nachhinein unerklärlich. Das bedeutet für ihn, dass er jederzeit wieder mit einem »Angriff aus dem Nichts« rechnen muss.

Alle diese Aspekte sollten mitberücksichtigt werden, wenn man sich über das Erleben und Verhalten von Menschen auf dem Autismus-Spektrum Gedanken macht. Denn in Erkenntnissen wie diesen liegen, bei aller Unterschiedlichkeit, auch Chancen zu einem besseren Verständnis, sowohl für die Betroffenen selbst als auch für das soziale Umfeld.

Wir erkennen einmal mehr, dass das Erleben und das Verhalten von Menschen auf dem Autismus-Spektrum auch für neurotypische Menschen nachvollziehbar wird, sobald diese die Möglichkeit haben, die ihnen zugrundeliegenden Ursachen und Dynamiken zu verstehen.

16 Besonderheiten im Bereich der Grundbedürfnisse – Schlaf, Ernährung, Sexualität

An dieser Stelle möchte ich es nicht versäumen, auch noch drei Bereiche anzusprechen, in denen es erfahrungsgemäß häufig zu Unterschiedlichkeiten hinsichtlich Bedürfnissen und Lebensgestaltung kommen kann. Keiner dieser Aspekte ist in diagnostischen Handbüchern aufgeführt, was sicherlich darin begründet liegt, dass keiner von ihnen spezifisch nur bei Menschen auf dem Autismus-Spektrum auftritt. Somit stellt keiner von ihnen ein trennscharfes Kriterium dar. Umgekehrt tritt auch nicht bei jedem Betroffenen eine Besonderheit bei einem der drei Aspekte auf.

Da allerdings sehr häufig über Unterschiedlichkeiten und zum Teil sogar recht belastende Besonderheiten in diesen Bereichen berichtet wird, die auch zu ernstzunehmenden Problemen mit dem sozialen Umfeld führen können, sollen hier einige zumindest exemplarisch aufgeführt werden.

16.1 Besonderheiten beim Schlafbedürfnis und Schlafverhalten

Sehr viele Betroffene (und auch deren Angehörige) berichten von Besonderheiten beim Schlafbedürfnis und Schlafverhalten. Ich möchte hier einige der häufigsten exemplarisch aufführen.

Besonderheiten beim Schlafbedürfnis

Angehörige und auch Betroffene selbst berichten oft von Auffälligkeiten beim Schlafbedürfnis. Dabei gibt es im Wesentlichen zwei Varianten:

- **Extrem großes Schlafbedürfnis:** Wenn beispielsweise täglich mehr als zehn bis zwölf Stunden Schlaf benötigt werden, um in den Wachphasen konzentrations- und leistungsfähig zu sein.
- **Extrem geringes Schlafbedürfnis:** Wenn beispielsweise ein Kind regelmäßig mit vier bis sechs Stunden Schlaf pro Nacht auskommt und diesen auch am Tag nicht mehr nachholt.

Diese Bedürfnisse können sich im Laufe des Lebens verändern, Tendenzen in die eine oder andere Richtung können allerdings ein Leben lang bestehen bleiben. Oft wird auch von phasenweisen Extremen berichtet, zum Beispiel, wenn einige Monate ein sehr großes Schlafbedürfnis besteht und dann wieder eine längere Phase mit eher geringem Schlafbedarf eintritt. Dabei lässt sich ein ausgeprägtes Schlafbedürfnis in vielen Fällen auf eine große Fülle von Reizen und Erfahrungen zurückführen, die irgendwann verarbeitet werden müssen. Phasen mit wenig Schlafbedürfnis sind dagegen oft gekennzeichnet durch die Möglichkeit, sich intensiv einem Spezialinteresse zu widmen. Faktoren wie diese können allerdings nicht in jedem Fall und in jeder Situation Besonderheiten beim Schlafbedürfnis erklären.

Besonderheiten im Schlaf-Wach-Rhythmus

Besonders häufig wird von Auffälligkeiten beim Schlaf-Wach-Rhythmus berichtet.

- **Extrem verlängerte oder verkürzte Intervalle:** Wenn beispielsweise ein Student mir berichtet, dass er nach seinem eigenen, natürlichen Schlaf-Rhythmus stets 22 bis 24 Stunden wach sei und dann einschlafe. Es habe keinen Sinn, schon nach einer kürzeren Wach-Zeit schlafen zu wollen – es gelinge nicht. So müsse er seine Zeit eher so einteilen, dass er sich notfalls – etwa für eine morgendliche Uni-Veranstaltung – noch länger wachhalte und das Schlafen so weit hinauszögere, dass er es noch nach Hause ins Bett schaffe.
- **Extrem verschobener Tag-Nacht-Rhythmus:** Wenn notorisch die Nacht zum Tag wird und umgekehrt – auch wenn die betroffene Person mit allen Mitteln versucht, dagegen anzukämpfen. Ich habe Fälle erlebt, in denen dieses Problem eine soziale Integration massiv erschwert hat.

Hypothesen zu den Hintergründen

Es gibt Hinweise darauf, dass es bei vielen Menschen mit Autismus Besonderheiten im Stoffwechsel gibt. Hiervon kann auch der Melatonin-Stoffwechsel betroffen sein, der für die Regulierung des Tag-Nacht-Rhythmus zuständig ist. Manche Betroffene haben daher gute Erfahrungen mit der Einnahme von Melatonin-Präparaten (vor allem in Kombination mit Schlaftrainings oder eigenen Einschlafritualen) gemacht.

Auch die Besonderheiten in der Reizverarbeitung können das Einschlafen sehr erschweren. Viele Betroffene berichten, dass gerade an Tagen, an denen sie vielen Reizen ausgesetzt waren, das Gehirn besonders stark zu »feuern« scheint, wenn sie zur Ruhe kommen wollen und die Augen schließen. Solange noch eine möglichst vertraute und harmlose oder monotone Ablenkung gegeben ist, beispielsweise durch bereits bekannte Musikstücke oder Fernsehserien, ist der »innere Overload« erträglich. In der Ruhe droht er den Betroffenen zu überfluten.

Hinzu kommen sicherlich in vielen Fällen auch psychische Aspekte. Immerhin ist die Nacht insgesamt reizärmer als der Tag. Und während der Nacht werden in der Regel kaum soziale Erwartungen gestellt. So hat das Wach-Sein zur Nachtzeit durchaus viele Vorteile für die Betroffenen, die offenbar manchmal selbst die eigenen Wünsche nach Kontakten und auch beruflicher Integration ausstechen können.

Ein weiterer Faktor, der nicht außer Acht gelassen werden sollte, sind die oben beschriebenen Symptome einer Posttraumatischen Belastungsstörung, die bei vielen Betroffenen festgestellt werden können. Dazu gehören massive Schlafstörungen sowie Alpträume, die als extrem real erlebt werden und auch nach dem Erwachen lange nachwirken. So können regelrecht Abneigungen und Ängste gegen das Schlafen an sich entstehen, und es kostet den Betroffenen einige Überwindung, sich zur Ruhe zu legen.

Eine Klientin erzählte mir, dass sie es vorziehe, am Tage zu schlafen, da sie die Gewissheit beruhige, dass andere Menschen währenddessen wach seien, also buchstäblich »wachten«. So fühle sie sich sicherer. Sich während der Nacht dem Schlaf hinzugeben, wenn auch kein anderer eine drohende Gefahr wahrnehmen und sie notfalls schützen und wecken könnte, beunruhige sie.

16.2 Ernährung – Besonderheiten im Essverhalten

Häufig sind Besonderheiten bei der Ernährungsweise und beim Essverhalten von Menschen auf dem Autismus-Spektrum zu beobachten. Auffälligkeiten in diesem Bereich treten oft schon in der frühen Kindheit auf und werden für die Angehörigen wie für die betroffenen Kinder selbst zu einer Herausforderung. Bei anderen treten Besonderheiten erst im Laufe des Jugend- oder Erwachsenenalters auf. Sie können sich zu regelrechten und behandlungsbedürftigen Essstörungen auswachsen. Glücklicherweise ist dies nicht regelmäßig der Fall. In meiner Praxis habe ich allerdings häufig mit einer entsprechenden Thematik zu tun, wobei sich Entstehung, Dynamik und Verlauf der Essstörung bei Menschen mit Autismus oft von neurotypischen Verläufen unterscheidet.

Ich möchte hier wiederum einige Besonderheiten exemplarisch aufführen, um die Thematik anschaulicher und greifbarer zu machen:

- **Extreme Vorlieben für bestimmte Nahrungsmittel oder Gerichte bis hin zur Verweigerung jeglicher Alternative:** Wenn ein Kind nachhaltig darauf besteht, sich ausschließlich von Nudeln (ohne jegliche Sauce oder Beilage) zu ernähren und bereit ist zu hungern, wenn ihm diese verweigert und nur Alternativen angeboten werden; wenn ein anderes Kind versucht, mit »Chicken-Nuggets« und Süßigkeiten durchzukommen, und alle noch so liebevollen Bemühungen der Mutter, ihm Gemüse oder Obst in verschiedenen wohl-zubereiteten Formen anzubieten als Zumutung empfunden werden, oder wenn ein Mann mir – nicht ohne Scham – berichtet, dass ihm sofort auffalle, wenn seine Frau ihm »andere Nudeln als sonst« zubereitet habe »Das merk ich sofort. Die Nudeln, die ich esse, haben eine bestimmte Anzahl an Rillen.«

- **Sortierung von Essen:** Wenn sich beispielsweise Fleisch, Gemüse und Kartoffelbrei auf dem Teller nicht gegenseitig berühren dürfen – oder bei Berührung oder gar Vermischung nicht mehr verzehrt werden können.
- **Exotische Kombinationen von Lebensmitteln und Geschmacksrichtungen:** Wenn es beispielsweise zum Frühstück Krabbensalat mit Kakao und Haferbrei mit Käse geben muss.
- **Pedantisch genaue und rigide Essenspläne:** Wenn die schier unendliche Bandbreite von möglichen Nahrungsmitteln und Gerichten dadurch bewältigt wird, dass für jeden Wochentag ein exakter Speiseplan erstellt wird, der peinlichst genau eingehalten werden muss.
- **Essen als Spezialinteresse und Halt im Chaos:** Wenn sich schließlich alles um Nahrung, Inhaltsstoffe, Kalorienzahlen, Vitamine und Mineralien dreht und jeder Einkauf Stunden dauert, weil jedes Etikett peinlichst genau durchgelesen und ausgewertet werden muss.

Wie gesagt, keiner dieser Aspekte ist ein eindeutiges Zeichen für Autismus. Und längst nicht jeder Betroffene weist Besonderheiten in diesem Bereich auf. Mir war es dennoch wichtig, diese doch häufig auftretenden Phänomene zu benennen, da auch darin ein hohes Potential von gegenseitigem Befremden zwischen Betroffenen und ihren Mitmenschen liegt. Zudem macht es Sinn, sie jeweils vor dem Hintergrund des Autismus zu betrachten, da viele von ihnen dann erst in ihrem Kern verstanden, als zur Person zugehörig akzeptiert oder mit der betroffenen Person gemeinsam modifiziert werden können.

Im Übrigen sei noch hinzugefügt, dass sehr viele meiner Klienten von Nahrungsmittelunverträglichkeiten, Allergien und Verdauungsproblemen betroffen sind. Diese somatischen Beschwerden lassen sich nicht auf eine bestimmte Ursache zurückführen. Auch hier sollte jedoch berücksichtigt werden, dass es ganz offenbar bei vielen Menschen auf dem Autismus-Spektrum Besonderheiten beim Stoffwechsel gibt, was sich auch in Unverträglichkeiten und besonderen Bedürfnissen bei der Wahl der Nahrungsmittel niederschlagen kann. Des Weiteren lässt sich beobachten, dass viele Beschwerden sich unter Stress verschlimmern, was nicht unbedingt auf die *Ursache* der Probleme hinweisen muss, jedoch bei der *Behandlung* zumindest mitberücksichtigt werden sollte.

16.3 Besonderheiten hinsichtlich der Sexualität und der Geschlechtsidentität

Auch im Bereich der Sexualität treten auffällig häufig Besonderheiten auf. Dies bezieht sich, wie wir sehen werden, sowohl auf sexuelle Bedürfnisse und Ausrichtungen als auch auf die Geschlechtsidentität.

Besonderheiten hinsichtlich sexueller Bedürfnisse

Immer wieder erlebe ich, dass Menschen mit hochfunktionalem Autismus mir von ihren besonderen Bedürfnissen – oder Nicht-Bedürfnissen – hinsichtlich der Sexualität berichten. Und auch in anderen Bereichen des Autismus-Spektrums legen Beobachtungen nahe, dass es dort eine ebenso große Bandbreite von sexuellen Neigungen oder Besonderheiten in Bezug auf die Bedürfnislage gibt.

- **Besonders starke Bedürfnisse:** Einige Klienten beschreiben, dass sie sich nur beim Ausleben von Sexualität wirklich spüren und hierfür möglicherweise eher starke Reize, bis hin zu sadomasochistischen Praktiken, bevorzugen. So berichtet mir eine Frau, dass sie zumindest phasenweise ihr erhöhte Anspannung nur durch Sex abbauen kann (und dabei ihrem Mann sehr fordere). Die Mutter eines jungen Mannes erzählt von dessen offenbar sehr hoher Potenz, die er ausschließlich und einvernehmlich mit seiner Freundin auslebe, wegen der er jedoch schon aus einer Schule geflogen sei, nachdem er sie einigen Mitschülerinnen auf deren neugierige Fragen hin verbal bestätigt habe. Für einen anderen jungen Mann wird Sex zu seinem Spezialinteresse – damit hatte er zwar zeitweise Erfolg bei einigen jungen Frauen, dann jedoch geriet er in eine Sackgasse, weil die Exklusivität seines Interesses vom Umfeld als abnorm erlebt wurde.
- **Besonderheiten hinsichtlich der sexuellen Ausrichtung:** Ebenso wie bei der Geschlechtsidentität gibt es auch hier einige Betroffene, die eher indifferent in ihren Interessen sind. Für sie können Männer und Frauen gleichermaßen attraktiv oder unattraktiv sein, und sie können sich durchaus Erotik und Sex mit allen Geschlechtern vorstellen – was einerseits ein Vorteil sein könnte, da es die Auswahl an Sexualpartnern ja potentiell vergrößert, in vieler Hinsicht allerdings auch zum Nachteil werden kann. Denn eine solche Indifferenz wird nicht selten von anderen als »anormal« erlebt und womöglich als eher abstoßende Beliebigkeit gedeutet. Auch wird im Falle einer Geschlechtsangleichung wiederum erwartet, dass eine bestimmte Ausrichtung gewählt wird. Will zum Beispiel jemand zum Mann werden, wird – auch von vielen Gutachtern und Ärzten – immer noch selbstverständlich erwartet, dass diese Person sich dann auch eindeutig zu Frauen sexuell hingezogen fühlt – was keineswegs der Fall sein muss.
- **Wenig Bedürfnis bis hin zur Asexualität:** Gar nicht selten erlebe ich – bei der gesamten Bandbreite der Geschlechter, die ich in meiner Praxis sehe! –, dass jemand mit Sexualität im weitesten Sinne überhaupt nichts anfangen kann. Es wird mir dann glaubhaft versichert, dass hierzu zu keiner Zeit irgendein eigener Impuls aufgekommen sei. Für diese Personen ist es im Kern überhaupt nicht nachvollziehbar und manchmal extrem befremdlich mitzuerleben, dass andere Menschen offensichtlich sexuelle Bedürfnisse haben.

Hypothesen zu den Hintergründen solcher Besonderheiten

Vor dem Hintergrund der vielen Aspekte, die wir im Verlaufe dieses Buches bereits betrachtet haben, erscheint es mir wenig überraschend, dass es auch im Bereich der sexuellen Bedürfnisse ganz offenbar häufig Besonderheiten gibt. Schon allein die Ebene der Reizverarbeitung bietet hier Erklärungsansätze in alle Richtungen hin:

Wenn ein Mensch ohnehin zu Reizüberflutung neigt und daher Reizquellen meidet, ist leicht nachvollziehbar, wenn er reizintensive Situationen, wie körperliche Nähe oder gar sexuelle Stimulation und Erregung, mit all ihren Auswirkungen auf die Reizverarbeitung meidet.

Hinzu kommt ja noch das Erleben von Erregung und Anspannung im Kontext der Sexualität sowie intensive Emotionen. Auch diese können, wie wir gesehen haben, zu Überforderung führen, und ein Mensch kann es vorziehen, einen gesamten Lebensbereich lieber zu meiden oder gar abzuspalten, in dem er nur weitere Erlebnisse von Überwältigung und Hilflosigkeit zu erwarten hat.

Allerdings erscheint es mir zu kurz gegriffen, jegliche Asexualität nur als reaktiv, also als Reaktion auf erlebte oder gefürchtete Reizüberflutung oder emotionale Überforderung, einzuordnen.

Denn zum einen haben auch solche Betroffene Sex, die an sich eher menschliche Nähe und Berührung scheuen – sie haben ganz offenbar Möglichkeiten gefunden, die Situation so zu gestalten, dass sie erträglich oder in sorgfältiger Dosierung und seltener Frequenz sogar angenehm ist. Auch ein Kinderwunsch kann hier durchaus eine Motivation sein.

Zum anderen erscheint es mir wesentlich, im individuellen Fall zu erörtern, inwieweit ein ursprünglicher Impuls und ein tatsächliches Bedürfnis nach gelebter Sexualität vorhanden ist – das dann mit der Gefahr der Reizüberflutung kollidiert – oder ob es nie einen solchen Impuls gegeben hat. Auch Letzteres wird mir von einigen Menschen glaubhaft versichert. Interessant wird es dann, wenn zu einem späteren Zeitpunkt – vielleicht erst mit 30 oder 40 Jahren – die Sexualität doch noch entdeckt wird, auch zur großen Verwunderung der betreffenden Person selbst. Dies stellt dann jedoch die zuvor geschilderte Asexualität meines Erachtens nicht in Frage, sondern deutet einfach auf eine persönliche Entwicklung in dieser Richtung hin.

Auf der anderen Seite können durch die Möglichkeiten der Aufmerksamkeitsfokussierung in erotischen Momenten und den Trancezustand, den gelebte Sexualität in unterschiedlichster Weise mit sich bringt, durchaus Vorlieben und besondere Bedürfnisse entwickelt werden. Gerade starke Reize können dann dabei helfen, dem allgemeinen, überfordernden Chaos zu entfliehen, sich selbst und eine Person (eins zu eins) in eindeutiger Weise zu spüren und nur darauf noch fokussiert zu sein – was einen gewissen Schutzraum bietet.

Besonderheiten hinsichtlich der Geschlechtsidentität

Besonderheiten hinsichtlich der Geschlechtsidentität treten bei Menschen auf dem Autismus-Spektrum offenbar überdurchschnittlich häufig auf. Diese Tendenz wurde auch von Kollegen beobachtet und in der Forschung und auch in Internet-Foren viel diskutiert (siehe zum Beispiel Schalkwyk, Klingensmith & Volkmar 2015). Ich möchte mich hier jedoch auf die Darstellung von Erfahrungen in meiner Tätigkeit beschränken.

- **Transgender-Phänomene:** In den fast zehn Jahren meiner Praxistätigkeit sind mir zwölf Menschen begegnet, die sich »im falschen Geschlecht und Körper« erlebt und daher entschlossen hatten, sich einer Geschlechtsumwandlung zu unterziehen. Zum Teil war diese Wandlung bereits vollzogen, als sie bei mir in der Praxis erschienen, bei einigen stellte sich erst im Verlauf der Psychotherapie heraus, dass dies ein wichtiges und teilweise auch quälendes Thema war, das dringend der Bearbeitung bedurfte.
Zunächst einmal war es in jedem Falle wichtig, diese Thematik gemeinsam offen und wertfrei zu betrachten und sie auf ihre Ursprünge und Entwicklung sowie ihre aktuelle Dynamik hin zu untersuchen. Auf dieser Basis konnten dann Schwerpunkte für die Therapie festgelegt und Entscheidungen auch für die weitere Lebensperspektive getroffen und begleitet werden.
- **A-Gender-Phänomene:** Nicht jeder hat allerdings ein Bedürfnis, sich für das jeweils andere Geschlecht zu entscheiden und entsprechende Veränderungen am eigenen Körper vornehmen zu lassen. So äußern einige meiner Klienten ganz explizit, sich nicht zwischen den Geschlechtern entscheiden zu wollen – sie möchten als *Person* betrachtet und angesprochen werden, nicht als Mann oder Frau. Für sie ist es unverständlich und letztlich eine Zumutung, dass diesbezüglich eine Entscheidung – und damit auch eine deutliche Präsentation des einen oder anderen Geschlechts nach außen hin – von der Gesellschaft gefordert wird.

Hypothesen zu den Hintergründen solcher Besonderheiten

Natürlich lässt sich zu Hintergründen und möglichen Zusammenhängen der relativen Häufigkeit von Besonderheiten hinsichtlich der Geschlechtsidentität bei Menschen auf dem Autismus-Spektrum viel spekulieren.

Wenn wir allerdings die vielfältigen Unterschiedlichkeiten und die daraus erwachsenden Herausforderungen in der Identitätsentwicklung überhaupt betrachten, dann erscheint es mir wenig überraschend, dass auch das Selbsterleben und Selbstbild hinsichtlich der Geschlechtszuordnung oder der Nicht-Zuordnung hiervon nicht unberührt bleibt.

> Sehr eindrücklich war für mich die Geschichte eines Klienten, der erst mit Beginn der Pubertät entdeckte, dass es überhaupt verschiedene Geschlechter gibt – und dass er einen Körper hatte, der als weiblich bezeichnet wurde. Er hat die Auswirkungen dieser Erkenntnis als traumatisch erlebt und beschrieben. Da er bis zu dem Zeitpunkt sehr gerne Kleider getragen hatte, wurde ihm jeglicher Verdacht abgesprochen, eigentlich männlich zu sein. Das Umfeld interpretierte seine äußeren ästhetischen Vorlieben als ein Zeichen seiner Weiblichkeit. Für ihn selbst war dies jedoch reiner Ausdruck seiner Ästhetik.

Zusammenfassung zu Teil II

In diesem zweiten Teil habe ich versucht, verschiedene Aspekte von Besonderheiten zu vermitteln, die Menschen auf dem Autismus-Spektrum in ihrer Wahrnehmungsverarbeitung sowie ihrem Denken und Erleben aufweisen können.

Ich schreibe »aufweisen können«, weil kein Betroffener alle beschriebenen und dem Autismus zugeschriebenen Besonderheiten gleichzeitig und gleichermaßen aufweisen muss. Vielmehr war es mir ein Anliegen, die *Vielfalt* an möglichen Auswirkungen und dann auch Erlebensweisen und Erscheinungsbildern zu verdeutlichen, die spezifische Besonderheiten in der neuronalen Entwicklung mit sich bringen können.

Zugleich mag deutlich geworden sein, dass es in dieser Vielfalt doch auch gewisse Gemeinsamkeiten im Erleben und bei den Bewältigungsversuchen gibt, die einen gemeinsamen Begriff »Autismus« rechtfertigen.

Dennoch ist jeder Mensch ein Individuum, egal ob er sich auf dem so definierten »Autismus-Spektrum« befindet oder nicht. Unter Asperger-Betroffenen gibt es daher den Ausspruch: »Kennst du *einen*, kennst du *einen*.« Womit darauf hingewiesen werden soll, dass man niemals von einem Menschen mit Autismus einfach und unbesehen auf alle anderen schließen darf.

Was in diesem Teil des Buches auch deutlich geworden ist, sind die vielfältigen Zusammenhänge der einzelnen Bereiche untereinander. Die Reizverarbeitung spielt eine zentrale Rolle, allerdings gibt es vielfältige Wechselwirkungen sowohl zwischen Besonderheiten dieser sehr grundlegenden Ebene des Erlebens und anderen, sich daraus entwickelnden Bereichen: Denkweisen, Körperbild, Koordination und Handlungssteuerung, Verarbeitung von Emotionen, Bedürfnisse nach und Gestaltung von Kontakten, Identität und andere grundlegende Bereiche des Lebens.

Dabei lag der Schwerpunkt zunächst darauf, Unterschiedlichkeiten zu beschreiben und auf ihre Hintergründe und Zusammenhänge hin zu untersuchen. Im letzten Teil des Buches soll es dagegen nun darum gehen, bei aller Unterschiedlichkeit die grundlegenden Gemeinsamkeiten zu finden, die Menschen in einander wiedererkennen und die sie miteinander verbinden können. Darüber soll deutlich werden, welche großen Chancen gerade in der Unterschiedlichkeit und damit in der Vielfalt menschlichen Lebens und Seins liegen – für alle Beteiligten.

III Wer ist hier eigentlich autistisch? – Und was ist eigentlich menschlich?

Gemeinsamkeiten, Unterschiede und Brücken zum (gegenseitigen) Verständnis

Über spontane »Wiedererkennungseffekte« und das Erleben von Befremden

Vieles von dem, was wir bei anderen Menschen beobachten, löst bei uns einen Wiedererkennungseffekt aus. Was wir da beim anderen an Verhaltensweisen, Emotionen, Intentionen und Reaktionen wahrnehmen, meinen wir von uns selbst zu kennen.

Dieses Wiedererkennen – und der hierzu notwendige Vergleich des Wahrgenommenen mit den eigenen Erfahrungen – geschieht jedoch in der Regel nicht bewusst. Wir können davon ausgehen, dass bei den meisten Menschen der Soziale Autopilot ganz unwillkürlich ständig »mitläuft«, das wahrgenommene Verhalten der anderen mit eigenen Erfahrungen abgleicht und es anhand dieses Abgleichs interpretiert. Dabei kommen unweigerlich auch spontane Wiedererkennungseffekte zustande, die – wie jede Form des Kongruenzeffektes – zur Ausschüttung von Hormonen führt, die ein gutes Gefühl geben. Zugleich begünstigen sie die Bildung neuer neuronaler Verknüpfungen, so dass sich entsprechende Erlebnisse besonders gut einprägen.

Da bei diesem unwillkürlich ablaufenden Prozess stets eigene Vorerfahrungen in die Interpretation des beobachteten Verhaltens einfließen, wird das sich ergebende Bild bereits von eben solchen eigenen Erfahrungen »eingefärbt« bzw. geprägt sein. Und da dieser Prozess unbewusst stattfindet, wird weder die Interpretation noch das Ergebnis des Abgleichs hinterfragt. Die erscheinende Gemeinsamkeit wird spontan als solche (für) *wahr genommen.* Sie vermittelt ein gutes Gefühl von Erkenntnis und zugleich, da sie eine Schnittmenge bedeutet, auch ein Gefühl von Verbundenheit.

Es lohnt sich jedoch, genauer zu untersuchen, ob diese Übereinstimmung tatsächlich und in vollem Maße so zutrifft, wie sie eben *wahrgenommen* wird. Denn erfahrungsgemäß lassen sich bei einer bewussten Betrachtung viele wertvolle Erkenntnisse sowohl hinsichtlich der tatsächlichen Gemeinsamkeiten als auch hinsichtlich der Unterschiedlichkeiten gewinnen.

Dies trifft wahrscheinlich auf menschliche Begegnungen im Allgemeinen, jedoch auf Begegnungen zwischen Menschen mit unterschiedlichen Strukturen und Erfahrungshintergründen im Besonderen zu – so auch zwischen Menschen auf dem Autismus-Spektrum und neurotypischen Menschen. Umgekehrt ist die Begegnung zwischen Menschen auf dem Autismus-Spektrum und neurotypischen Menschen durchaus auch von gegenseitigem Befremden und Unsicherheit geprägt.

Auf neurotypischer Seite schlägt in einer solchen Begegnung oft der Soziale Autopilot »Alarm«, da erwartete Signale ausbleiben oder Verhaltensweisen nicht eingeordnet und gedeutet werden können; oder auch, weil sie in negativer Weise fehlgedeutet werden. Es entsteht ein Erleben von Befremden oder gar Unwohlsein, Anspannung, Angst oder Aggression.

Auch auf Seiten des Menschen mit autistischem Erfahrungshintergrund werden selbstverständlich Vorerfahrungen wirksam. Zwar wird, soweit möglich, bewusst beobachtet, analysiert und verarbeitet, jedoch greifen auch auf dieser Seite unmittelbare neuronale Funktionen des Vergleichs bzw. der Suche nach einer möglichen Kongruenz. Sicherlich werden auch bei ihm Wiedererkennungseffekte stattfinden, denn zunächst einmal sehen die Menschen ja ähnlich aus und verwenden eine vertraute Sprache. Da aufgrund unterschiedlicher Wahrnehmungs- und Verarbeitungsweisen jedoch kaum Gemeinsamkeiten erkannt werden, überwiegt das Erleben von Fremdheit, von Nicht-Verstehen und im ungünstigen Fall von Selbstzweifel und Selbstabwertung oder auch von Ablehnung. So gibt es sowohl Momente des Wiedererkennens als auch solche des Befremdens – was für beide Seiten die Begegnung umso verwirrender macht.

Was sind wir denn nun? Total unterschiedlich oder eigentlich doch gleich?

17 Gemeinsamkeiten der Menschen und warum wir uns bei aller Unterschiedlichkeit ineinander erkennen

Vor dem Hintergrund dieser Vorüberlegungen wollen wir uns nun zunächst Wiedererkennungsmomente anschauen, die neurotypische Menschen (übrigens sehr häufig!) erleben, wenn sie Menschen auf dem Autismus-Spektrum begegnen oder aus Berichten über deren Leben und Erleben erfahren. Dabei gibt es Varianten, die emotional unterschiedlich gefärbt sind und sich auch in ihren Folgen für den Kontakt unterscheiden.

17.1 »Das kenn ich von mir auch!« – Momente des Wiedererkennens

Wenn ich Seminare über Autismus halte oder in anderen Kontexten über meine Arbeit berichte, geschieht es häufig, dass Zuhörer spontan Wiedererkennungseffekte erleben und ausrufen: »Das kenn ich von mir auch!« Und auch viele meiner Klienten berichten immer wieder über solche Momente, als sie etwas über sich selbst erzählt und andere sich spontan darin wiedergefunden haben. Solche Wiedererkennungsmomente können unterschiedliche Konnotationen und Effekte haben:

- **Freudige Wiedererkennung:** Übereinstimmungen zu entdecken, kann erfreulich sein, einfach schon wegen des Kongruenzeffekts selbst (der ja mit der Ausschüttung von Glückshormonen verbunden ist), aber auch, weil solche Übereinstimmungen ja Schnittmengenerfahrungen gleichkommen: »Hey, wir haben etwas gemeinsam!« Und da es, wie wir gesehen haben, ein grundlegendes menschliches Bedürfnis gibt, Schnittmengen der Gemeinsamkeit mit anderen Menschen zu erleben, kann jeder Moment, der das Vorhandensein einer solchen Schnittmenge auch nur suggeriert, an sich schon als etwas Erfreuliches erlebt werden.
- **Entlastende Wiedererkennung:** Wenn zuvor viele befremdende Erfahrungen mit einer bestimmten Person oder generell mit Menschen auf dem Autismus-Spektrum gemacht wurden, dann kann solch ein Wiedererkennungseffekt durchaus entlastend wirken. Der vermeintliche »Alien« ist also doch menschlicher als gedacht. Wir sind also doch nicht ganz so verschieden. – Das weckt die Hoffnung, einen Weg miteinander zu finden.

- **Triumphierende oder abwertende Wiedererkennung:** Eine Entdeckung von Gemeinsamkeit, von Übereinstimmung eigener Erfahrungen mit denen des anderen kann jedoch auch dazu benutzt oder gar missbraucht werden, über ihn zu triumphieren oder sein Leiden zumindest abzuwerten. In dem Ausruf: »Das kenn ich auch!« kann dann mitschwingen: »Na und? Das kennt jeder Mensch. Also stell Dich nicht so an! Was Du erlebst, ist nichts Besonderes. – Und daher hast Du fortan auch keinerlei Recht darauf, besondere Rücksicht und Unterstützung einzufordern.«
- **Erschrockene Wiederentdeckung:** Auf manche Menschen wirkt die Entdeckung einer Gemeinsamkeit mit autistischen Menschen allerdings auch erschreckend. Zwar bringt sie einen Kongruenzeffekt und eine (Selbst-)Erkenntnis mit sich. Wenn diese jedoch verallgemeinert wird – »Eine Gemeinsamkeit bedeutet womöglich, dass ich selbst autistisch bin!« – und dann noch der Begriff des Autismus mit etwas Negativem verbunden ist – »Autisten sind schlechte, gefühlskalte, behinderte Menschen« –, dann kann eine solche Entdeckung auch Angst machen. Und Angst kann zu Abwehr führen. So sind oft gerade solche Menschen, die sich selbst in vielen Aspekten wiedererkennen, diejenigen, die am härtesten von einem Betroffenen Anpassung einfordern oder gegen ihn in seinem So-Sein angehen.
- **Interessierte Wiederentdeckung:** Die Entdeckung einer Gemeinsamkeit kann jedoch auch in positivem Sinne neugierig machen. Sie kann dazu führen, mehr erfahren zu wollen sowie sich genauer auseinandersetzen zu wollen mit dem Erleben des anderen und vor diesem Hintergrund dann auch mit dem eigenen Erleben auseinanderzusetzen. Die Fragen, die sich dann ergeben, lauten: »Wenn es da Gemeinsamkeiten gibt, wo genau liegen sie? Wo genau liegen dann doch die Unterschiede? Und was verbindet uns über alle Unterschiedlichkeit hinweg?«

So können Wiederentdeckungseffekte verschiedene Reaktionen hervorrufen und zu weiteren Prozessen führen – sowohl in der Auseinandersetzung mit sich selbst als auch mit autistischen Mitmenschen.

Das Problem von Verallgemeinerungen

Schwierig wird es immer dann, wenn eine entdeckte – oder zumindest spontan so wahrgenommene – Gemeinsamkeit verallgemeinert und dann dazu benutzt wird, jegliche Unterschiedlichkeit zu ignorieren oder für nichtig zu erklären.

Selbst wenn eine solche Verallgemeinerung »gut gemeint« ist, im Sinne einer Beruhigung »Schau, wir sind doch alle gleich – Du bist nicht allein mit Deiner Erfahrung!«, einer wohlmeinenden Ernüchterung »Nun komm auf den Teppich, anderen Menschen geht's genauso!« oder einer Eingemeindung »Wir sind doch alle Menschen, also lass uns die Unterschiede ignorieren!« – Mit einer Generalisierung werden wir den erlebten Wirklichkeiten und tatsächlich bestehenden Problemen und Konflikten nicht gerecht.

Von Menschen mit Autismus werden solche verallgemeinernden Rückschlüsse fast immer als eine Katastrophe erlebt: Gerade dann, wenn sie selbst beginnen, ihre

Unterschiedlichkeit in ihren Ursprüngen und Dynamiken zu verstehen – und damit nagenden Selbstzweifeln und Selbstabwertungen endlich etwas entgegensetzen können –, stellt bereits *eine* solche »gleichmachende« Bemerkung alles wieder in Frage – und reißt damit alles wieder ein, was gerade beginnt, sich neu zu entwickeln.

Wiedererkennungsmomente als Initialzündung für Interesse und Brückenschläge

Hingegen können freudige Momente der Wiedererkennung Interesse wecken. Das kann die Basis sein für ein fruchtbares Gespräch »auf Augenhöhe«. Gemeinsam lassen sich von dieser Basis aus allgemeinmenschliche Gemeinsamkeiten erkunden – und auch individuelle Schnittmengen zwischen zwei Persönlichkeiten. Dies wird dann für beide Seiten bereichernd und erhellend sein.

Schließlich kommen Wiedererkennungseffekte auf Seiten neurotypischer Menschen nicht grundlos zustande und sind auch nicht nur reine Interpretation oder »Wunschdenken« ihrer Sozialen Autopiloten. Dass wir uns in einander wiedererkennen, liegt einfach daran, dass es bei aller Unterschiedlichkeit tatsächlich grundlegende Gemeinsamkeiten gibt – und damit »Schnittmengen«, die authentisch und stimmig sind.

17.2 Menschliche (Grund-)Bedürfnisse und Strebungen

Viele Wiedererkennungseffekte ergeben sich daraus, dass autistische Menschen eben auch Menschen sind, und daher weitgehend die gleichen Grundbedürfnisse und Lebensthemen haben wie alle anderen Menschen auch. Auch wenn es »tiefgreifende« strukturelle Besonderheiten gibt, bleiben doch diese Grundstrukturen in jedem Falle unberührt.

Ohne Anspruch auf Vollständigkeit sollen hier einige solcher Bedürfnisse und Themen nochmals aufgeführt werden, die in meiner Arbeit immer wieder aufscheinen:

Das Bedürfnis nach Sicherheit

Ein Bedürfnis nach Sicherheit kann nicht nur bei Menschen, sondern auch bei Tieren als eines der grundlegendsten Bedürfnisse angenommen werden. Tatsächlich wird Sicherheit oft sogar vor das Bedürfnis nach Nahrung gestellt. Um dies zu verdeutlichen, gebe ich meinen Klienten oft das Beispiel eines Eichhörnchens zu bedenken, das Futter entdeckt: Es wird immer erst »sichern«, ehe es sich die Nuss holt. Da gibt es eine klare Priorität. Genauer betrachtet gibt es bezüglich dieses so grundlegenden Bedürfnisses nach Sicherheit zwei wesentliche Aspekte, die voneinander unterschieden werden sollten:

- Sicherheit von außen – Geborgenheit und Schutz: Wir alle brauchen gerade zu Beginn unseres Lebens Schutz und Geborgenheit von außen. Dieses Bedürfnis nach äußerer Sicherheit und Geborgenheit bleibt das ganze Leben lang als ein Grundbedürfnis bestehen.
- Selbst-Sicherheit und Kontrolle: Zugleich gibt es ein Bestreben, in sich selbst und aus sich selbst heraus Sicherheit herstellen zu können. Hierzu bedarf es zum einen vielfältiger Erfahrungen von Selbstwirksamkeit, also das Erleben der eigenen Kraft und der eigenen Fähigkeiten. Zum anderen streben wir das Erleben von Kontrolle an: »Ich überblicke die Situation, kenne mich aus, bekomme Anzeichen für Gefahren rechtzeitig mit und habe das Wissen und die Fähigkeiten, mich dementsprechend zu verhalten.«

Interessanterweise gibt es offenbar eine starke Verknüpfung zwischen dem Erleben des Wissens – »Ich kenne mich aus, habe viele Informationen und ausreichend Wissen, um eine Situation zu überblicken, richtig einzuschätzen und angemessen zu reagieren« – und dem Gefühl von Kontrolle und daraus erwachsender Selbst-Sicherheit.

Meiner Beobachtung nach neigen Menschen dazu, die beiden Aspekte von Sicherheit gegenseitig auszugleichen: Je weniger Schutz und Geborgenheit von außen bislang im Leben erfahren wurde oder aktuell erlebt wird, desto stärker wird versucht, dieses Defizit durch »selbst hergestellte« Sicherheit oder Kontrolle auszugleichen. Dies trifft gleichermaßen auf autistische wie auf nicht-autistische Menschen zu.

Das Bedürfnis nach Weiterentwicklung und Wachstum

Jeder Mensch hat ein Bedürfnis, zu wachsen und sich weiterzuentwickeln. Bekommt er hierfür nicht die Möglichkeit und keinen angemessenen Rahmen, so wird ihm etwas fehlen.

Das Streben nach Autonomie

Als »Gegenpol« zum Bedürfnis nach Geborgenheit und »Versorgt-Werden« können wir das menschliche Streben nach Autonomie, also nach Unabhängigkeit, Eigenständigkeit und Selbstbestimmung, annehmen. Auch dieses Streben ist jedem Menschen von Beginn an mitgegeben und wird sich zeitlebens auswirken.

Gerade Menschen, die in ihrer Ausdrucks- und Handlungsfähigkeit beeinträchtigt sind und kaum die Möglichkeit zum selbstbestimmten und eigenständigen Entscheiden und Handeln bekommen, geraten hier in ein Dilemma: Sie sind einerseits tatsächlich in besonderem Maße auf Versorgung und Schutz von außen angewiesen. Das grundlegende Bedürfnis nach Autonomie-Entwicklung drängt jedoch genauso wie bei jedem anderen Menschen auch danach, wahrgenommen und umgesetzt zu werden. So wird es hier häufig zu Widersprüchlichkeiten, innerer Anspannung und auch zu Konflikten mit dem sozialen Umfeld kommen.

Kreativität und Gestaltungswille

Außer der eigenen Weiterentwicklung scheint es uns Menschen auch danach zu drängen, etwas Greifbares oder zumindest Erkennbares zu bewirken und unsere Umwelt mitzugestalten. Dieser Drang mag bei manchen Menschen stärker sein als bei anderen. In irgendeiner Form wird er sich meiner Erfahrung nach jedoch bei jedem bemerkbar machen.

Der Wunsch, zu teilen, zu helfen und anderen Gutes zu tun

In der Sozialpsychologie wird schon seit Längerem erforscht, inwieweit und warum Menschen aus sich heraus Menschen helfen. Dabei bestätigt sich immer wieder, dass Menschen von Grund auf durchaus nicht rein egoistisch sind, sondern aus sich heraus einen Drang dazu verspüren, anderen Menschen eine Freude zu machen, ihnen Gutes zu tun und ihnen zu helfen. Dieser Wunsch ist all meiner Erfahrung nach bei Menschen auf dem Autismus-Spektrum genauso ausgeprägt wie bei neurotypischen Menschen. Nur gibt es für sie manchmal unüberwindbar scheinende Hindernisse, diesem Wunsch nachzugehen und ihre Mitmenschen auch tatsächlich mit ihrer Hilfsbereitschaft und ihrem Wohlwollen zu erreichen. Die daraus erwachsende Einschätzung oder gar der Vorwurf, sie seien egoistischer als andere Menschen, ja gar die Gleichsetzung von Autismus und Egoismus, trifft sie dementsprechend tief.

Das Streben nach Vollkommenheit

Was mir in der Arbeit mit meinen Klienten häufig begegnet, ist ein Streben nicht nur nach Genauigkeit und Klarheit, sondern schließlich nach Perfektion. Da der daraus resultierende Perfektionismus für die meisten Betroffenen auch etwas Quälendes hat, ist er bei fast jedem von ihnen ein Thema, das früher oder später betrachtet werden will. Dabei muss er sich keineswegs auf alle Lebensbereiche beziehen. Es genügt jedoch, wenn er in bestimmten, bedeutsamen Bereichen und Situationen greift und den betroffenen Menschen – und oft auch sein Umfeld regelmäßig in Stress versetzt.

Mir ist in der Betrachtung stets wichtig, mit dem Klienten gemeinsam festzustellen, was hinter diesem Perfektionismus steckt. Dass auf der Basis einer autistischen Grundstruktur ein besonders starkes Bedürfnis nach Genauigkeit und Perfektion entsteht, ist meines Erachtens nur ein Aspekt. Der andere ist das von mir angenommene zutiefst menschliche Streben nach Vollkommenheit. Interessanterweise wird es für meine Klienten leichter, mit ihrem Perfektionismus umzugehen, wenn sie ihn vor einem solchen allgemeinmenschlichen Hintergrund betrachten. Er ist dann kein unmenschlicher Zwang mehr, sondern ein Streben, das sein darf, auch wenn es nie ganz erfüllt werden kann.

Das Bedürfnis nach Kontakt

Wir haben im Teil II dieses Buches sehr ausführlich betrachtet, wie es um die Kontaktbedürfnisse autistischer und neurotypischer Menschen bestellt ist. Sie mögen unterschiedlich beschaffen sein und ausgelebt werden – ein Grundbedürfnis nach Kontakt ist jedoch ausnahmslos bei jedem Menschen vorhanden.

So wird es sich lohnen, sich immer wieder offen – und auch achtungsvoll – darüber auszutauschen, wer welche Ideen und Erfahrungen mit dem Begriff »Kontakt« verbindet und welche Bedürfnisse tatsächlich bestehen. Dabei werden alle Beteiligten vielleicht manchmal verwundert sein oder auch etwas nicht nachvollziehen können. Dennoch kann ein solcher Austausch sehr zu einem beidseitigen Erkenntnisgewinn, zu einer Bewusstseinserweiterung und letztlich auch zu einem bereichernden Kontakterleben beitragen.

Das Bedürfnis nach Zugehörigkeit

Wie ich im Gespräch mit meinen Klienten immer wieder feststelle, ist es mit der Befriedigung des Kontaktbedürfnisses allein nicht getan. Selbst wenn »Kontaktnahrung« aufgenommen werden kann – im Umgang mit einer Person oder schon durch die Anwesenheit einer vertrauten Person –, macht sich dennoch immer wieder auch ein weitergehendes Bedürfnis nach Zugehörigkeit zu einer Gruppe von Menschen bemerkbar.

> Ein Mann, der seit vielen Jahren Mitglied eines Musikvereins ist und dort regelmäßig mindestens einmal pro Woche Zeit mit vertrauten Menschen verbringt und gemeinsam mit ihnen musiziert, fühlt sich dennoch auf quälende Weise einsam. Er nimmt sich nicht als einen wirklichen Bestandteil der Gruppe wahr. Aus seiner Sicht könnten die anderen genauso gut ohne ihn weitermachen. Wirklich zugehörig würde er sich erst fühlen, wenn er einen festen Platz im Gruppengefüge hätte – was nach seinem Empfinden jedoch nicht der Fall ist.

Ähnliches berichten viele meiner Klienten aus ihrer Schulzeit: Selbst, wenn sie Kontakte zu einzelnen Mitschülern hatten – sie fühlten sich nicht als ein Teil der Klassengemeinschaft und litten darunter, nicht dazuzugehören. – So sollten meines Erachtens die Bedürfnisse nach Kontakt und Zugehörigkeit getrennt voneinander betrachtet und jedes für sich berücksichtigt werden.

Das Bedürfnis nach Würde

Wir haben im Teil II bereits eingehend betrachtet, wie grundlegend das Bedürfnis nach der Unantastbarkeit der Würde ist. Auch dies gilt für alle Menschen gleichermaßen. Diese Erkenntnis und die Erkenntnis der Notwendigkeit, dieses menschliche Grundbedürfnis zu achten, bildet sich sowohl in der Präambel der Menschenrechtskonvention als auch im Grundgesetz der Bundesrepublik Deutschland ab:

»Die Würde des Menschen ist unantastbar.«
Artikel 1, Grundgesetz der BRD

Ich erinnere hier zum einen an die Zusammenhänge zwischen körperlichem und psychischem Schmerz: Beide werden in derselben Hirnregion ausgelöst, als ernstzunehmender Alarm im Sinne von: »Da ist etwas nicht in Ordnung. Das ist bedrohlich. Kümmere dich darum, sonst wird's schlimm!« Tatsächlich würde ich aus meiner klinischen, aber auch aus meiner persönlichen Erfahrung heraus sagen, dass psychische Verletzungen durch Missachtung, Verachtung und Ausschluss zu nachhaltigeren Wunden und Schmerzen führen als körperliche Verletzungen. Darüber hinaus lassen sich manche chronischen körperlichen Schmerzen und Beschwerden zumindest zu einem gewissen Anteil psychischen Wunden zuordnen, die noch immer nach Wahrnehmung und Heilung »schreien«. All dies ist freilich vor allem im persönlichen und klinischen Zusammenhang von Bedeutung.

Zum anderen möchte ich in diesem Kontext nochmals erinnern an die evolutionsbiologischen Hintergründe des Bedürfnisses nach guten Kontakten und nach Zugehörigkeit, denn dieser Aspekt geht über das persönliche Empfinden und Schicksal hinaus. Missachtung ist der erste, alarmierende Hinweis auf einen drohenden Kontaktabbruch oder einen Ausschluss aus der Gemeinschaft. Ja, die Nichtachtung eines Menschen als einer Person mit Würde kann der erste Schritt dahin sein, ihn nicht mehr als Menschen anzuerkennen, ihn als nicht nur unwürdig, sondern auch als unwert und sein Leben als nicht erhaltenswert einzustufen. Wenn das geschieht, ist ein Mensch fortan ungeschützt und sogar unmittelbar bedroht. Wird jemandem die Menschenwürde erst einmal abgesprochen und damit seine Identität als menschliches Wesen, öffnet dies nicht nur der Gleichgültigkeit, sondern auch der Aggression Tür und Tor. Zugleich unterliegt dann die Entscheidung, wer »würdig« und wert ist, ja, wer überhaupt als »Mensch« anerkannt ist und wer nicht, auf einmal der Willkür des Betrachters, die wiederum durch gesellschaftliche Strömungen leicht zu beeinflussen ist.

Insofern handelt es sich bei diesem Bedürfnis nach Anerkennung und Erhaltung der Würde – und dem existentiellen Alarm des psychischen Schmerzes – nicht nur um eine persönliche, emotionale Angelegenheit, die zu berücksichtigen schön wäre. Vielmehr spiegelt sich darin eine uralte menschliche Erfahrung und ein Gespür für echte Gefahr wider, nicht nur für den einzelnen Menschen, sondern für die Gemeinschaft selbst. Es ist also im Sinne aller Menschen, wenn die Menschenwürde als ein unantastbarer Wert im Bewusstsein verankert ist und als gemeinsames Gut hochgehalten wird.

Das Bedürfnis nach Ruhe und Entspannung

Dass jedes Lebewesen, auch jeder Mensch, irgendeine Form von Ruhe und Entspannung braucht, um sich zu regenerieren, wird sicherlich spontan einleuchten. Allerdings können die Wege zur Entspannung und das Verständnis von »Ruhe« sehr auseinander gehen – und damit auch die konkreten Bedürfnisse. Sie können von Person zu Person und auch in jeder Situation sehr unterschiedlich aussehen. Hier ist also – bei autistischen wie auch bei nicht-autistischen Menschen – jeweils genau und individuell zu differenzieren und zu erkunden, was »Entspannung« überhaupt bedeutet und wodurch sie gerade ermöglicht wird. Das allen gemeinsame Grundbedürfnis nach Entspannung steht deshalb jedoch nicht in Frage.

Das Bedürfnis, einfach sein zu dürfen, ohne Erwartung, Ziel und Absicht

Ich möchte hier noch einen Aspekt ansprechen, der mir gerade im Umgang mit autistischen Kindern bewusstgeworden ist, der jedoch auch bei der Arbeit mit meinen erwachsenen Klienten ein bedeutsames Thema darstellt: Es ist ein Bedürfnis danach, einfach sein zu dürfen, im »Hier und Jetzt«, absichtslos, ohne Wertung und ohne Erwartung.

Zwar beobachte ich bei Menschen auf dem Autismus-Spektrum ein besonders ausgeprägtes Bedürfnis und auch besondere Fähigkeiten, sich in einen solchen Zustand des »Einfach Seins« zu begeben. Bei eingehender Betrachtung erscheint mir das Bedürfnis danach aber durchaus ein allgemeinmenschliches zu sein.

Wie ich immer wieder feststelle, scheint es eine tiefe menschliche Sehnsucht danach zu geben, ab und zu einfach *sein* zu dürfen, frei zu sein von Erwartungen – den eigenen wie denen der anderen Menschen, frei von Zielen und Absichten. Dies kann in der Stille sein, in der Bewegung oder im Spiel. Diese Sehnsucht mag abtrainiert worden oder überdeckt sein. Doch kommt sie zum Vorschein, wenn Menschen sich wünschen, »abschalten« zu dürfen oder einfach angenommen zu werden, wie sie sind. Manche schaffen sich Rituale der Besinnung und Meditation, andere entdecken das Schlendern oder genießen es, absichtslos ein Spiel oder ein Instrument zu spielen.

In dieser Sehnsucht klingt eine Erinnerung an, an eine Erfahrung, die wohl jeder Mensch in irgendeiner Weise schon einmal gemacht hat, in der Kindheit, in Momenten, in denen das »Einfach Sein« ein gegebener und erlaubter Zustand war. Und zugleich spiegelt sich in der Sehnsucht eine bestehende Trennung von diesem Zustand wider. So ist erklärbar, dass solche Verfahren, Techniken oder Gruppenangebote großen Zulauf finden, welche die Erlangung eines solchen Zustandes versprechen, beispielsweise das »Achtsamkeitstraining«, bei dem ausdrücklich zwischen den Zuständen von »Sein« und »Tun« unterschieden wird.

17.3 Menschliche Bewältigungsstrategien

Bei genauer Betrachtung zeigt sich, dass die als »typisch autistisch« geltenden Verhaltensweisen eigentlich funktionale, zutiefst menschliche Bewältigungsstrategien sind, die wir im Kern alle in uns tragen. Und die wir – wenn auch nicht in derselben Ausprägung und Intensität – bei Bedarf einsetzen, um das eine oder andere Grundbedürfnis zu befriedigen.

Klarheit, Struktur und Ordnung

Menschen suchen nach Strukturen, Zusammenhängen und Gesetzmäßigkeiten im Chaos. Sie versuchen, diese durch Beobachtung und Analyse zu erkennen, oder sie selbst herzustellen. Dies gilt zum einen für äußerlich sichtbare Strukturen und (An-)Ordnungen, die sich schon in Spuren frühester menschlicher Gruppen und Gesellschaften finden lassen.

Zum anderen gilt es aber auch für das Herstellen von Strukturen im Denken und in der Vorstellung. Wo keine Zusammenhänge sichtbar oder erkennbar sind, da haben wir als Menschen die Möglichkeit, Zusammenhänge zu konstruieren. Dies geschieht nicht einmal immer bewusst. Unser Gehirn ist derart darauf ausgerichtet, klare erkennbare oder bereits vertraute Strukturen zu erkennen, dass es »notfalls« eben ganz eigene herstellt. Der Mensch erklärt sich Vorkommnisse und unerklärliche Beobachtungen selbst. Dabei werden vertraute Strukturen und Gesetzmäßigkeiten in ungeklärte Phänomene »hineinprojiziert«:

> Menschen in unterschiedlichsten Erdteilen und Kulturen erlebten Gewitter und suchten nach Erklärungen für Donner und Blitz. Die mythischen Erklärungsbilder dafür waren vielfältig. Oft kamen darin Geister oder Götter vor, die miteinander im Streit lagen, in ihrer Wut mit Felsbrocken warfen oder auf andere Weise herumpolterten und Funken versprühten.

Durch solche Bilder und Projektionen vertrauter Erfahrungen hinein ins Unerklärliche kommen Kongruenzeffekte zustande, wo sonst keine gewesen wären – was durchaus zu Wohlbefinden und einem Gefühl von (wiederhergestellter) Sicherheit beitragen kann. Entscheidend ist dabei die (Wieder-)Erkennbarkeit von Strukturen, wo sonst das – als bedrohlich wahrgenommene – Chaos überhandgenommen und Gefühle von Hilflosigkeit ausgelöst hätte.

Für »neurotypische« Menschen ist ein solches Hineinprojizieren einfacher als für »autistische«. Die Bildung von Vorstellungen und Abstraktionen fällt ihnen in der Regel leichter. Ein Kongruenzeffekt stellt sich eher ein, auch bei einer nur teilweisen und ungefähren Übereinstimmung.

Gemeinsam ist jedoch allen offenbar das Bedürfnis, Muster und Strukturen zu erkennen, um das eigene Denken und Handeln danach ausrichten zu können.

Logik

Nicht nur bei der Beobachtung und Deutung der Umgebung, sondern gerade auch im Denken hilft Logik, im Sinne von nachvollziehbaren Zusammenhängen und Folgerichtigkeit, bei der Suche und Herstellung von Strukturen. Dabei sind die grundlegenden »Zutaten« und Funktionen die gleichen.

Mit ihrer Hilfe lassen sich dann auch die eigenen Denkweisen anderen Menschen vermitteln und umgekehrt die Gedanken anderer nachvollziehen. So liegt in der allen gemeinsamen Funktion der Logik eine Chance, sich zu verständigen und einander auch unterschiedliche Welten zu erklären.

Wissen zur Erlangung von Kontrolle und Sicherheit

Wie oben bereits angedeutet, vermittelt das Erleben von »Wissen« ein Gefühl von Selbstsicherheit. Das heißt: Ein Mensch fühlt sich eher für eine Situation gewappnet, wenn er über einen gewissen Schatz an Informationen und Erfahrungen verfügt. Er fühlt sich umso besser vorbereitet und daher sicherer, je mehr Informationen er über die äußeren Bedingungen einer Situation und die daran beteiligten anderen Menschen besitzt. Vor allem jedoch dann, wenn er schon häufig die Erfahrung gemacht hat, dass er diese Informationen in der richtigen Weise einsetzen konnte, um Zusammenhänge richtig zu erfassen, Erwartungen und Gefahren richtig einzuschätzen und letztlich auch Geschehnisse »voraussehen« zu können, wird er sich auch in neue oder bekanntermaßen riskante Situationen wagen.

Die Fähigkeit zur Bewusstheit, zur Reflexion und zur Bildung von Vorstellungen

Wenn man sich philosophische und psychologische Theorien darüber ansieht, was das »Mensch-Sein« ausmacht und was den Menschen wohl von anderen Säugetieren unterscheidet, dann wird man immer wieder auf Begriffe und Ideen wie »Verstand« und »Vernunft«, aber auch »Bewusstsein« und »Vorstellungskraft« stoßen. All dies scheint – zumindest nach unserem bisherigen Verständnis – den Menschen auszumachen: die Fähigkeit, sich vom unmittelbaren Erleben und auch von den Emotionen zu lösen und sich auf »eine andere Ebene« zu begeben. Von dort aus kann bewusst beobachtet werden, können Beobachtungen analysiert sowie Zusammenhänge hergestellt oder konstruiert (also vorgestellt) werden. Diese Fähigkeit, sich auf eine Metaebene (»Dritte Ebene«) zu begeben, hat demnach jeder Mensch – auch wenn sie individuell unterschiedlich ausgeprägt und trainiert sein mag.

Wiederholungen, Routinen und Rituale für innere und äußere Sicherheit

Routinen geben Sicherheit und erleichtern das Leben. Das weiß jeder, der jemals eine größere Veränderung zu bewältigen hatte, beispielsweise einen Umzug. Alle gewohnten Wege, Ordnungen, Handgriffe, Zeiteinteilungen und Handlungsabläufe sind über den Haufen geworfen und müssen neu gestaltet und automatisiert werden. Sobald neue Routinen etabliert sind, wird das Leben wieder leichter.

Darüber hinaus bieten Rituale Momente der Vertrautheit, der verlässlichen Regelmäßigkeit, und sie vermitteln dadurch eine ganz eigene Form der Sicherheit, ja der Geborgenheit, die auch unabhängig von äußeren Veränderungen als unerschütterlich erlebt wird.

Aufmerksamkeitsfokussierung und Trance

Die Fokussierung der Aufmerksamkeit auf Wahrnehmungen, Muster, Objekte oder ganz eigene Gedankenwelten geschieht ganz natürlicherweise bei jedem Menschen in unterschiedlichen Situationen. Wir sprechen auch von einem Zustand der Alltags-Trance. Sie kann sich bei konzentrierten Handlungs- oder Denkabläufen einstellen – oder einfach nur im »Sein«, ohne Ziel und Zweck.

Trance-Zustände können uns Schutz vor Überreizung und Überforderung bieten und zur Entspannung beitragen. Zugleich sind es Zustände von hoher Kreativität und Offenheit und erlauben ein anderes Erleben als die des Alltagsbewusstseins.

»Andocken« an andere Menschen

Eine weitere Bewältigungsstrategie, um die grundlegenden Bedürfnisse nach Sicherheit, zugleich aber auch nach Kontakt und Verbundenheit mit anderen Menschen zu stillen, ist das »Andocken« an einen oder mehrere Menschen. Es macht einen Unterschied, ob ein Mensch alleine in der Öffentlichkeit unterwegs ist, sich in neue Situationen begibt oder gar Herausforderungen zu bestehen hat, oder ob ein vertrauter Mensch an seiner Seite ist. Dieser Effekt ist so stark, dass es in gewisser Weise sogar unerheblich ist, ob dieser andere Mensch stärker oder kompetenter ist als der Einzelne selbst. Allein schon die Möglichkeit, sich an eine andere Person zu wenden und sich bei Bedarf auf sie beziehen zu können, verändert das Erleben der Situation ganz deutlich. Entscheidend ist allerdings der Faktor der Vertrautheit, des Vertrauens, sich auf die andere Person (oder auch ein anderes »Objekt«) verlassen zu können und das Gefühl, dass von diesen keine Gefahr ausgeht.

18 Die Erkenntnis der Unterschiedlichkeit – Erleben und Umgang

Sowohl Menschen auf dem Autismus-Spektrum als auch ihre neurotypischen Mitmenschen stellen – trotz aller oben aufgeführten Gemeinsamkeiten – meist vornehmlich die Unterschiedlichkeiten, das gegenseitige »Anders-Sein« fest. Diese Feststellung geht einher mit einem tiefen Befremden und führt so weit, dass dieses »andere Sein« nicht vorstellbar ist.

18.1 »Das kann nicht sein!« – Über die Schwierigkeit, sich Unterschiedlichkeiten vorzustellen

Die Unvorstellbarkeit des anderen Erlebens führt leider oft dazu, dass der eine dem anderen nicht glaubt. Man steht einander fassungslos oder gar misstrauisch gegenüber und sagt: »Das kann nicht sein!« Eine solche Feststellung hat sicherlich ihren nachvollziehbaren Hintergrund, aber sie hat auch sehr ungünstige Folgen. Denn bereits in dem »Nicht-glauben-können« steckt ja schon eine Entwürdigung: Der jeweils andere fühlt sich erst einmal nicht gesehen, wie er ist.

Darüber hinaus wird ihm etwas unterstellt. Denn ein »Nicht-glauben-wollen« impliziert den Vorwurf der Lüge, zumindest jedoch der Übertreibung. Ausgesprochen oder unausgesprochen steht damit die Unterstellung im Raum, dass der andere einen veralbern oder gar gezielt manipulieren, also Macht ausüben will. Spätestens an diesem Punkt wirft das Thema der Vorstellbarkeit also Fragen der Glaubwürdigkeit und letztlich eines Machtspiels auf.

Bestehen eine solche »Unvorstellbarkeit« und die daraus folgenden Unterstellungen auf beiden Seiten, sind grundlegende und schwerwiegende Konflikte vorprogrammiert – selbst dann, wenn die beiden Seiten einander eigentlich zugetan sind.

Eben deshalb erscheint es mir als besonders wichtig, diese geradezu klassische Verkettung von Erlebens- und Interpretationsweisen der Unterschiedlichkeit eingehender zu betrachten, nicht zuletzt, um sie entschärfen zu können.

Lassen Sie mich zunächst zur Veranschaulichung des Problems eine Episode aus eigener Anschauung erzählen, die – völlig unabhängig von autistischen Besonderheiten in Wahrnehmung und Erleben – die Schwierigkeiten veranschaulicht, die allein aus einer gegebenen Unterschiedlichkeit der *Perspektive* erwachsen können:

> **Verschiedene Blickwinkel**
>
> Ich gehöre zu den Menschen mit relativ geringer Körpergröße – was mich selbst nie gestört hat. Schließlich kenne ich es ja nicht anders. Und auch denjenigen Menschen, mit denen ich häufig im persönlichen Kontakt bin, ist der meist vorhandene Größenunterschied bald so vertraut und selbstverständlich, dass er als »Unterschied« – mit allen Konsequenzen – aus dem Bewusstsein aller Beteiligten verschwindet.
>
> Nun wanderte ich eines Tages mit einem Freund auf einer schönen griechischen Insel einen Küstenpfad entlang. Er hatte sich intensiv mit der Geschichte und Kultur der Insel vertraut gemacht und teilte dieses Wissen und seine jeweiligen Beobachtungen gerne mit mir. So machte er mich auch jetzt auf eine Sehenswürdigkeit aufmerksam, die soeben in seinem Blickfeld aufgetaucht war und die er offenbar seinen Kenntnissen zuordnen konnte. Ich meinerseits schaute in die von ihm angegebene Richtung, reckte mich auch hoch, aber selbst auf den Zehenspitzen konnte ich dort beim besten Willen nichts Außergewöhnliches entdecken. Was ich sah, war die Vegetation der Küste, die Felsen und das Meer. Ich fragte nochmals nach und sagte, nach erneutem, angestrengtem Schauen in die angegebene Richtung, ich könne da wirklich nichts entdecken. Betroffenheit machte sich breit. Ungeduld, Ja, sogar Ärger kam auf. »Das kann doch nicht sein!« Offenbar konnte er kaum fassen, dass ich nicht das sehen konnte, was ihm so deutlich vor Augen lag. Wollte ich ihn vorführen, ihn ärgern? Simulierte ich womöglich nur, weil ich vielleicht kein Interesse an seinen Erkenntnissen hatte? Erst als er mein mittlerweile wohl unglückliches und fragendes Gesicht sah, löste sich diese Spannung auf. Es wurde ihm auf einmal klar, was möglicherweise der Grund für meine »Blindheit« sein könnte. Er ging etwas in die Knie und bückte sich zusätzlich ein wenig, um ungefähr auf meiner Augenhöhe zu sein. Von da aus schaute er in die von ihm immer wieder so klar angezeigte Richtung – und fing an zu lachen. »Nee, von hier kannst du das tatsächlich nicht sehen.« Und da ja auch das Auf-die-Zehenspitzen-Stellen nichts geholfen hatte, hob er mich ein Stückchen hoch – und jetzt war plötzlich der ersehnte Moment des Gemeinsam-Sehens möglich. Und damit verbunden ein für beide Seiten erlösendes, gemeinsames Lachen.

So ist ein Perspektivwechsel oft hilfreich, um verletzende zwischenmenschliche Erfahrungen zu klären und aufzulösen. Und in diesem Fall war relativ schnell erkennbar, worin die Unterschiedlichkeit zwischen den Perspektiven der Beteiligten lag – nämlich in der Körpergröße und dem daraus sich ergebenden Blickwinkel. Auch lag in dieser Erkenntnis sofort die Lösung, wie diese Unterschiedlichkeit ausgeglichen werden konnte – nämlich durch die Veränderung der Sichthöhe, erst des einen und dann der anderen.

Wenn jedoch das Wissen darüber fehlt, wo die Unterschiedlichkeiten zwischen der einen und der anderen Perspektive tatsächlich liegen, wird eine solche Angleichung wesentlich schwieriger, wenn nicht sogar unmöglich.

Ich hoffe, dass meine Beschreibungen autistischer Wahrnehmungsbesonderheiten und des sich daraus ergebenden Erlebens – gerade auch im Vergleich zu neurotypischen Wahrnehmungsweisen – hier bereits entscheidende Hilfestellungen zum gegenseitigen und gemeinsamen Verständnis bieten.

18.2 Unterschiedlichkeiten – ein Überblick

Zusammenfassend möchte ich an dieser Stelle – ohne Anspruch auf Vollständigkeit – nochmals einige Punkte aufführen, an denen es häufig zu gegenseitigem Unverständnis und Befremden zwischen Menschen mit und ohne Autismus kommt:

Wahrnehmung und Wahrnehmungsverarbeitung

Viele alltägliche Erfahrungen der Unterschiedlichkeit ergeben sich aus grundlegenden Verschiedenheiten in der Wahrnehmungsverarbeitung. Hier seien nur einige exemplarisch genannt:

- Was für den einen »schön hell und sonnig« ist, wirkt auf den anderen schmerzhaft grell.
- Wo der eine sich über fröhliches Gezwitscher freut, ist der andere geplagt von »Vogellärm« in unerträglichen Frequenzen, zu laut und noch dazu unberechenbar in Abfolge und Zusammensetzung der Stimmen.
- Wo der eine viel Geld für Wohlgerüche ausgibt, leidet der andere unter unerträglichem und manchmal auch unausweichlichem Gestank.
- Wo der eine Berührung genießt und geradezu braucht, empfindet der andere jeglichen Haut- oder auch nur Körperkontakt als überwältigende oder schmerzliche Zumutung.
- Was der eine als unangenehm kalt empfindet, ist für den anderen neutral oder gar angenehm kühl.

Selbststeuerung und automatisierte Handlung

Bewegungs- und Handlungsabläufe, welche der eine schnell lernt und dann auch verinnerlicht und »automatisiert«, muss der andere immer wieder neu bewusst ausführen, Punkt für Punkt. Und jede einzelne Handlung der ganzen Sequenz oder des Handlungsablaufs muss einzeln bewusst initiiert und vom Gedanken in Handlung umgesetzt werden.

Denken und Lernen

Wo der eine schnell eine Struktur oder ein Muster erkennt – zumal sein Gehirn notfalls auch aus Bruchstücken einfach eine bekannte Struktur (re-)konstruiert oder hineinprojiziert – sieht der andere eine Fülle von einzelnen Details, aus denen er erst mühsam ganze Strukturen oder Bilder zusammenfügen muss, nie wissend, ob er sie »richtig« zusammengefügt hat.

Wo der eine wiederum nur endlose Reihen unzusammenhängender Zeichen sieht, erkennt der andere schnell sowohl regelhafte Strukturen als auch Abweichungen oder Fehler.

Gefühle

Wo der eine schon früh, ganz unwillkürlich und wie von selbst, gelernt hat, Gefühle in all ihren Nuancen bei sich selbst und anderen zu erkennen und sie fein differenzieren und benennen kann, da gibt es beim anderen nur die Unterscheidung zwischen Entspannung und starker Spannung, allenfalls noch zwischen Momenten von Freude, Wut oder Schmerz, die jeweils plötzlich, wie aus dem Nichts auftreten – bei sich selbst und bei anderen.

Kontaktbedürfnisse und -vorstellungen

Wo der eine »per Autopilot« schnell periphere Schnittmengen mit anderen Menschen herstellt, geht der andere grundsätzlich von der Idee des Kern-zu-Kern-Kontaktes aus. Wo der eine Smalltalk hält, dabei seinen Kern schützt und dennoch daraus auch Kontaktnahrung zieht, da versteht der andere unter sinnvoller Kommunikation einen Austausch von relevanten Informationen und hält die Werte von Wahrhaftigkeit und grundsätzlichem Respekt hoch, während Smalltalk als sinnleere Zeitverschwendung erlebt wird.

18.3 Der Moment des Befremdens als Gefahr und als Chance

Diese und ähnliche Unterschiedlichkeiten im Erleben und dann auch im Verhalten sind es, die bei Menschen auf dem Autismus-Spektrum zu einem Gefühl des »Anders-Seins« bis hin zum »Wrong-Planet-Syndrome« führen – und die umgekehrt bei den neurotypischen Mitmenschen ebenso zu Befremden, zu nicht-benennbarem Unwohlsein und zu Fehlschlüssen der Sozialen Autopiloten führen können.

Reaktionen von Menschen mit Sozialen Autopiloten

Soziale Autopiloten reagieren fein und unmittelbar auf Anzeichen von Unterschiedlichkeit mit zumindest einem kleinen »Weck-Alarm«: Hier ist etwas nicht so wie sonst. Hier verhält sich jemand anders als (unbewusst) erwartet. Das bedeutet potentiell eine gewisse Unberechenbarkeit. Und das hat ein Autopilot nicht gerne. Seine sonstigen Interpretations- und Verarbeitungsmuster versagen und er muss daher das Bewusstsein »wecken« und gleichsam »dazu holen«.

Hierin liegen zugleich eine Gefahr und eine Chance. Reagiert der Autopilot mit einem starken Alarm, weil er die Situation vor allem als unsicher und damit als potentiell unkontrollierbar und bedrohlich interpretiert, werden entsprechende Emotionen ausgelöst, die von einem gewissen Unwohlsein bis hin zu Angst und/oder Aggression reichen können.

Die dabei ausgeschütteten Stresshormone sorgen dafür, dass die Chance zur *bewussten* Betrachtung, Bewertung und Gestaltung der Situation erschwert oder ganz verpasst wird. Bei einem *zu* hohen Stresspegel nehmen die Funktion der Großhirnrinde und damit die Reflexionsfähigkeit und die bewusste Steuerungsfähigkeit des Menschen ab. Er reagiert aus der Emotion heraus, die »automatisch« ausgelöst wurde.

Doch selbst, wenn noch ein gewisses Maß an Bewusstheit und Reflexionsfähigkeit erhalten bleibt, wird eine emotionale Anspannung bleiben und sich mit auf die Interpretation und Gestaltung der Situation auswirken.

Die Chance der »Weck-Funktion« des Autopiloten liegt hingegen im »Erwachen« aus dem autopilotgesteuerten, eher emotional geprägten Modus in einen des Innehaltens und der bewussten Betrachtung. Es wird, anders ausgedrückt, hier der Impuls gegeben, von der »zweiten«, automatisierten Ebene auf die »Dritte Ebene« der bewussten Beobachtung, der wertfreien Analyse und der Reflexion zu gehen.

So kann die Irritation durch die wahrgenommene Unterschiedlichkeit den Impuls geben zu einem grundlegenden Perspektivwechsel, nämlich zum Wechsel auf die Metaebene. Ein solcher Wechsel eröffnet neue Sichtweisen aus einer gewissen sachlichen Distanz heraus – und damit auch neue Erkenntnisse.

Reaktionen auf Seiten des Menschen auf dem Autismus-Spektrum

Menschen auf dem Autismus-Spektrum erleben von klein auf überwiegend die Unterschiedlichkeit und damit auch Momente des Befremdens. Da sie einen Sozialen Autopiloten so nicht entwickeln, bleibt ihnen nur, sobald dies möglich ist, die bewusste Beobachtung und Analyse ihres eigenen Erlebens und der Umwelt, einschließlich des menschlichen Verhaltens. Die ständige Konfrontation mit der Unterschiedlichkeit und die Erfahrung des Befremdens führen nicht nur zu einem – oft quälenden – Erleben des Anders-Seins und damit auch des Abgeschnitten-Seins von Kontakt und Zugehörigkeit. Die entsprechenden Erfahrungen führen auch dazu, dass den Betroffenen Unterschiedlichkeit als Phänomen wesentlich vertrauter ist. Sie durchlaufen geradezu zwangsläufig von klein auf ein intensives Training auf der »Dritten Ebene«.

Von dort aus beobachten sie die Welt um sich herum. Sie analysieren bewusst, was sie sehen und versuchen durch intensives Nachdenken und Reflektieren, das Verhalten ihrer Mitmenschen zu verstehen – und sei es nur, um sich anpassen und in der Gemeinschaft gemäß den Erwartungen »funktionieren« zu können.

Dabei machen sie Beobachtungen, die sie beunruhigen. Es ist ihnen unbegreiflich, warum Menschen einander etwas vormachen, warum sie Dinge tun, die sie eigentlich nicht wollen oder die sie nicht ehrlich meinen.

Umso schwieriger finden es Betroffene dann, anderen zu trauen, sobald sie entsprechende Diskrepanzen zwischen »Kern«-Bedürfnissen und »peripherem« Verhalten bei ihren Mitmenschen wahrnehmen. Wie sollen sie wissen, wann es jemand ehrlich meint und wann ihnen etwas vorgemacht wird? Oft wünschen sich Menschen mit Autismus nichts so sehr wie die Erfahrung, so sein zu dürfen und so gesehen und respektiert zu werden, wie sie sind. Sehr häufig fragen sie sich, warum die Mitmenschen, die als »sozial kompetent« anerkannt sind, ihnen nicht die Offenheit, die Toleranz und den grundlegenden Respekt entgegenbringen, die aus ihrer Sicht selbstverständliche und notwendige Grundlagen jeder Begegnung sind. Vor allem aber wundern sie sich darüber – und verzweifeln nicht selten daran –, dass ihre Mitmenschen offenbar so wenig bereit oder in der Lage sind, sich einmal auf eine andere Sichtweise einzulassen – selbst, wenn sie ihnen offen und geduldig angeboten und beschrieben wird.

Warum gehen sie immer weiter von ihrer Wahrheit und Wirklichkeit aus – und neigen dabei zugleich dazu, demjenigen, der sich ihnen nicht sofort angleicht, Sturheit, Egozentrismus oder gar Bösartigkeit und tyrannischen Machtwillen zu unterstellen?

Und damit kommen wir zu einer zentralen Frage, die sich Menschen mit Autismus immer wieder unweigerlich stellt …

19 Wer ist hier eigentlich autistisch(er)?

Die Hintergründe dieser zugegebenermaßen auch etwas provokanten Fragestellung im Titel dieses Buches möchte ich an dieser Stelle gerne erläutern, um schließlich mit ihrer Hilfe für alle Beteiligten neue Perspektiven zu eröffnen.

19.1 Warum neurotypische Menschen oft so starr an (Denk-)Gewohnheiten und (sozialen) Ritualen festhalten

Interessanterweise erlebe ich immer wieder, dass nicht nur Menschen auf dem Autismus-Spektrum, sondern auch neurotypische Menschen sich diese Frage stellen, sobald sie einmal eine andere Perspektive einnehmen, nämlich die von der sachlichen und logischen Metaebene aus: Warum sind neurotypische Menschen oft so unflexibel und offenbar aus sich heraus nicht bereit oder in der Lage, einmal eine andere Sichtweise einzunehmen? Warum halten sie an ihren Denkmustern und Erwartungen so sehr fest? Warum fällt es ihnen offenbar so schwer, etwas »Anderes« oder jemanden in seinem Anders-Sein zu tolerieren und zu respektieren?

Lassen Sie mich hier zur Veranschaulichung einige Beispiele bringen, mit denen ich in meiner Arbeit fast täglich konfrontiert bin:

Wenn ein Kind in der Schule schlechte Noten bekommt, nicht weil es faul ist oder sich verweigert, sondern weil es andere Denk- und Lösungswege als die vorgegebenen findet, dann ist an dieser Stelle offenbar die Lehrkraft oder das Schulsystem rigide, das heißt unfähig oder nicht gewillt, andere Denkweisen zuzulassen und anzuerkennen.

Wenn ehrliche, direkte Aussagen als Unverschämtheit und bewusst verletzende Provokation fehlinterpretiert werden und der Angesprochene keine alternative Deutung oder Erklärung annimmt, dann bleibt er rigide bei seiner Interpretation (beziehungsweise bei der seines Autopiloten) und tut sich damit selbst weh – aber auch demjenigen, der ihm gegenüber bei allem Respekt offen und ehrlich war.

Wenn Menschen immer sofort ans Telefon gehen, wenn es klingelt oder piept, aus Angst, etwas zu versäumen, oder aus Furcht, andere könnten gekränkt sein, wenn sie nicht sofort eine Antwort bekommen, und wenn auf diese Weise eine Kultur der ständigen Erreichbarkeit im Beruflichen wie im Privaten entsteht, dann tut das keinem der Beteiligten gut. Aber interessanterweise fällt es den meisten Menschen unglaublich schwer, aus diesen Verhaltensmustern auszubrechen. Die Autopiloten sind in ihrer Funktion und Wirkungsweise zu stark: Alles, was Kontakt verspricht, hat unmittelbare Priorität. Dies wird jedoch ad absurdum geführt. Denn ab einer bestimmten Frequenz und Dichte von Informationen und Kontakten ist ein wirklich nährender Kontakt nicht mehr möglich. Dennoch halten viele Menschen an dieser Verhaltensweise hartnäckig fest, obwohl sie bei eingehender Betrachtung nicht funktional ist.

Wenn in der Ambulanten Betreuung Zielsetzungen und Methoden festgelegt werden, die für den Betreuten keinen Sinn machen und trotz eingehender Erklärung von den Betreuern auf diesen bestanden wird, dann sind diese oder das dahinterstehende System aus Trägern und Kostenträgern rigide. Das heißt, sie sind nicht in der Lage oder nicht gewillt, umzudenken und sich auf die ganz eigenen Gegebenheiten des Individuums einzulassen.

So wird zum Beispiel darauf bestanden, dass der Klient notwendige Telefonate selbst tätigt. Wenn er erklärt, dass er das nicht kann, wird nicht geschaut, was ihn davon abhält, es zu können. Stattdessen wird davon ausgegangen, dass er nicht weiß, wie es geht, dass er es also lernen muss. Würde man ihn *fragen*, was ihn daran hindert, würde man vielleicht eine Erklärung bekommen wie, es sei »das große Unbekannte«, in das hinein er anrufen müsste: Er weiß ja nie, in welcher Situation er welche Person mit seinem Anruf antrifft. Und da es ihm schwerfällt, sich eine unbekannte Situation vorzustellen, ruft er ins Nichts an. Außerdem möchte er niemanden stören und womöglich verärgern. Eine weitere Hürde ist oft der Perfektionismus, der es ihm untersagt, einfach unvorbereitet jemanden anzusprechen, ohne von vornherein auf jede denkbare Gesprächssituation, jedes mögliche Thema, jede Reaktion des anderen vorbereitet zu sein. Und es gibt viele andere Gründe mehr.

Wenn der Klient dann erklärt, dass er weiß, wie Telefonieren *geht* und er es manchmal, in bestimmten Situationen und mit bestimmten Menschen, auch kann, in anderen Fällen aber nicht, dann gehen die anderen davon aus, dass er es *immer* können müsste, er sich in einer bestimmten Situation, in der er erklärt, nicht telefonieren zu können, also nur »anstellt«.

> Die Tatsache, dass ein Mensch etwas kann, aber unter bestimmten Bedingungen bestimmte Funktionen nicht umsetzen kann, ist als Denkkonzept fremd, passt also nicht in gegebene Erfahrungsmuster und wird daher nicht akzeptiert, sondern uminterpretiert in »Faulheit« oder »Ängstlichkeit, die »nur überwunden werden muss«.

Wenn der Klient erklärt, dass es oft die Summe der anstehenden und verunsichernden Aufgaben und Anforderungen ist, die ihn lähmt, und dass er viele andere Aufgaben erledigen könnte, wenn ihm nur die eine oder andere besonders verunsichernde und kraftzehrende abgenommen würde, dann wird ihm Drückebergerei und selbstschädigendes Vermeidungsverhalten unterstellt. Gezielt geholfen wird ihm nicht, solange der Betreuer nicht das hört und auch annimmt, was der Klient ihm erklärt. – Aber genau das fällt den meisten neurotypischen Menschen offenbar so besonders schwer.

Loslassen und Umdenken

Interessant ist, wie leicht, effektiv und fruchtbar die Zusammenarbeit wird, sobald der Betreuer sich und seine gewohnten Denksysteme »überwindet« bzw. loslässt und es wagt, einmal dem Betreuten zu glauben und sich nach seinen sachlichen Erklärungen und Anweisungen zu richten. So manche ambulante Maßnahme ist auf diese Weise über kurz oder lang überflüssig geworden, weil der Betreute endlich aus seiner Überforderung herausgefunden hat, tatsächlich – durch konkrete Entlastung erleichtert – alltägliche Handlungen und Interaktionen noch besser trainieren konnte – und schließlich die Erfahrung machen durfte, dass er vieles kann. Und dass Fehler keine Katastrophe sind.

Vor dem Hintergrund anschaulicher, logischer und daher nachvollziehbarer Informationen über tatsächliche, »nachweisbare«, beispielsweise neurobiologisch bedingte Unterschiedlichkeiten, wächst seitens der neurotypischen Mitmenschen erfahrungsgemäß die Bereitschaft, diese Unterschiedlichkeiten anzuerkennen und sie dann vielleicht auch zu respektieren. Denn auf dieser sachlichen Grundlage ergibt sich ein Verständnis für Besonderheiten im Erleben und Verhalten des anderen fast von selbst. Zumindest die Tatsache, *dass* sich die Entwicklung und auch die Denk- und Handlungsweisen zwangsläufig voneinander unterscheiden, wenn von Anfang an das Gehirn anders funktioniert, kann in der Regel auch von denjenigen (an-)erkannt werden, die bislang immer nur von ihrer eigenen Wahrnehmungswelt – und deren allumfassenden Gültigkeit ausgegangen sind. In der Folge kann es ihnen dann auch gelingen, von Wertungen und Erwartungen abzusehen oder zumindest einmal Abstand davon zu nehmen.

Bedingungen fürs »Umdenken« und das Zulassen neuer Perspektiven

Generell bedarf es jedoch offenbar einiger Voraussetzungen, ehe ein Mensch sich auf die Metaebene begibt und neue Erkenntnisse und Perspektiven überhaupt zulässt. Manchmal ist es ein Konflikt mit einem bedeutsamen Menschen, manchmal eine eigene Lebenskrise, die uns zwingt, gewohnte Denkmuster loszulassen und neue zu erwägen.

Und noch eine weitere Bedingung scheint eine Rolle zu spielen: Immer wieder beobachten meine Klienten, dass sie einen Menschen eher erreichen und er sich eher auf sie und ihre ganz andere Sichtweise einlässt, wenn kein anderer Mensch dabei ist. Wenn also die Gefahr einer möglichen Dissonanz mit anderen Personen und der dadurch ausgelöste »Anpassungsautomatismus« wegfällt, dann fällt es leichter, sich auf eine neue Sichtweise einzulassen. Wenn andere Anwesende sich ihrerseits offen und interessiert an neuen Perspektiven zeigen, kann dies ebenfalls unterstützend wirken.

Metaebene nur, wenn's nicht anders geht?

Aber warum bedarf es überhaupt erst einer Konfrontation – und gegebenenfalls noch einer fachlich fundierten Erklärung für eine Unterschiedlichkeit –, ehe Menschen den Schritt auf die sachliche Metaebene vollziehen? Waren wir nicht davon ausgegangen, dass sie jedem Menschen zur Verfügung steht, ja, dass es womöglich sogar ein Streben danach gibt, diese Ebene der Reflexion zur erreichen und sie gleichsam als Aussichts- und Erkenntnisplattform zu nutzen?

So fruchtbar und hilfreich diese Möglichkeit der Distanz und Reflexion für uns Menschen ist, so gilt doch auch für uns, was wohl für alle Lebewesen gilt: das »Gesetz der Ökonomie«. Wir haben oben, bei den menschlichen Bedürfnissen, auch ein Bedürfnis nach Routinen und Ritualen angenommen. Dabei sind wir davon ausgegangen, dass vertraute Strukturen und Routinen – also Gewohnheiten und automatisierte Handlungsabläufe – uns das Leben erleichtern, gerade weil wir dann nicht mehr über jeden Handlungsschritt nachdenken müssen.

Das heißt: wir haben als Menschen wohl grundsätzlich jederzeit die Möglichkeit, auf bewusstes Denken, bewusste Entscheidung und bewusstes Handeln umzuschalten. Aber einen Großteil unseres Lebens bewältigen wir in einem Modus des weitgehend unbewussten Ablaufs von Gedanken, Gefühlen und Handlungen. Das spart Energie, weil jede bewusste Entscheidung und Handlung uns Konzentration und Kraft kostet. Alles, was »automatisch« läuft, nimmt uns gleichsam Arbeit ab.

Menschen mit Autismus, die sehr wenige Muster automatisiert haben und sehr viele, auch alltägliche Bewegungs- und Handlungsabläufe bewusst lenken und vollziehen müssen, werden bestätigen, dass dieser Zustand der Bewusstheit ausgesprochen kraftzehrend ist.

Darüber hinaus dürfen wir nicht vergessen, was wir uns an anderer Stelle schon einmal klargemacht haben: Wiederholung, Routinen und Rituale geben Sicherheit. Auch dies ist eine Erfahrung, die Menschen mit Autismus ihrerseits problemlos bestätigen können.

Es ist also durchaus logisch nachvollziehbar, dass und warum Menschen, welche die Möglichkeit zur Automatisierung von Handlungen und obendrein einen Sozialen Autopiloten haben, auf den sie sich blind verlassen können, sich die meiste Zeit von diesen Automatisierungen tragen lassen.

Sie können, wenn es sein muss oder wenn ihnen der Sinn danach steht, auf bewusste Reflexion umschalten. Häufig geschieht das erst dann, wenn der Autopilot einen »Alarm« ausgelöst hat. Solange aber anscheinend alles glatt läuft und ein Gefühl der Sicherheit – gerade auch im sozialen Kontext – vorherrscht, besteht erst einmal wenig Anlass, sich aus diesem weitgehend mühelosen Modus heraus zu begeben.

Denken und Reflexion – und die darin liegende Freiheit – sind dann allenfalls ein Luxus, den man sich gönnt, wenn sonst alles in Ordnung ist. Dann kann es sein, dass einem Menschen der Sinn danach steht, neue Welten kennenzulernen. Er wird vielleicht ein neues Buch lesen, ins Kino oder ins Theater gehen. Oder er geht auf eine Reise …

Wohl und Wehe des »Sozialen Autopiloten«

Glücklicherweise sorgt ja der Autopilot dafür, dass die meiste Zeit tatsächlich, zumindest in der Peripherie, alles »glatt läuft« und dass keiner dem anderen gefährlich nahekommt. Er gibt sofort Bescheid, wenn es Anzeichen für kleinere Dissonanzen gibt, oder steuert selbsttätig das Verhalten so, dass diese wieder ausgeglichen werden. Schnell wird eine Meinung revidiert, das Thema gewechselt oder es werden – bei kontroverseren Diskussionen – besonders viele (vor allem nonverbale) Signale von Respekt und Zusammengehörigkeit gesendet, um inhaltliche Differenzen auszugleichen.

Das oberste Gebot – wir erinnern uns – ist die reibungslose Herstellung und Erhaltung harmonischer Kontakte und Zugehörigkeit. Dies führt allerdings dazu, dass Meinungen und Sichtweisen im Zweifelsfall weitgehend unwillkürlich aneinander angeglichen werden, ja, dass eigene Empfindungen, Bedürfnisse und »Wirklichkeiten« unterdrückt werden. Die unmittelbare »Belohnung« durch gelingende Kontakte und Zugehörigkeit zur Gemeinschaft gleicht entstehende innere Dissonanzen oder nicht befriedigte Bedürfnisse aus. Das hirneigene Belohnungssystem »feuert« und lässt mittels Glückshormonen Wohlbefinden entstehen.

Wenn auf diese Weise die autopilotgesteuerte Harmonie die meiste Zeit über dadurch gelingt, dass – zumindest nach außen hin – ständig Gemeinsamkeiten gesucht, betont oder notfalls suggeriert werden, dann kommt es selten zur Konfrontation mit einer wirklich anderen Sichtweise.

Menschen werden zudem den Kontakt zu Menschen suchen, mit denen sie leicht Schnittmengen finden. Das erhöht die Aussicht auf belohnende Momente der Harmonie und Gemeinsamkeit. Auf diese Weise erlangen sie fast fortlaufend Bestätigung ihrer Wahrnehmungen und auch Rückversicherung in ihrem Denken und Tun. Da besteht keine Notwendigkeit, einmal wirklich eine andere Perspektive einzunehmen, die eigene Sicherheit zu verlassen und die Welt einmal mit ganz anderen Augen zu sehen.

Vor diesem Hintergrund wird klar, dass und warum neurotypische Menschen so wenig Training und Erfahrung im Zulassen von Unterschiedlichkeit und in der wertfreien Toleranz anderer Perspektiven und Erlebensweisen haben. Mit schlafwandlerischer Sicherheit steuert ihr Sozialer Autopilot sie so, dass sie möglichst auf Gleichgesinnte treffen.

Und wenn sie doch hin und wieder mit ganz anderen Menschen zu tun haben, sorgen die Autopiloten für möglichst viel Sicherheitsabstand im Kontakt, so dass die »Kerne« geschützt und die eigenen, sicheren Welten nicht etwa durch Dissonanz in Frage gestellt werden.

Deswegen kann keinem Menschen ein Vorwurf gemacht werden. Es ist immerhin nur natürlich, die Wege zu gehen, die sich von klein auf eingeprägt haben, weil sie funktionieren. Wer würde nicht die Wege gehen, die unmittelbaren Erfolg oder Entspannung versprechen?

Auch viele Menschen mit Autismus wünschten, sie hätten es einfacher bei der Herstellung, der Gestaltung und Erhaltung sozialer Kontakte. Sie wünschten, sie hätten auch einen Sozialen Autopiloten – dann müssten sie sich nicht mehr so viele

Gedanken machen über Begegnungen und soziale Situationen. Alles würde viel leichter.

Wer einen Autopiloten hat, der nutzt ihn auch und überlässt ihm weitgehend die Führung. Dass das auch Nachteile hat, wird meistens erst dann erkannt, wenn es zu heftigen Erschütterungen gekommen ist, ja, wenn kritische Lebensereignisse die bis dahin gefühlte Sicherheit in den gewohnten Strukturen und Kontakten in Frage stellen oder zerstören – sei es durch Trennung, durch Ausschluss aus einer bedeutsamen Gruppe, durch den Tod eines nahen, bedeutsamen Menschen oder durch den Zusammenbruch von sozialen Systemen, Lebenswerken oder Illusionen.

Dann, wenn die vertrauten und gewohnten Bezüge nicht mehr tragen, wenn die bisherige Sicherheit zusammengebrochen ist und Gewissheiten grundsätzlich in Frage stehen, bleibt schließlich nur noch die »Dritte Ebene«, die Metaebene übrig, um das Geschehen aus der Distanz zu analysieren, sich und sein Leben zu reflektieren und in Bewusstheit einen Neuanfang zu machen.

Aber auch, wenn das Leben in eine Sackgasse gerät, wenn ein Mensch das Gefühl hat, nur noch in den umgebenden Systemen zu funktionieren und sich selbst dabei zu verlieren, kann er ein Bedürfnis, ja sogar einen Drang danach verspüren, Distanz zu gewinnen gegenüber all den vertrauten Automatismen. Er mag sich aus sich heraus auf eine andere Ebene begeben, von der aus er sein Leben bewusst neu betrachten und reflektieren kann – und von wo aus er Entscheidungen darüber treffen kann, wie er es weiter gestalten möchte.

Die Chance der Metaperspektive

Immer wieder berichten Menschen, dass sie aus Lebenskrisen letztlich als »neue« und freiere Menschen hervorgegangen sind.

In Krisenmomenten ist ein Mensch gezwungen, aus seiner vertrauten Welt herauszutreten und Abstand zu gewinnen von gewohnten Denkweisen und von Kontakten, die ihn bislang in seinem Denken und Sein bestätigt hatten. Wenn alte Überzeugungen und Konstrukte zerbrechen, fällt zwar die Sicherheit weg, die sie geboten haben, aber der Mensch ist dann auch nicht mehr in ihnen gefangen. Durch diese Erfahrung kann tatsächlich ein neues Gefühl der Freiheit und Selbstbestimmung entstehen.

Auf der Metaebene lässt sich Abstand gewinnen zum Geschehen, jedoch auch zu den eigenen emotionalen Reaktionen. Und dabei zeigt sich, dass es andere Perspektiven, andere Erlebensweisen und viel mehr Möglichkeiten für Lösungen gibt, als der Mensch sich in seiner alten kleinen Welt hatte träumen lassen.

Wer eine solche Erfahrung der (Selbst-)Distanzierung gemacht und dadurch eine Erweiterung des eigenen Blicks erlebt hat, geht fortan bewusster mit sich selbst, mit seinem Leben und seiner Umwelt um, trifft bewusst Entscheidungen, wie er sein Leben und seine Kontakte zu anderen Menschen gestalten will und übernimmt dabei mehr Verantwortung für sein Tun.

Er überlässt sich nicht mehr so fraglos dem Autopiloten – wenngleich er ihn weiterhin hat und auch nutzen kann. Er kennt seine Grenzen, weiß, dass er auch

Fehler macht, und begibt sich daher häufiger auf die Metaebene, um die dortige Perspektive einzunehmen und zu einer Gesamtsicht hinzuzuziehen.

Wir haben im Teil II zum Thema Krise auch über die Idee der Entwicklungskrise nachgedacht und an dieser Stelle schon die Feststellung gemacht, dass es ohne Krisen wohl keine Entwicklung gibt. In unserem jetzigen Kontext erscheint diese Feststellung nochmals in einem neuen Licht – und leitet über zum nächsten Gedanken.

19.2 Warum Menschen auf dem Autismus-Spektrum bei genauem Hinsehen meist offener und wertfreier sind

Weniger Sicherheit, mehr Herausforderungen und Krisenerfahrungen

Wenn wir das Erleben und die Entwicklung von Menschen mit Autismus betrachten, stellen wir fest, dass es für sie von Anfang an sehr große Herausforderungen und kaum Möglichkeiten zur Rückversicherung gibt. Bereits das ganz frühe, unmittelbare »Andocken« an andere Menschen, an die Eltern und andere Bezugspersonen, ist erschwert. Und selbst wenn das Kind die Menschen um sich herum besser kennenlernt, wird es eher mit Unterschieden konfrontiert, als dass es spontan Gemeinsamkeiten erleben könnte.

Hinzu kommen viele erschütternde Erlebnisse der Reizüberflutung und des hereinbrechenden Chaos, das alle gerade aufgebauten Strukturen über den Haufen wirft und dem Betroffenen jegliche sichere Basis raubt. Wie schnell das passieren kann, haben wir im zweiten Teil dieses Buches an verschiedenen Stellen nachvollzogen.

Eingedenk dieser Tatsachen können wir davon ausgehen, dass Menschen mit einer autistischen Wahrnehmungsverarbeitung und der daraus sich ergebenden Erfahrungswelt zum einen wesentlich häufiger in Krisen geraten. Zum anderen sind sie auf sich alleine gestellt. Um sich zu stabilisieren, bleibt ihnen erst einmal nur der Rückzug in sich selbst und in die eigene Welt, in der sie zumindest ein gewisses Maß an Sicherheit finden.

Die einzige Möglichkeit, solche erschütternden Erlebnisse zu verarbeiten, liegt für sie darin, eine Metaebene zu entwickeln, von der aus sie Distanz gegenüber dem Geschehen einnehmen, es dort einigermaßen geschützt vor zu heftigen Emotionen analysieren und nach Erklärungen und Lösungen suchen können. Wir werden weiter unten nochmal genauer darauf eingehen, wie diese Verarbeitung geschieht und wie sie sich auf die Persönlichkeit auswirkt.

Festzuhalten ist an dieser Stelle zunächst die relative *Häufigkeit*, mit der Betroffene in solche erschütternden Situationen geraten und sich selbst helfen müssen. Angesichts der vielen Erfahrungen, die meine Klienten mit mir geteilt haben, habe ich Grund zu der Annahme, dass hierin zumindest einer der Gründe liegt, warum Betroffene in aller Regel krisenerfahrener und fast zwangsläufig mit der Metaebene sehr vertraut sind. Für sie wird es schließlich selbstverständlich, wenn irgend möglich, die Welt – und auch sich selbst – von dieser Metaebene aus zu betrachten. Diese lässt nicht nur einen ungetrübteren Blick auf die Welt zu, sondern auch unterschiedlichste Perspektiven darauf.

Das frühe Erleben von Unterschiedlichkeit

Die meisten Betroffenen erleben schon früh, wie unterschiedlich Welten des Erlebens sein können. Sie sind ständig unmittelbar mit dem Phänomen der Verschiedenheit konfrontiert. Die erste Erkenntnis der Unterschiedlichkeit wird dabei nicht selten wie ein Schock erlebt. Denn zunächst wird das Kind davon ausgehen, dass andere Menschen das Gleiche erleben wie es selbst – bis es früher oder später erkennt, dass diese vieles ganz anders sehen und empfinden.

Einige meiner Klienten beschreiben diesen Moment der Erkenntnis als zutiefst erschütternd, ja manchmal sogar traumatisch. – Immerhin ist es so, als sei das Kind mit einem Schlag mit sich und seiner Welt ganz allein in einer völlig fremden Umwelt. Wesen, von denen es vorher dachte, dass sie ähnlich funktionieren wie es selbst, stellen sich als völlig anders heraus – und damit als unberechenbar.

Diese bewusste Erkenntnis kann bereits in der frühen Kindheit eintreten oder erst wesentlich später, im Jugend- oder Erwachsenenalter. Ein mehr oder weniger diffuses oder deutliches Gefühl von »Anders-Sein« und daraus erwachsender Befremdung und auch Bedrohung entsteht allerdings meist schon früh.

Zugleich fällt die Bestätigung der eigenen Sinneswahrnehmungen weitgehend weg. Viel häufiger als Parallelen oder Gemeinsamkeiten werden Unterschiede in der Wahrnehmung, in deren Bewertung und in den daraus erwachsenden Bedürfnissen festgestellt – sei es vom Kind selbst oder von anderen.

Selbst, wenn ein betroffenes Kind sich aufmacht und Bestätigung und Gleichgesinnte sucht, indem es interessante oder erfreuliche Entdeckungen und Erlebnisse mit anderen teilt, stellt es fest, dass die Angesprochenen mit seinen Entdeckungen und Schätzen meist nichts anfangen können oder sie gar abwerten und ablehnen.

So wird ein Mensch mit Autismus von klein auf eher Erfahrungen von Unterschiedlichkeit machen als von bestätigender Gemeinsamkeit – selbst auch mit Menschen, die ihm wichtig und die ihm gegenüber wohlwollend sind.

Solchermaßen früh und fortlaufend konfrontiert, wird er Strategien entwickeln müssen, wie er mit dieser Unterschiedlichkeit umgeht. Dies kann ihm besser oder schlechter gelingen. Einige Betroffene können sich einen gewissen Selbstwert erhalten und sich mit sich selbst und in ihrer Welt wohl fühlen. Viele jedoch stellen sich selbst grundlegend in Frage und streben verzweifelt nach Anpassung und Angleichung an die anderen. Dabei werden sie immer wieder scheitern und sich möglicherweise am Ende ganz zurückziehen.

Eines ist aber in jedem Falle klar: Menschen und ihre Wahrnehmungs- und Erlebenswelten sind unterschiedlich. Mit diesem Wissen wächst ein Mensch mit autistischer Wahrnehmung auf, so wie ein neurotypischer Mensch mit dem Erleben spontaner, ja selbstverständlicher Gemeinsamkeiten und Bestätigung aufwächst.

Schon allein daraus ergibt sich freilich für den Menschen mit autistischer Grundstruktur eine ganz andere Entwicklungsbasis. Die Entdeckung von Unterschiedlichkeit ist für ihn nicht mehr wirklich überraschend (wenngleich das Ausmaß doch auch immer wieder Erstaunen hervorrufen kann). Es ist höchstens überraschend zu sehen, wie schwer es offenbar anderen Menschen fällt, diese anzuerkennen und damit umzugehen.

Metaebene statt Autopilot

Eine weitere Grundvoraussetzung für den eher selbstverständlichen, sachlichen und reflektieren Umgang mit unterschiedlichen Menschen ist die frühe Entwicklung der »Dritten Ebene«, also der Metaebene als Ersatz für die Funktionen des Sozialen Autopiloten. Wir haben im Laufe dieses Buches schon häufiger festgestellt: Wer keinen Sozialen Autopiloten hat, welcher die Sortierung und Deutung des Verhaltens der Mitmenschen und darauf basierend die Steuerung des eigenen Verhaltens übernimmt, der ist gezwungen, die bewusste Ebene möglichst gut zu entwickeln, ja, sie zu perfektionieren. Die Ergebnisse der Beobachtungen, der Analysen und Reflexionen auf der Metaebene sowie der bewussten Steuerung des Verhaltens von dort aus unterscheiden sich allerdings meist von den »programmierten« Verhaltensweisen und Erwartungen eines Sozialen Autopiloten. Hierdurch kommen beiderseits Erlebnisse von Unterschiedlichkeit zustande, die in der Regel kaum erklärbar scheinen. Denn der eine weiß ja vom anderen nicht, und meist wissen beide Seiten nicht einmal, worin sie sich unterscheiden. Dass da einer am anderen auch verzweifeln kann, einer den anderen für »dumm« hält oder sich einer vor dem anderen fürchtet, erscheint da nur menschlich und verständlich.

Was mich allerdings immer wieder beeindruckt, ist, wie viel bereiter Menschen mit Autismus in aller Regel sind, über solche Dynamiken zu reflektieren und sie zu analysieren, um dann gezielt nach Lösungen suchen zu können.

Sie machen sich viele Gedanken um ihre Mitmenschen, denken über Interaktionen nach, die sie erlebt haben, und viele versuchen, sich auf bevorstehende Begegnungen möglichst gut vorzubereiten – und sei es nur die Begegnung mit dem Busfahrer bei Lösen der Fahrkarte.

Nun könnte man sagen, dass sie freilich ein größeres Bedürfnis nach gelingendem Kontakt haben, weil dieser so selten gelingt und dass sie sich daher besondere Mühe geben. Und sicherlich lässt sich sagen, dass jemand, der für sich kaum nährenden Kontakt erlebt, einen gelingenden Kontakt wesentlich mehr zu schätzen weiß, als jemand, der ständig beliebig viel Kontaktnahrung aufnehmen kann.

Aber das ist es nicht allein. Es geht auch um Qualität. Es geht darum, dem anderen auf eine Art und Weise zu begegnen, die einem hohen Anspruch an Wahrhaftigkeit und Gerechtigkeit gerecht wird, denn das gebieten die auf der »Dritten Ebene« vorherrschenden Gesetze der Logik. Und um diesem Anspruch gerecht zu werden, müssen Interaktionen genau beobachtet und analysiert und bevorstehende gut vorbereitet werden.

Für diese Art der Analyse oder Vorbereitung bedarf es allerdings der Ruhe und auch eines Gefühls der Akzeptanz. Solange die Würde zu sehr verletzt ist, fällt die sachliche Reflexion auch einem Menschen mit Autismus schwer.

Auf der Metaebene gilt: Wenn es ein Problem gibt, dann macht es Sinn, es zu untersuchen und zu analysieren, wie dieses Problem zustande kommt, um dann aus den Erkenntnissen Lösungswege abzuleiten – und zwar wiederum mit Hilfe der Logik.

Dabei können zwar Lösungsansätze herauskommen, die dem Gegenüber völlig inakzeptabel erscheinen, weil sie nicht dem gewohnten Denken und den gängigen Erwartungen entsprechen. Aber die Bemühung um Lösungen und Alternativen ist echt und in aller Regel gut gemeint. Und: grundsätzlich ist diese Vorgehensweise getragen von Sachlichkeit und damit einer Enthaltung von Wertungen dem einzelnen Menschen gegenüber.

Hier kommt das »Fehlen« des Sozialen Autopiloten positiv zum Tragen: Es sind ja die Autopiloten, die in der Begegnung mit Menschen innerhalb von Bruchteilen von Sekunden Verknüpfungen herstellen – auch zu emotionalen Bereichen und damit zu Wertungen. Und es sind die Sozialen Autopiloten, die das Verhalten steuern, die Strategien zum Schutz des eigenen Kerns einsetzen und bei entsprechender Interpretation der Lage – »Der ist anders, daher unberechenbar, also gefährlich.« – Rückzug oder Angriff einleiten.

Wer keine unwillkürlich wirksamen Deutungs- und Bewertungssysteme hat und daher bewusst beobachten und deuten muss, der wird nicht so sehr von Emotionen und unbewussten Erfahrungen beeinflusst sein. Und wer sein Verhalten bewusst selbst steuern muss, der wird das nicht ohne entsprechende Reflexion tun.

Das heißt nicht, dass eine Person ohne Autopilotfunktion keine Emotionen hätte. Und es heißt auch nicht, dass es nicht auch hier zu spontanen Handlungen oder zu Stressreaktionen wie Flucht oder Angriff kommen könnte. Solange jedoch von der Metaebene aus beobachtet, reflektiert und gehandelt wird, werden die Ergebnisse weniger von spontanen Gefühlen als von Logik und Rationalität – man könnte auch sagen: von Vernunft – getragen sein.

Das Ergebnis mag für neurotypische Menschen irritierend sein – was leider auch häufig der Fall ist. Bei eingehender Betrachtung aber werden die unbestechliche Logik und auch die hohen ethischen Ansprüche dahinter deutlich. Glücklicherweise kommt es durchaus auch vor, dass diese vom Gegenüber spontan wahrgenommen und in ihrer Klarheit, Ehrlichkeit und auch in ihrer Wertfreiheit als wohltuend empfunden werden.

In gewisser Weise erleichtert diese Herangehensweise es Menschen mit autistischem Erfahrungshintergrund und einer entsprechenden Verarbeitungsweise, mit einem hohen Maß an Offenheit auf andere Menschen zuzugehen. Wenn von vorneherein kein Sozialer Autopilot – mit Wertungen und Emotionen – »dazwischen pfuscht«, dann findet eine Begegnung mit einem anderen Menschen auf Augenhöhe und ohne automatisch gesteuerte Schutzmechanismen statt.

Wer von einem solchen ungeschützten Kontakt ausgeht, mag sich dem anderen gegenüber schutzlos fühlen. Ein Blick in die Augen kann da schon zu intensiv sein. Andererseits wird er dem anderen auf diese Weise fast zwangsläufig offen und ohne Urteil beggenen. Er weiß noch nichts über ihn – und bekommt auch nicht von einem Autopiloten vermeintliche Informationen vorgegaukelt, die eigentlich nur Deutungen, also Konstrukte sind.

Allenfalls auf der seismographischen Ebene kann erspürt werden, ob vom Gegenüber Spannung oder Ruhe und Gelassenheit ausgeht. Darauf mag der Betroffene unmittelbar reagieren. Eine Wertung findet jedoch nicht statt.

Präsenz – der Modus des »Einfach Seins« im Kontakt

Schon bei den menschlichen Gemeinsamkeiten habe ich einen Modus des »Einfach Seins« beschrieben, einen Zustand der Absichtslosigkeit und Erwartungsfreiheit, den die allermeisten Menschen in ihrer Kindheit erleben, dann aber – unter dem Druck des sich entwickelten Autopiloten und der Erwartungen aus dem sozialen Umfeld – nach und nach verlieren. Die Sehnsucht nach diesem geradezu paradiesischen Zustand des »Einfach-Sein-Dürfens« bleibt ein Leben lang bestehen.

Wer von den Erwartungen der Mitmenschen erst einmal wenig mitbekommt, sondern schon aufgrund einer besonderen Reizverarbeitung gezwungen ist, sich auf des »Hier und Jetzt« zu fokussieren, der wird diesen Modus des »Seins« eher kultivieren und weiterentwickeln. Er wird darin sowohl Schutz und Ruhe als auch (Selbst-)Sicherheit erleben. Wer keinen Autopiloten hat, der in vielen Situationen das eigene Verhalten eher in Richtung Anpassung steuern würde, der wird sich den Modus des »Einfach Seins« eher erhalten können – auch wenn er deswegen immer wieder Ärger bekommt.

Diese Fähigkeit des »Einfach Seins« ohne Erwartungen wird auch im Kontakt mit einem Menschen spürbar, der sich diesen Modus erhalten und weiterentwickelt hat. Er wird auch in der Begegnung mit einem anderen Menschen »einfach sein«. Er wird sich nicht verstellen, weil kein Autopilot dies steuert, sondern wird als die Person präsent sein, die er ist.

Allenfalls wird er aus Angst vor Konflikten oder Ablehnung schweigen oder sich zurückhalten und so versuchen, sich (und vielleicht auch die anderen) zu schützen. Oder er wird die »Flucht nach vorne« antreten, indem er ungefiltert mit den Themen auf den anderen zugeht, die ihm selbst gerade bedeutsam sind. In jedem Falle wird jedoch seine Präsenz spürbar sein – ungetrübt von Anpassungsmechanismen und schützenden Fassaden.

So wird auch in diesem Sinne ein Mensch mit autistischer Grundstruktur einem anderen Menschen gegenüber offener begegnen. Nicht nur betrachtet er sein Gegenüber erwartungsfreier und ist auf Unterschiedlichkeiten gefasst, sondern er begegnet ihm auch offener im Sinne von ungeschönt und unmittelbar.

Auch wenn dies denjenigen Menschen, die eine solche »Unverblümtheit« nicht gewohnt sind, als ein Affront erscheint und die Direktheit von ihnen als Unverschämtheit oder Taktlosigkeit erlebt wird – es liegt eine große Chance in dieser Offenheit. Sie lädt ein zu einer ebensolchen Offenheit und Authentizität und damit zu einer Begegnung von einer ganz neuen Qualität.

Zusammenfassung: Warum sind Menschen mit Autismus im Kontakt mit ihren Mitmenschen oft offener und wertfreier?

Ein betroffenes Kind hat nicht von Beginn an die Möglichkeit, Sicherheit im sozialen Kontakt zu finden und wendet sich deshalb eher anderen, gegenständlichen Objekten zu. Es wird die Welt – auch die menschliche Welt – sachlich betrachten, beobachten und erforschen.

Es wird im Kontakt mit anderen Menschen wenige Erfahrungen machen, die es in seiner eigenen Wahrnehmung, Bewertung und Deutung der Welt bestätigen. So ist es immer wieder von Neuem herausgefordert, seine Beobachtungen *selbst* zu hinterfragen und zu überprüfen – was seine Fähigkeiten zur Analyse und Reflexion sehr gut schulen wird.

Auch wird das autistische Kind früh die Erfahrung der Unterschiedlichkeit zwischen der eigenen Welt und der Welt der anderen machen. Wenngleich dies viel Schmerz und Beunruhigung mit sich bringt, kann die Feststellung der Unterschiedlichkeit zwischen Menschen eher integriert werden – sie überrascht dann als Tatsache nicht mehr.

Da das betroffene Individuum keinen Sozialen Autopiloten hat, der ihm die Deutung des menschlichen Verhaltens und die Steuerung des eigenen Verhaltens unwillkürlich abnimmt, muss es die Beobachtung und Deutung sowie die Steuerung *selbst bewusst* übernehmen.

Dafür muss es sich auf die »Dritte Ebene«, also auf die Metaebene begeben und zur Analyse und für die Erarbeitung eigener Verhaltensmöglichkeiten allein auf die Regeln der Logik zurückgreifen. Da es hierzu keine Alternative hat, wird es eine gewisse Übung auf dieser Dritten Ebene entwickeln. Viele Menschen auf dem Autismus-Spektrum bringen es dabei zu einer Meisterschaft in der bewussten Beobachtung und Analyse von Menschen und sozialen Systemen.

Eine weitere Grunderfahrung von Menschen mit Autismus ist, dass sie in der Fokussierung ihrer Aufmerksamkeit und einem Zustand »ganz im Hier und Jetzt« einen Schutzraum vorfinden, der sie vor dem ständig drohenden Chaos um sie herum abschirmt. Die allermeisten Betroffenen entdecken diesen Modus bereits in der frühen Kindheit und kultivieren ihn fortan – sofern ihr Umfeld dies zulässt.

Auch dieser Zustand des »Einfach Seins« – sei es in der Stille, sei es im Tun – steht grundsätzlich jedem Menschen zur Verfügung. Oft stehen jedoch soziale Erwartungen dagegen: Die Mitmenschen erwarten, dass das Individuum sich ihnen zuwendet, dass es Kontakt sucht und gestaltet und sich hierfür an andere anpasst. Der Zustand des »Einfach Seins« im Hier und Jetzt bleibt da häufig auf der Strecke. Gerade dann, wenn andere Personen anwesend sind, wird der Soziale Autopilot eines neurotypischen Menschen sich »einschalten« und die Steuerung übernehmen. Er sorgt dafür, dass das Individuum sich von seinem eigenen Kern wegführen lässt, hin zur »Peripherie« seiner Welt. Der Mensch wird nicht mehr »ganz präsent« sein, sondern nur mit den Bereichen seiner eigenen Welt in Kontakt gehen, die ohne Risiko mit anderen teilbar sind.

Wer keinen Autopiloten hat, der wird auch dann bei sich und seinem Kern bleiben, wenn andere Menschen anwesend sind. Zwar besteht die Notwendigkeit, das Bewusstsein der Dritten Ebene »zuzuschalten«, um die Kontakte zu den Mitmenschen zu verarbeiten und zu managen. Doch der Kern bleibt auch präsent, während das Bewusstsein auf der Metaebene arbeitet. Auch dies führt dazu, dass Menschen mit Autismus ihren Mitmenschen in einem anderen Modus begegnen, eben dem der Präsenz im Kontakt.

20 Bewusstheit und Präsenz – Chancen für alle

Im Zuge der Betrachtung menschlicher Gemeinsamkeiten und Unterschiedlichkeiten kristallisieren sich meines Erachtens zwei wesentliche Aspekte heraus, die für alle Menschen gleichermaßen zugänglich und erstrebenswert sind, um miteinander und auch mit sich selbst in *menschenwürdiger* und gedeihlicher Weise umzugehen.

Es ist dies zum einen die Fähigkeit zur Bewusstheit und der Einnahme einer Metaposition, um über Situationen und Erlebnisse zu reflektieren. Zum anderen ist es eine Sehnsucht danach, einfach *sein* zu können, sowohl ganz für sich als auch im Kontakt mit anderen. Was genau mit diesen beiden Aspekten gemeint ist und welche Chancen darin liegen, möchte ich in diesem letzten Kapitel darlegen.

20.1 Die »Dritte Ebene« – Bewusstheit und Reflexion

Die Fähigkeit zu Bewusstheit und Reflexion ist eine der Eigenschaften, die alle Menschen gemeinsam haben, ja, die uns zu Menschen macht. Von der Metaebene aus betrachtet, ist ein Mensch ein Mensch. Jeder ist eigen, jeder ist anders, auch wenn es bestimmte Gemeinsamkeiten gibt.

Es gibt keinen logischen Grund dafür, einen anderen Menschen spontan zu bewerten – weder eine »Autorität« einfach anzuerkennen noch einen Menschen aufgrund seines Aussehens oder seiner Herkunft, seines Alters oder anderer Eigenschaften oder Attribute abzuwerten oder abzulehnen. Es gilt – sofern dieser Mensch interessant oder bedeutsam ist –, ihn bewusst und wertfrei zu beobachten, zu »erforschen« und herauszufinden, wer er ist und wie seine ganz eigene Welt beschaffen ist. Auf der Grundlage solcher Beobachtungen und eigener Überlegungen sowie als bedeutsam erkannter Regeln und Werte kann dann der Kontakt zu diesem Menschen gestaltet werden.

Wenn dabei von vornherein von Unterschiedlichkeit ausgegangen wird, werden dabei weniger Erwartungen mitschwingen, im Anderen Gleiches oder Vertrautes wiederzufinden. Vielmehr wird gleichsam eine interessante Expedition in eine fremde Welt unternommen – vielleicht in der Hoffnung, im Unbekannten doch auch auf Vertrautes zu stoßen. Wer einem anderen Menschen mit dieser Haltung begegnet, wird offener sein für dessen Eigenheiten. Er wird davon ausgehen, dass dieser andere Mensch ganz eigene Wahrnehmungen, ganz eigene Erfahrungen, eine ganz eigene Perspektive hat – und sich genau dafür interessieren. Es gibt dann keinen Grund, irgendetwas davon in Frage zu stellen oder zu bewerten – und das würde auch keinen Sinn machen. Es geht ja vor allem erst einmal darum, den anderen zu sehen, ihn kennenzulernen, ja ihn und seine Welt zu erkunden.

Wie bei jeder Forschungsexpedition geht es um einen Zugewinn an Informationen, an Wissen, an Erfahrung – und ganz ausdrücklich nicht darum, die neu entdeckte Welt nach eigenen Gewohnheiten und Maßstäben zu verändern. Eine solche Art und Weise, aufeinander zuzugehen, bei der der Soziale Autopilot, sofern vorhanden, allenfalls mitläuft, aber nicht mehr die Steuerung innehat, und bei der sich die Beteiligten mit Respekt und wohlwollender Neugier auf Augenhöhe begegnen, birgt für beide Seiten die Möglichkeit, Neues zu entdecken. Und wenn der »Forscher« Glück hat, gewinnt er darüber hinaus auch eine neue Sichtweise. Er wird die eigene Welt und auch »die Welt als Ganzes« mit anderen Augen sehen. Vielleicht wird er manches in seiner eigenen Welt noch mehr wertschätzen als zuvor. Manches wird er vielleicht auch kritisch betrachten und verändern wollen.

20.2   Präsenz

Der Modus des »Einfach Seins« als menschliche Grunderfahrung – und als Grunderfahrung von Menschlichkeit

Auch der Modus des »Einfach Seins«, frei von Erwartungen und Wertungen und ganz im Hier und Jetzt, erscheint mir eine grundlegende menschliche Erfahrung und eine Sehnsucht zu sein, die alle Menschen in sich tragen. Es liegt darin eine Chance, sich in und mit sich selbst wohl und im Reinen zu fühlen, Zugang zu den eigenen Quellen zu finden und sich von dort aus als einzigartiges Individuum zu entfalten.

Dass ein solcher Modus *von außen betrachtet* »autistisch« wirkt – auch im negativ gefärbten Sinne von »egozentrisch« und »extrem selbstbezogen« – ist insofern tragisch, als dies keinesfalls dem Kern und dem ganzen Spektrum einer solchen Erfahrung entspricht. Denn zugleich liegt darin die Chance, eine Verbundenheit mit sich selbst und mit dem eigenen Kern zu erleben und darüber hinaus auch eine Verbundenheit mit »allem«. Es gibt keine Erwartungen und Wertungen mehr, die trennen könnten von dem, was um uns ist; und es gibt keine *Absicht* mehr, die sich vom »Hier und Jetzt« unterscheidet.

Wenn es gelingt, anderen in einem solchen Modus von absichtsloser Erwartungsfreiheit zu begegnen, dann liegt darin die Möglichkeit zu einer zutiefst menschlichen Begegnung, die allen Beteiligten ihre Würde lässt und eine gegenseitige Bereicherung an Sichtweisen und Erfahrungen mit sich bringt.

20.3 Und schließlich: Die Entdeckung der Gemeinsamkeit in der Vielfalt

Der größte Schatz aber, den es zu entdecken gilt, liegt in der gemeinsamen Entdeckung einer Gemeinsamkeit, die viel grundlegender und bedeutsamer ist als die Unterschiedlichkeit zwischen den Welten. Wird diese Gemeinsamkeit erfahren, erscheinen die Unterschiedlichkeiten nur noch als bereichernde Varianten menschlicher Vielfalt. Dies ist es, was ich allen Menschen wünsche, egal ob sie einen autistischen Erfahrungshintergrund haben oder sich auf dem großen »neurotypischen Spektrum« bewegen.

Dem »großen Ganzen« wünsche ich, dass immer mehr Menschen die Möglichkeit für sich entdecken und nutzen, sich zumindest hin und wieder von der Steuerung ihres Autopiloten zu lösen. Dass sie es wagen, hin und wieder einfach zu sein. Und dass sie ihre Fähigkeit, sich auch auf die Metaebene zu begeben, immer wieder auch nutzen, um von dort aus sich selbst, ihre Mitmenschen und die Welt als Ganzes zu betrachten.

Wenn es ihnen dann noch gelingt, auch im Kontakt mit anderen Menschen im Modus des »Einfach Seins« zu bleiben und sie sich auf der Dritten Ebene mit anderen Menschen austauschen, können sie neue Erfahrungen von Gemeinsamkeit machen, die für alle heilsam, ermutigend und bereichernd sein werden.

IV

Schlusswort

Nachdem wir uns so ausführlich mit den Erlebenswelten von Menschen auf dem Autismus-Spektrum und auch mit menschlichen Bedürfnissen und Potentialen im Allgemeinen beschäftigt haben, stellen sich freilich einige Fragen:

Was machen wir mit all diesen Erkenntnissen? Wem kommen sie zugute? Geht es nur darum, Betroffene besser erkennen, verstehen und dann auch besser »behandeln« zu können? Oder weisen viele dieser Erkenntnisse, gerade hinsichtlich der Unterschiedlichkeiten und Gemeinsamkeiten, nicht doch weit über »diagnostische Beobachtungen« und ein Verständnis der Betroffenen hinaus?

Kann nicht alleine die Unterschiedlichkeit eine unerschöpfliche Quelle von gegenseitiger und gemeinsamer Erkenntnis sein?

Und können wir es uns angesichts der großen, drängenden Themen dieser Welt leisten, die ganz eigenen Sicht- und Erlebensweisen autistischer Persönlichkeiten zu ignorieren oder gar sie zu entwürdigen, indem wir ihre Besonderheiten als »Störungen« oder bestenfalls als »Skurrilitäten« abtun?

Ist es angemessen, weiterhin verzerrte Bilder von Autismus zu propagieren und sich an diesen Zerrbildern in Filmen, Fernsehserien oder sensationsbetonten Medien zu ergötzen?

Können wir es uns leisten, Menschen ins Abseits zu drängen, die neue Sichtweisen und Lösungsansätzen einbringen könnten – nun, da unsere bisherigen Sichtweisen und Ansätze in so vieler Hinsicht an ihre Grenzen stoßen? Können wir auf dieses ungeheure Potential an Bewusstheit, Analytik, Reflexionsfähigkeit, Lösungsorientierung und Kreativität verzichten?

Wenn ich tagtäglich miterlebe, wie meine Klienten sich aus Angst und Unsicherheit zurückhalten, wie sie zugleich – jeder auf seine ganz eigene Weise – das Geschehen in der Welt beobachten und sich ihre Gedanken machen – dann schmerzt mich das nicht nur für sie, die sie unter Isolation, Entwürdigung, Traumafolgen, Ängsten und Depressionen, an permanentem Stress und oft auch an körperlichen Stressfolgen leiden – es schmerzt mich auch für die Gemeinschaft aller Menschen. Denn ich erlebe ja täglich, wie fruchtbar ein Austausch auf Augenhöhe, ein wachsendes Verständnis sowie ehrliche und authentische gegenseitige Rückmeldungen für alle Beteiligten sein können.

Vergessen wir nicht viel zu häufig, dass die »Dritte Ebene«, die Ebene der Bewusstheit, Achtsamkeit und Reflexion, jedem Menschen zugänglich ist? Sind wir neurotypischen Menschen nicht aufgrund unseres Autopiloten geradezu in unseren Prägungen sowie unseren daraus erwachsenden eigenen Erwartungen und spontanen Reaktionen gefangen? Was würde geschehen, wenn wir uns mehr austauschen würden mit denen, die mangels Autopiloten so viel mehr Erfahrung und Übung haben in der bewussten Betrachtung der Welt, der Menschen und der sozialen Beziehungen?

Wie könnten unsere Beziehungen und Gemeinschaften aussehen, wenn wir uns zumindest hin und wieder von unserer autopilotgesteuerten Ebene auf die »Dritte Ebene« begeben würden, von der aus wir – von spontanen Reaktionen, Wertungen und Gefühlen distanziert – einen weiteren und klareren Blick auf uns selbst und unsere Mitmenschen werfen könnten?

Was, wenn wir – auf diese Weise unabhängiger von unserem Autopiloten – immer häufiger selbst frei entscheiden und gestalten könnten, wie wir Situationen deuten und bewerten und wie wir uns verhalten wollen?

Ich möchte hier nicht behaupten, es gäbe dann eine schöne neue Welt ohne Probleme. Aber eine andere Sichtweise könnte sich uns auf jeden Fall erschließen. – Nein, nicht nur eine. Eine ganze Vielfalt an Sichtweisen würde sich eröffnen, die uns demütiger machen könnte – und damit freier in unserem Denken und Tun.

Dies alles mag nach einer Utopie klingen, nach Illusion oder gar nach Ideologie. Dabei bin ich mir durchaus über die Hürden im Klaren, die auf beiden Seiten die Sicht versperren und den Weg beschwerlich machen können. Denn auch damit bin ich freilich in meiner Arbeit tagtäglich konfrontiert.

Aber ich würde wohl kaum diese Arbeit immer weiter und so gerne tun, wenn ich nicht erleben dürfte, wie solche Hürden überwunden werden – und welche neuen Möglichkeiten sich dann auftun. Für alle Beteiligten!

Und deshalb möchte ich schließen mit einer Bitte, ja einem Appell an meine Leser – an alle, sowohl an diejenigen auf dem Autismus-Spektrum und auch an die sogenannten »neurotypischen«:

Traut euch! Wagt es, auf einander zuzugehen. Wagt eine Begegnung auf Augenhöhe, bei der von vorneherein die Möglichkeit der Unterschiedlichkeit mitgedacht wird.

Denkt daran, dass keine »Welt« und keine Person besser oder wertvoller ist als eine andere, sondern dass sie sich alle unterschiedlich aber gleichwertig, vor allem aber gleich würdig, gegenüberstehen.

Gebt euch selbst und den »anderen« eine Chance, neue Perspektiven einzunehmen, neue Sicht- und Erlebensweisen kennenzulernen – und dabei auch die eigene umso besser und Immer neu.

Wenn dieses Buch dabei dem einen oder anderen Leser Anstoß und Ermutigung sein konnte, dann würde sich mir damit ein großes Anliegen – und das Buch seinen Sinn – erfüllen.

Literatur

Ahnert, L. (Hrsg.) (2004). *Frühe Bindung. Entstehung und Entwicklung.* München: Ernst Reinhardt.
Asperger, H. (1961). *Heilpädagogik. Einführung in die Psychopathologie des Kindes für Ärzte, Lehrer, Psychologen, Richter und Fürsorgerinnen.* 3. Aufl. Wien: Springer.
Attwood, T (2007): *Ein ganzes Leben mit dem Asperger-Syndrom.* Stuttgart: Trias.
Ayres, A. J. & Robbins, J. (1998). *Bausteine der kindlichen Entwicklung. Die Bedeutung der Integration der Sinne für die Entwicklung des Kindes.* Berlin: Springer.
Baron-Cohen, S., Leslie, A. M. & Frith, U. (1985). Does the Autistic Child Have a »Theory of Mind«. *Cognition 21*(1), pp. 37–46.
Bowlby, J. & Ainsworth, M. D. S. (2001). *Frühe Bindung und kindliche Entwicklung.* München: Ernst Reinhardt.
Brauns, A. (2004). *Buntschatten und Fledermäuse. Mein Leben in einer anderen Welt.* München: Goldmann.
Czech, H. (2018). Hans Asperger, National Socialism, and »race hygiene« in Nazi-era Vienna. https://molecularautism.biomedcentral.com/articles/10.1186/s13229-018-0208-6
Dornes, M. (1997). *Die frühe Kindheit. Entwicklungspsychologie der ersten Lebensjahre.* Frankfurt a. M.: Fischer-Taschenbuch-Verlag.
Dornes, M. (1993). *Der kompetente Säugling. Die präverbale Entwicklung des Menschen.* Frankfurt a. M.: Fischer-Taschenbuch-Verlag.
Dzikowski, S. & Vogel, C. (1993). *Störungen der Sensorischen Integration bei autistischen Kindern. Probleme von Diagnose, Therapie und Erfolgskontrolle.* 2. Aufl. Weinheim: Deutscher Studien-Verlag.
Frith, U. (1991). *Autism and Asperger Syndrome.* Cambridge: Cambridge University Press.
Frith, U. (2003). *Autism. Explaining the Enigma.* Oxford: Black-Well.
Frith, U. (2004). *Autism. Mind and Brain.* Oxford: Oxford University Press.
Frith, U. & Happé, F. (1999). Theory of Mind and Self-consiousness. What Is It Like to Be Autistic? *Mind and Language, 14*(1), pp. 1–22.
Gerland, G. (1998). *Ein richtiger Mensch sein. Autismus – das Leben von der anderen Seite.* Stuttgart: Verlag Freies Geistesleben.
Grossmann, K. E. & Grossmann, K. (2003). *Bindung und menschliche Entwicklung. John Bowlby, Mary Ainsworth und die Grundlagen der Bindungstheorie.* Stuttgart: Klett-Cotta.
Hebb, D. O. (2012). *The Organization of Behavior. A Neuropsychological Theory.* New York: Routledge.
Hüther, G. (2011). *Bedienungsanleitung für ein menschliches Gehirn.* 10. Aufl. Göttingen: Vandenhoeck und Ruprecht.
Hüther, G. (2006): *Brainwash. Einführung in die Neurobiologie für Pädagogen, Therapeuten und Lehrer.* St. Gallen, März 2006. Müllheim: Auditorium-Netzwerk. 1 DVD.
Hüther, G. (2010): *Erfahrungslernen, Persönlichkeitsentwicklung und Angstbewältigung.* Mülheim: Auditorium-Netzwerk. 1 DVD.
Jörgensen, O. S. (1998). *Autismus oder Asperger. Differenzierung eines Phänomens.* Weinheim: Beltz.
Keysers, C. (2013). *Unser empathisches Gehirn. Warum wir verstehen, was andere fühlen.* München: Bertelsmann.
Mahler, M. (1996). *Die psychische Geburt des Menschen. Symbiose und Individuation.* Frankfurt a. M.: Fischer-Taschenbuch-Verlag.

Marchart, P.J. (2017). *Autistische Welten. In Zeichnung, Text, Foto und Film.* Wien: Löcker
Preißmann, C. (2012). *Asperger – Leben in zwei Welten.* Stuttgart: Trias.
Remschmidt, H. (2000). *Autismus. Erscheinungsformen, Ursachen, Hilfen.* München: C. H. Beck.
Rizzolatti, G. (2008): *Empathie und Spiegelneurone. Die biologische Basis des Mitgefühls.* Frankfurt a. M.: Suhrkamp.
Schalkwyk, G. I. van, Klingensmith, K. & Volkmar, F. R. (2015). Gender Identity and Autism Spectrum Disorders. *Yale Journal of Biology and Medicine,* 88(1), pp. 81–83. Verfügbar unter: www.ncbi.nlm.nih.gov/pmc/articles/PMC4345542/
Schirmer, B. (2006). *Elternleitfaden Autismus. Wie ihr Kind die Welt erlebt. Mit gezielten Therapien wirksam fördern. Schwierige Alltagssituationen meistern.* Stuttgart: Trias.
Sheffer, E. (2018). *Asperger's Children, The Origins of Autism in Nazi Vienna.* New York: W. W. Norton & Company.
Spitzer, M. (2011). *Unser Autopilot. Was man über das Unbewusste wirklich weiß.* Müllheim: Auditorium-Netzwerk. 1 DVD.
Schulz von Thun, F. (1981). *Miteinander reden. Psychologie der zwischenmenschlichen Kommunikation.* Band 1 u. 2. Reinbek bei Hamburg: Rowohlt.
Scinexx. Das Wissensmagazin (2011). *Gehirn registriert Seelenpein wie echten Schmerz.* Verfügbar unter: www.scinexx.de/news/biowissen/gehirn-registriert-seelenpein-wie-echten-schmerz/
Tebartz von Elst, L. (Hrsg.) (2013). *Das Asperger-Syndrom im Erwachsenenalter und andere hochfunktionale Autismus-Spektrum-Störungen.* Berlin: Medizinisch Wissenschaftliche Verlagsgesellschaft.
Willey, L. H. (2003). *Ich bin Autistin – aber ich zeige es nicht. Leben mit dem Asperger-Syndrom.* Freiburg i. Br.: Herder.
Williams, D. (1994). *Ich könnte verschwinden, wenn du mich berührst. Erinnerungen an eine autistische Kindheit.* München: Droemer Knaur.
Williams, D. (1996). *Wenn du mich liebst, bleibst du mir fern. Eine Autistin überwindet ihre Angst vor anderen Menschen.* München: Droemer Knaur.
Wing, J. K. (Hrsg.) (1988). *Frühkindlicher Autismus. Klinische, pädagogische und soziale Aspekte.* 3. Aufl. Weinheim: Beltz.
Zöller, D. (2001). *Autismus und Körpersprache. Störungen der Signalverarbeitung zwischen Kopf und Körper.* Berlin: Weidler.